역사가
기억하는
세계 100대
사상

리즈쉬안 편저   최인애 옮김

꾸벅

역사가 기억하는 세계 100대 사상

발행일 / 1판1쇄 2010년 7월 15일
　　　　 1판2쇄 2011년 1월 20일

편저자 / 리즈쉬안

옮긴이 / 최인애

발행인 / 박흥순

발행처 / 도서출판 꾸벅

등록날짜 / 2001년 11월 20일

등록번호 / 제 8-349호

주소 / 서울시 은평구 역촌동 64-51

전화 / 02)352-9152(대)

팩스 / 02)352-2101

http://www.jungilbooks.co.kr

isbn / 978-89-90636-45-4

차 례

제 1 장
철 학

제2장

문 학

제 **3** 장

역 사

제 **4** 장

예 술

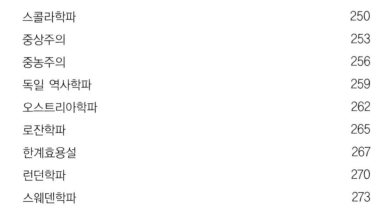

제 **5** 장

경 제

제1장

철학

▶ 주희가 제자들을 가르쳤던 악록
  서원

대표적 인물

공자孔子

자는 중니仲尼, 이름은 구丘이다. 유학의 창시자이며 후기 춘추시대에 노국에서 태어났다. '사람을 사랑한다愛人'는 의미의 인仁을 중시했다. 공자의 제자는 약 삼천 명에 달했는데, 그 중 대표적인 제자 72인을 일컬어 공자의 72현이라고 한다. 《논어》는 공자 사후에 제자들이 그가 남긴 가르침을 모아놓은 것이다. 그밖에도 공자는 《시경》, 《춘추》 등을 편찬했다.

맹자孟子

자는 자여子輿, 이름은 가軻이다. 현재 산둥성 저우셴 지역인 추에서 태어났다. 전국시대 유학의 대표적인 인물이다. 백성을 가혹하게 다스리지 말고 사랑과 어짊으로 대해야 한다고 주장했으며, 농민들에게 일정한 토지를 나눠주고 노동시간을 보장해 주며 세금 부담을 가볍게 해줘야 한다고 역설했다. 《맹자》는 총 7권으로 맹자의 가르침을 모은 후세 편찬물이지만, 맹자 사상의 핵심을 잘 담고 있다.

▲ 맹자상

유가儒家

상하존비上下尊卑 계급관념을 바탕으로 한 인仁을 주창하다

유교, 혹은 유학이라고도 하는 유가사상은 춘추시대 공자가 창시했다. 처음에는 의례의 일종이었으나 점차 상하존비 계급관념을 바탕으로 인을 중시하는 사상으로 발전했다. 유가사상은 고대 중국의 주요 사상으로, 중국을 비롯하여 아시아권 나라에 많은 영향을 주었다.

생성배경

공자가 살던 춘추시대는 사회적으로 엄청난 변혁과 혼란이 일어났던 시기이다. 주나라 왕조가 세운 통치 체계와 권위가 크게 흔들리자 제후국들은 전통문화에 의구심을 품고 이를 비판하기 시작했다. 그러면서 각자 부국강병 실현에 도움이 될 만한 유능한 인재를 모으는 데 주력했다. 이러한 분위기 속에서 '모든 사람이 인정하고 받아들일 만한 정치 질서'를 두고 여러 학파의 사상가들이 나름의 주장을 펼쳤는데, 이들을 가리켜 제자백가諸子百家라고 한다. 다양한 사상과 학설이 제시되고 서로 부딪치는 '백가쟁명百家爭鳴'이 일어난 가운데 유가, 법가, 묵가, 도가 등의 학파가 나타났다.

형성과정

유가학파가 나타나기 전, 육덕六德과 육행六行, 육례六禮*는 보편적인 사회 질서 관념이었다. 공자는 이 질서 관념의 핵심을 고스란히 계승하고 더욱 발전시켜서 체계적 이론을 갖춘 사상의 수준으로 끌어올렸다.

공자는 '유교무류有敎無類', 즉 가르침에는 차별이 없다는 점을 강조하며 사회의 모든 구성원이 문화교육을 받아야 한다고 주장했다. 덕분에 유가사상은 민초들의 마음을 얻을 수 있었고, 이들의 든든한 지지를 바탕으로 사회적인 인정을 얻었다. 공자와 그의 학설을 열성적으로 따르고 신봉하는 추종자들이 다수 나타나면서 공자의 사상은 하나의 학파를 이루었다. 이것이 바로 유가학파이다.

동중서董仲舒
서한西漢 시대의 유명한 경학자經學者. 전통적인 유가사상을 바탕으로 당시 시대적 요구에 맞춘 새로운 사상 체계를 세웠다. 한무제漢武帝가 그의 사상을 받아들이면서 유가는 중국 전통사회의 대표적인 통치 사상으로 자리 잡았다. 군위신강, 부위자강, 부위부강을 제시하여 후세에 많은 영향을 주었다. 대표적 저술로는 《거현량대책擧賢良對策》 등이 있다.

▲ 《맹자》 고서본

▲ 공자강학도(孔子講學圖: 공자가 제자들을 가르치다)

◀ 공자상

---

* 육덕: 지知 인仁 성聖 의義 충忠 화和
육행: 효孝 우友 목睦 인婣 임任 휼恤
육례: 예禮 악樂 사射 어御 서書 수數

● 군주에 대한 절대적 충성과 복종을 강조했다. 또한 삼강오륜으로 대표되는 철저한 계급제도 및 '예가 아닌 것은 보지도 않고 듣지도 않으며 말하지도 않고 행하지도 않는다'는 엄격한 가르침을 통해 자유로운 사고를 제약하고 속박했다.

● 중용과 화합을 강조한 정신과 개인의 재능에 따라 가르친다는 인재시교人材施敎의 교육관은 오늘날에도 많은 시사점을 던져 준다.

유가의 경전인 사서오경은 세월의 흐름에 따라 조금씩 변했으며, 한나라 이후에는 공자가 처음에 남겼던 것과 전혀 다른 모습을 갖추게 되었다. 현재 우리가 아는 유가사상은 송나라 시기에 정리, 확립된 것이다.

주요 관점

1. 예치禮治: 예로써 다스린다. 유가사상에서는 귀천貴賤, 존비, 장유長幼에 따라 각각 일정한 행동 규범과 범위를 정해놓고 반드시 이를 준수해야 한다고 가르쳤다. 사회 구성원이 모두 자기 분수에 맞게 행동하는 것을 이상적인 사회의 전제조건이라고 보기 때문이다. 그래서 나라의 안정과 평화를 유지하려면 먼저 계급 질서를 견고하게 세워야 한다고 주장했다. 유가에서 말하는 '예'는 일종의 법으로, 종법宗法과 계급제도로 대표되는 '예'의 규범을 위반하면 어김없이 처벌이 뒤따랐다.

2. 덕치德治: 덕으로써 다스린다. 도덕과 윤리로 사람을 가르치고 감화시킬 수 있다고 주장했다. 유가에서는 교육을 통해 부끄러움을 아는 마음을 가르치면, 스스로 잘못을 뉘우치고 바른 행동을 할 수 있게 된다고 보았다. 그렇기 때문에 처벌과 같은 제재보다는 교육이 더욱 확실하고 근본적으로 사람을 변화시킬 수 있는 방법이라고 주장했다.

3. 인치人治: 인간의 특수성을 인정하고 이에 따라 다스린다. 유가에서는 개인의 도덕심과 동정심 함양을 매우 중요하게 생각했다. 또한 사람은 충분히 변할 수 있으며, 자발적으로 선택할 수 있는 능력과 도덕적 천성을 가진 존재로 보고 다스려야 한다고 주장했다.

시대에 미친 영향

과거 봉건사회에서 유가사상의 영향력은 절대적이었다. 통치자들이 자신의 권위를 세우고 사회질서와 국가 통일을 유지하려는 목적으로 유가를 신봉하고 따랐기 때문이다. 유가사상은 자연히 사람들의 생각과 행동 방식을 규정짓는 절대적인 기준으로 자리잡았다. 그러나 봉건사회 후기에는 사회의 변혁과 발전을 저해하는 부정적 요소로 작용했다.

▲ 순자의 고향–산둥성 안쩌셴安澤縣

법가法家

법法, 술術, 세勢를 근간으로 한 통치 사상

법가사상은 고대의 법률과 소송을 관장하던 관원들이 창안한 것이다. 이들은 엄격한 규정과 법규에 따른 상벌로 예법禮法을 보완해야 한다고 주장했다. 《역경易經》의 '예부터 현명한 군주는 명확한 형벌을 통해 법률과 규율을 바르게 했다'는 문장은 법가의 특징을 명료하게 보여 준다. 법가사상가들은 '법으로써 나라를 다스린다'는 이 법치국以法治國을 주요 골자로 한 이론 체계와 실천 방법을 제시했다.

생성배경

동주 시기, 계층 간의 경계가 무너지고 대국 사이에 침략과 전쟁이 빈번해지면서 사회는 극도의 혼란에 빠졌다. 그리고 이 과정에서 춘추오패, 전국칠웅* 등 유명한 역사적 인물과 나라들이 대거 등장했다.

잔혹한 전쟁과 약육강식의 경쟁 속에서 각 나라의 제후들은 영토를 지키고 부국강병을 이루기 위해 고심했다. 그러나 유가, 도가,

대표적 인물

한비
한비자韓非子라고도 한다. 전국시대 말기 기원전 280년~기원전 233년에 지금의 허난성 위저우 지역인 한나라에서 태어났다. 왕족이었으나 한나라에서는 중용되지 못하다가, 진나라로 옮겨가 천하통일의 대업을 완수하는 데 많은 역할을 했다. 《사기》 기록에 따르면 한비는 '형명법술'에 능했으며, 진나라 승상이었던 이사와 함께 순자의 학생이었다. 언변은 부족했으나 글재주가 뛰어나서 이사까지도 부러움을 금치 못했다고 한다. 주요 저작으로는 《한비자》가 있다. 총 55편의 문장으로 이뤄진 《한비자》는 선진先秦시대 산문의 백미로 손꼽힌다.

이사(?–기원전 208년)
진나라의 정치가. 전국시대 말기에 지금의 허난성 상차이셴 지역인 초나라 상채에서 태어났다. 젊어서 하급관리를 지내다가 순자에게 제왕술을 배우고 후에 진나라 승상의 자리까지 올랐다. 기원전 237년, 진시황인 영정이 육국六國의 객경客卿들

을 쫓아내라고 명하자, 그 유명한 〈간축객서諫逐客書〉를 써서 이를 막았다. 영정은 이사의 의견을 받아들였고, 얼마 지나지 않아 그를 구경九卿 중 하나인 정위廷尉의 자리에 앉혔다. 진나라가 중국을 통일한 이후, 이사는 법률 제정에 참여했으며 도량형 및 문자 통일 작업을 도왔다.

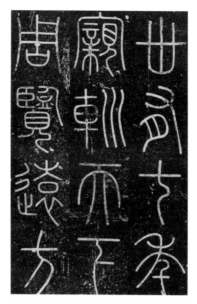

▶ 이사의 전서篆書 작품
〈회계각석會稽刻石〉

▲ 한비자상

특징

● 정분지쟁定分止爭, 즉 소유권을 확실히 하여 분쟁을 막았다. 법가의 대표적 인물인 신도慎到는 비유를 들어 이를 설명한다.
"길가에 토끼 한 마리가 뛰어가면, 사람들은 서로 앞다투어 그것을 잡으려고 한다. 그러나 시장에서는 아무리 많은 토끼가 있어도 본체만체 한다. 이는 토끼를 원하지 않아서가 아니라, 소유권이 명확히 정해져 있기 때문이다. 소유권이 확실하다면 분쟁의 여지가 없다. 또한 다른 이가 소유한 것을 멋대로 가지려고 하는 것은 법률에 위반되기 때문에 반드시 제재를 받게 된다."
● 전공戰功을 세우도록 독려했다. 최종 목적은 전쟁에서 승리를 거두고 부국강병을 이루는 것이었다.
● 유가의 '예'는 낙후하고 불공평하다는 이유로 천시했다.

묵가 등의 사상은 지나치게 이상적이어서 실제로 치국에 적용하기가 어려웠다. 제후들은 이들 사상보다 실제적이고 구체적이며 적용이 쉬운 법가사상을 선호했고, 법가는 자연히 역사의 주류로 떠올랐다.

형성과정

기원전 3세기, 진나라 왕 영정嬴政의 가장 큰 고민은 천하통일이었다. 그러나 상앙변법商鞅變法에 따라 중앙집권체제 확립을 통한 부국강병을 실현했어도 주변에 강한 나라들이 많아지면서 천하를 통일하겠다는 꿈은 점점 멀어지고 있었다. 영정은 더욱 강력한 부국강병책을 찾아 날마다 고심했지만 뾰족한 수가 보이지 않았다. 그러던 어느 날, 한 신하가 두루마리 책 몇 권을 영정에게 바쳤다. 그 두루마리 속에는 영정이 그토록 찾던 강력한 부국강병의 길이 있었다.

두루마리의 저자는 한나라의 몰락귀족인 한비韓非였다. 한나라에서는 그의 재능을 알아보는 이가 없었지만, 영정은 그가 쓴 글만 보고도 한비가 보통 인물이 아님을 알아챘다. 한비를 데려오기로 결심한 영정은 일부러 한나라에 전쟁을 선포하고 군사를 일으켰다. 그러자 깜짝 놀란 한나라의 왕이 다급히 칙사를 보내어 강화를 요청했고, 영정은 군사를 물리는 조건으로 한비를 요구했다.

진나라에 온 한비는 곧바로 중책을 맡게 되었다. 재능과 사상을 마음껏 펼칠 수 있는 무대를 얻은 한비는 물 만난 고기처럼 수많은 부국강병책을 쏟아냈다. 그는 형명법술刑名法術**을 강력하게 시행

---

* 춘추오패: 중국 춘추시대 5인의 패자覇者를 일컫는 말. 주로 제나라의 환공, 진나라의 문공, 초나라의 장왕, 오나라의 왕 합려, 월나라의 왕 구천을 가리키는데, 진나라의 목공, 송나라의 양공이나 오나라 왕 부차 등을 꼽는 경우도 있다.
전국칠웅: 전국시대에 중국의 패권을 놓고 다툰 7대 강국. 동방의 제, 남방의 초, 서방의 진, 북방의 연, 중앙의 위·한·조 나라 등이 이에 해당한다.
** 형명법술: 법으로써 나라를 다스리는 방법과 기술

했고, 진나라는 이에 힘입어 천하를 통일할 만한 강력한 군사력과 권력을 갖추게 되었다. 마침내 진나라는 천하를 통일했고, 영정은 중국 최초의 황제인 진시황이 되었다. 이후 한비의 사상과 주장을 따르는 이들이 점차 많아지면서 법가사상이 탄생했다.

▲ 법가의 대표적 인물이자 한비와 이사의 스승인 순자의 《순자집해荀子集解》

주요 관점

1. 법法, 술術, 세勢를 결합한 치국책: '법'은 완비된 법제를, '세'는 군주의 권세로서 군사와 정치의 모든 실권을 장악하는 것을 뜻한다. '술'은 신하를 부리는 방법, 정권을 장악하는 방법, 법령을 실행하는 방법 및 책략을 총괄하여 가리킨다. 이런 방법 및 책략들은 대부분 반란의 기미를 포착하고 미연에 방지하여 군주의 자리와 권력을 지키고 보호하는 것이 목적이다.

2. 옛것을 배우지 않으며 지금의 것을 고집하지 않는 역사관: 법가 역사관의 핵심은 역사가 늘 발전하고, 법률과 제도 역시 이에 따라 계속 나아지고 발달한다는 것이다. 그래서 법가는 옛 사상이나 법제를 그대로 따르거나 복원시키는 것에 반대하며, 대담하고 단호한 개혁을 주장했다. 또한 지금의 제도나 법규를 고수하고 고집하는 것 역시 역사와 법률의 발전을 저해한다고 보았다.

3. 이익은 좋아하고 손해는 싫어한다는 인성론: 법가는 인간이 이익을 좋아하고 손해를 싫어하는 이기적 본성을 가지고 있다고 보았다.

시대에 미친 영향

법가사상은 진나라가 중앙집권체제를 세우고 천하통일을 이룰 수 있었던 사상적 원동력이었다. 이후 중국을 통일한 한나라 역시 진나라의 중앙집권체제와 법률체제를 그대로 계승했다. 그 밖에 법가사상은 법리학의 성립과 발전에도 크게 기여했다. 법률의 기원, 본질, 작용에 대한 기본적인 개념을 정립했으며 사회경제, 국가정권, 윤리도덕 등 여러 가지 측면에서 법률이 해야 할 역할을 제시했다. 또한 법률과 인성 간의 관계 등 근본적인 문제에 대해서도 상당한 성과를 남겼다. 그러나 한편으로는 법률의 역할과 작용을 지나치게 확대하고 형벌의 수위를 대폭 강화하는 바람에 가벼운 죄에도 중한 벌이 내려지는 등 여러 가지 부작용을 낳기도 했다.

▶ 손자병법

대표적 인물

손무
손자孫子라고도 하며, 자는 장경長卿
이다. 춘추전국 시대 말기의 저명한
군사가이며, 제나라 출신이다. 오나
라 군사 6만 명을 지휘하여 초나라
의 20만 대군을 격파할 만큼 군사운
영능력이 뛰어났다. 중국 최초의 병
서 《십삼편》을 썼다. 일명 《손자병
법》으로 불리는 이 병서는 병법 칠
서七書 중 으뜸으로 손꼽히며, 현대
에 와서 여러 언어로 번역되었다.

손빈孫臏
춘추전국 시대의 군사가. 손무의 후
손이다. 방연龐涓과 함께 병법을 배
웠다. 후에 자신의 재능을 시기한 방
연에게 속아 위나라에 갔다가 무릎
뼈를 제거하는 형벌을 받고 불구가
되었다. 그러나 기지를 발휘하여 제
나라의 사신을 만난 뒤, 위나라를 빠
져나와 제나라의 군사軍師가 되었다.
이후 제나라와 위나라 사이에서 벌
어진 마릉 전투에서 철천지원수인
방연을 죽이고 대승을 거두었다. 저
서로 《손빈병법》이 있다고 하나, 지
금은 전해지지 않는다.

오기吳起(기원전 440년~기원전 381년)
초기 전국 시대의 정치개혁가이자
군사가. 위나라 태생으로, 손자와 더
불어 자주 언급되는 저명한 병법가
이다. 저서로 병법서인 《오자》를 남
겼는데, 손무의 《손자》와 함께 통칭
《손오병법孫吳兵法》이라 불린다.

▲ 오기상

병가兵家

전쟁을 하려면 먼저 깊이 살피지 않을 수 없다 *

병가사상은 중국의 군사 전략 및 지휘 체계, 여타 규율의 사상적
근거 및 바탕이 된 사상이다. 고대 중국의 병가사상은 정치, 경제,
군사, 천문, 지리, 국제관계 등 객관적인 요소들이 전쟁의 승패를
결정지을 수 있다고 보고 이러한 요소들 간의 관계를 파악해 통일
된 전략을 세우는 데 주력했다. 또한 전쟁 중의 주관적인 요소 역시
중요하게 생각했다. 그래서 주관적·객관적 요소들에 기초하여 전
쟁에서 승리를 거둘 수 있는 일련의 전술과 전략들을 도출했다.

생성배경

춘추전국 시대, 수많은 제후국들은 영토와 백성을 두고 서로 끊
임없이 전쟁을 벌였다. 제후들은 어떻게 하면 전쟁에서 유리한 위
치에 설 수 있을 것인가를 두고 고민에 고민을 거듭했다. 이 같은

---

* 兵者, 不可不察也.

18

시대적 배경 속에서 치병治兵은 전문적인 학문으로 성장했고, 곧 병가라는 하나의 사상으로까지 발전했다.

▲ 손무상

형성과정

춘추시대, 대국이었던 오나라와 월나라는 지역 패권을 장악하기 위한 전쟁을 벌였다. 합려 때에 이르러 전세는 오나라로 기울었고, 오나라는 곧 초나라를 이길 만큼 강대한 나라로 성장했다.

합려가 오나라를 강대국으로 키울 수 있었던 배후에는 병법가 손무가 있었다. 젊은 시절, 손무는 충신 오자서의 추천을 받아 합려를 알현할 기회를 얻었다. 손무는 왕 앞에서도 전혀 주눅들지 않고 자신의 병법과 전략을 설명했고, 합려는 그의 용병술과 진짜 능력을 시험해 보기 위해 궁녀 한 무리를 훈련시켜 보라는 과제를 내렸다. 놀랍게도 손무는 잠깐 사이에 오합지졸이나 다름없던 궁녀들을 명령에 따라 일사불란하게 움직이는 군사로 바꿔놓았다. 이 모습을 본 합려는 크게 기뻐하며 곧장 손무를 중책에 등용했다.

손무는 그동안 준비한 이론과 생각에 따라 전략과 전술을 짜고 군사를 훈련시켰다. 그리고 몇 년도 되지 않아 손무에게 훈련을 받은 오나라 군사들은 부초에서 숙적 월나라를 격퇴하고 대승을 거두었다. 이 때부터 손무의 군사 이론 및 기술은 지휘관이라면 반드시 배우고 익혀야 할 필수사항이 되었으며, 그의 가르침 아래 훌륭한 지휘관, 장군들이 대거 쏟아져 나왔다. 그러자 세간에서는 손무의 병법을 배우고 따르는 사람들을 일컬어 병가兵家라고 부르기 시작했다.

특징

● 전쟁에서 전술 및 전략을 매우 중시했다. 병가의 병법서에서 가장 많이 다루는 내용도 바로 전략에 관한 것이다.
● 유물론적 색채가 강하다. 병가는 세계를 객관적으로 존재하는 것으로 보며 모든 사물은 끊임없이 움직이고 있다고 생각했다. 또한 전쟁 중에는 인간의 주관적인 능동성을 발휘하여 형세를 아군에게 유리한 방향으로 이끌어야 한다고 강조했다.

▲ 소하월하추한신도
(蕭何月下追韓信圖: 소하가 달빛 아래 한신을 쫓다)

주요 관점

1. 지피지기이면 백전백승: 사전 계획 및 준비를 중시했다. 병가는 전쟁을 벌이기 전, 반드시 적과 나의 상황을 주도면밀하게 관찰 연구 비교하고, 이에 따라 정확한 작전 계획을 세워야 한다고 주장했다. 또한 전쟁 중에는 상황과 형세의 변화를 빠르게 파악해서 적절한 임기응변을 취해야 한다고 강조했다.

2. 속도전을 중시했으며, 허술한 무기를 가지고 견고한 성벽을 공격하는 등의 막무가내 전략을 지양했다. 또한 군량은 반드시 현지에서 조달해야 한다고 보았다. 군사들을 포상할 때는 후하게 해야

▲ 손빈상

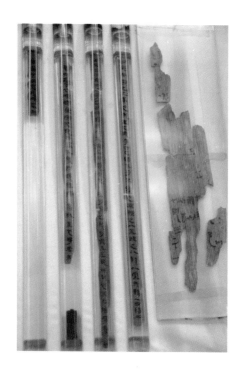

▶ 인췌산銀雀山에서 출토된 〈손빈
  병법〉 중 일부

하며 포로 역시 넉넉하게 대접해야 한다고 주장했다.

3. 지략과 책략으로 적을 정복해야 한다고 주장했다. 그래서 '싸우지 않고 적을 굴복시키는 것'이 가장 이상적인 전쟁이며, 무력을 동원하여 적을 격파하는 것은 그 다음이라고 보았다.

시대에 미친 영향

군사이론서 《손자병법》으로 대표되는 병가의 전술 및 전략, 책략은 후세 병법가들에게 지대한 영향을 주었으며, 지금까지도 활용되고 있다. 각종 최첨단 무기와 신무기들이 판을 치는 현대의 전쟁은 분명 손무가 활동했던 시대의 전쟁과 전혀 다르다. 그러나 병가에서 서술한 전쟁의 기본원리는 오늘날에도 그대로 적용할 수 있다. 현대의 수많은 군사이론가, 전략가들은 여전히 손무와 병가를 추종하는 이유도 바로 이 때문이다. 또한 병가 관련 저술에서 쉽게 찾아볼 수 있는 관리 사상은 오늘날 관리학에 많은 시사점을 던져 주고 있다.

◀ 도가의 성지인 무당산

▲ 음양팔괘도

도가道家

도를 도라고 말할 수 있다면, 그것은 진정한 도가 아니다[*]

노자, 장자로 대표되는 도가사상은 유가와 더불어 중국 고대 사상의 주요 갈래이다. 변증법적 요소와 무신론 경향이 강한 도가사상은 자연 숭상 및 자연으로의 회귀와 무위無爲를 강조했으며, 다툼과 전쟁에 반대했다.

생성배경

춘추전국 시대, 끊임없는 전쟁과 혼란으로 인해 삶이 피폐해질 대로 피폐해진 사람들은 평화와 안녕을 간절히 바랐다. 이러한 바람에 부응하여 나타난 것이 바로 도가이다. 도가에서는 이익을 위한 싸움이 오히려 더 많은 희생을 낳고 있다며, 하늘로부터 받은 생명을 기르고 보존하는 것이 얼마나 중요한지를 강조했다. 그리고

---

[*] 道可道, 非常道, 名可名, 非可名

대표적 인물

노자(기원전 600년?~기원전 470년?)
중국의 고대 사상가. 본명은 이이李耳, 자는 백양伯陽, 시호는 담聃이다. 현 허난성 루이셴 지역인 초나라 고현 사람이다. 춘추전국 시대에 살았으며 도가사상의 효시가 된 《도덕경》을 남겼다. 도교에서 노자는 태상노군太上老君이라는 신선으로 숭상을 받고 있다.

장자(기원전 369년~기원전 286년)
중국의 고대 사상가, 철학가, 문학가이자 도가학파의 대표적인 인물. 이름은 주周이며 자는 자휴子休이다. 현 안후이성 멍청셴 지역인 송나라 몽읍 출생이다. 노자의 철학 사상을 계승하여 발전시켰으며, 장자학파를 창시했다. 후세에서는 그와 노자의 사상을 함께 일컬어 노장철학이라고 부른다.

왕필王弼(226~249)
삼국시대의 학자로 위진현학魏晉玄學의 대표 인물이다. 자는 보사輔嗣이며 위나라 산양에서 태어났다. 약관의 나이도 되기 전에 《주역주周易註》 및 《노자주老子註》를 썼다. 249년, 조상曹爽이 사마의에게 처형당했는데, 왕필은 이 일에 연루되었다가 같은 해 가을 24세의 젊은 나이에 병으로 세상을 떴다.

▲ 《도덕경》

자연으로 돌아가 자연에 순응하는 청정무위淸靜無爲의 인생관을 제시했다.

형성과정

도가사상의 창시자는 《도덕경》의 저자인 노자이다. 유가의 창시자인 공자가 그에게 가르침을 얻기 위해 천릿길을 마다하지 않고 달려 왔다는 일화가 있을 정도로 당시 노자의 명성은 높았다. 그러나 명성에 비하면 노자가 남긴 것은 그리 많지 않다. 주경왕周敬王 원년인 기원전 519년, 노자는 주나라의 쇠퇴를 한탄하며 관직을 내려놓고 홀연히 떠났다. 노자가 함곡관에 이르렀을 때, 그를 알아본 관문지기가 간절히 가르침을 청했다. 노자는 관문지기의 청을 받아들여 《도덕경》을 써서 남기고는 함곡관을 나간 뒤 영원히 종적을 감춰버렸다.

노자의 사상은 장자의 손을 거치면서 더욱 풍부하고 심오해졌으며, 곧 도가라는 학파를 이루었다.

주요 관점

1. 도가사상의 근간을 이루는 것은 천도 이론이다. 천도란 자연과 우주가 움직이는 법칙으로, 특정한 목적이나 의도가 없는 자연적인 질서이다. 도가는 천도의 운행에 내재되어 있는 규율을 발견하고 해석하여 그에 따라 사는 자연스러운 삶을 추구한다. 도가사상은 현실 도피적이라는 오해를 받기도 하나, 그 내면을 잘 들여다 보면 오히려 사회에 대한 책임을 강조하는 부분이 많다. 다만 자연이 인간에게 부여한 원래의 성질, 천성적인 태도를 저버리고 인위적인 무언가를 만들지 않는 것을 더욱 중시했을 뿐이다.

2. 인간이 원래 가지고 있는 천성

▶ 노자상

특징

● 시대의 흐름에 따라 변화했다.
● 노자 사상의 핵심은 무위로 다스리는 것, 그리고 소국과민小國寡民이다.
● 장자는 최초로 왕이라는 존재가 필요하지 않다고 주장했다.
● 도가는 노자의 무위사상을 계승하면서 동시에 다른 학파의 사상도 받아들이고 흡수했다.

의 자유와 해방을 중시했다. 도가에서는 지식적 측면뿐만 아니라 심리적·정신적인 해방도 강조했다. 그래서 배움을 행하면 날마다 지식을 더하게 되지만, 도를 행하면 날마다 지식을 덜게 된다고 했다.** 심제心齊, 좌망坐忘, 호접몽胡蝶夢 등 도가의 주요 이론들은 이 같은 '해방'의 사상을 기초로 탄생했다.

시대에 미친 영향

도가사상은 유가사상과 더불어 중국문화 발전에 지대한 공헌을 했다. 도가의 심오한 사상과 변증성은 중국철학 사상의 발전에 든든한 토대가 되었으며, 더 나아가 회화, 문학, 조각 등 예술 발전에 절대적인 영향력을 주었다.

** 爲學日益, 爲道日損

묵가墨家

겸애兼愛와 비공론非攻論

묵가는 묵자(墨子, 이름은 墨翟)가 창시한 선진시대 학파이다. 또한 거자巨子라고 불리는 지도자를 중심으로 긴밀한 조직과 엄격한 규율을 갖춘 단체이기도 하다. 묵가의 구성원인 묵자는 반드시 거자에게 복종해야 하며, 거자의 지휘에 따라 죽음도 불사할 수 있어야 했다.

생성배경

대다수의 백성들이 빈곤에 허덕이던 춘추전국 시대, 유가의 학설은 현실과 맞지 않는 탁상공론에 불과했다. 일례로 유가에서 효의 일환으로 강조했던 3년상 때문에 민초들은 시간과 재물, 힘을 헛되

대표적 인물

묵자(墨子, 기원전 479~기원전 381)
묵가의 창시자. 전국시대의 유명한 사상가, 정치가, 군사가, 과학자, 인권운동가. 전국시대 주나라에서 태어났다. 저서인 《묵자》를 통해 겸애와 비공론 등의 사상을 전파했으며 평생 제자 양성과 전쟁 반대에 몰두했다. 농민과 일반백성들 중에서 제자를 찾았기 때문에 평민성인平民聖人이라고 불리기도 했다.

맹승孟勝
묵자의 제자, 이후 묵가의 거자가 되었다. 초나라의 양성군과 친분이 깊었던 맹승은 양성군이 국외로 나가 반란에 참여하는 동안 그의 영지를 지켜달라는 부탁을 받았다. 그런데 초나라 왕실의 공격을 막지 못하고 영지를 빼앗기자, 맹승은 의리를 지키기 위해 제자 183명과 함께 양성군의 성 위에서 집단자살을 했다.

금활리禽滑釐
자는 신자愼子. 묵자의 애제자였다고 전해진다. 원래 유학도로 자하子夏에게 배웠으나 이후 묵자의 문하로 들어가 묵학 연구에 전념했다.

▶ 유학도인 무마자巫馬子와 변론하는 묵자

이 낭비하고 있었다. 또한 유가의 숙명론은 지금의 상황을 묵묵히 받아들이도록 강요했다. 생활에 도움이 되기는커녕 고난만 가중시키는 유가에 불만을 느낀 사람들은 실제로 삶을 풍요롭게 해줄 수 있는 사상이 나타나기만을 기다렸다.

▲ 《묵자》

형성과정

묵자는 원래 기술이 매우 뛰어난 수공업자로, 한때 송나라의 대부를 맡았었다. 초기에는 《시경》, 《춘추》 등을 배우며 유학을 공부했으나 곧 유가의 복잡한 예악禮樂에 염증을 느끼고 스스로 묵가라는 학파를 창설했다.

묵가의 주장을 전파하기 위해 묵자는 수많은 제자들을 받아들였다. 그가 아끼고 신뢰했던 제자만 수백 명이 넘을 정도로 세력이 커지면서, 어느 새 묵가는 유가에 필적할 만큼 유력한 학파로 성장했다.

▲ 《묵자》의 복사본

◀ 산동성에 있는 묵자기념관

주요 관점

1. 겸애兼愛: 묵가의 겸애는 박애博愛라고 볼 수 있다. 묵가는 낯선 사람도 가족과 친지에게 하는 것처럼 사랑으로 대해야 한다고 주장했다.

2. 비공론非攻論: 침략 전쟁을 반대했다. 묵가에 따르면, 전쟁은 패자에게 '인명을 해치고 재산에 손해를 끼치는' 파괴적인 행동일 뿐이다. 또한 승자 역시 땅과 세금을 조금 얻을 수 있을 뿐, 전쟁으로 인해 엄청난 손실을 입게 된다. 그래서 묵가는 전쟁을 아무 소용도 없는 행위라고 비판했다.

3. 상동론尚同論: 묵가의 정치론이다. 정치하는 자는 누구든 백성의 안녕과 사회의 발전을 위해 전심전력해야 한다는 것이 핵심이다. 또한 사회 질서의 유지를 위해 아랫사람은 윗사람에게 순종해야 한다고 주장했다.

4. 비악론非樂論: 계급제도의 뿌리이며 번잡하고 허례허식에 가득한 예악의 속박을 벗어나야 한다고 주장했다.

시대에 미친 영향

묵가의 학설은 과거보다 현재에 더 큰 의미를 갖는다. 겸애는 인류 전체의 평화와 공존, 평등과 박애를 추구하는 정신으로 이해할 수 있으며 묵가가 강조한 절용節用은 현대에 들어 더욱 필요한 가치가 되었다. 또한 상현尚賢은 각 개인에게 도덕적 관념과 학식을 갖추고 수신修身에 더욱 힘쓸 것을 권고하는 것으로 해석된다.

또한 묵가의 학설 중에는 과학적인 영감을 일으키는 부분도 적지 않다. 《묵자》의 경우 자그마치 이천여 년 전에 지어졌지만 광학, 수학, 역학 등 자연과학 분야에 대한 심도 있는 연구 내용이 실려 있어서 후세 학자들을 놀라게 했다.

▲ 《백과전서》 도판; 18세기의 실험실

백과전서파(Encyclopédistes)

프랑스 대혁명의 촉진제 역할을 하다

　백과전서파는 18세기에 프랑스의 지식인들이 《백과전서(Encyclopédie)》*를 집필, 간행하는 과정에서 형성된 학파이다. D. 디드로(Denis Diderot)의 지휘 아래 진행된 《백과전서》 집필에는 철학적·종교적 신앙이 서로 다른 각양각색의 지식인들이 140여 명이나 참여했다. 백과전서파는 봉건사회의 특권제도와 절대왕정, 가톨릭교회에 반대했으며 합리적인 사회를 지향했다. 또한 미신, 편견, 무지몽매함이야말로 인류의 가장 큰 적이며, 모든 제도와 관념은 반드시 이성의 심판대 위에서 비판, 평가받아야 한다고 주장했다.

생성배경

　1728년 영국에서 《사이클로피디아 : 예술 및 과학 일반 사전(Cyclopaedia : or, An Universal Dictionary of Arts and Sciences)》이 출판되었다. 이프레임 체임버스(Ephraim Chambers)가 편찬한 이 백과전서는 출판되자마자 영국 내에서 엄청난 인기를 끌었고, 프랑

대표적 인물

드니 디드로
(Denis Diderot, 1713-1784)
18세기 프랑스의 유물주의 철학자, 미학가, 문학가, 교육이론가. 백과전서파를 대표하는 인물이다. 1732년 파리 대학교에서 문학 석사학위를 받았다. 이탈리아어, 영어 등 여러 언어를 자유자재로 구사했으며 샤프츠버리(Shaftesbury)의 《덕의 탐구(Inquiry Concerning Virtue)》를 번역하여 이름을 알렸다. 대표 저서로는 《맹인서간(Lettre sur les Aveugles)》 등이 있다.

샤를 루이 드 스콩다 몽테스키외
(Charles-Louis de Secondat, Baron de La Brde et de Montesquieu, 1689-1755)
프랑스의 위대한 계몽 사상가이자 법학가. 그가 남긴 저술은 많지 않으나, 사상적으로 지대한 영향을 끼쳤다. 특히 《법의 정신(De l'esprit des lois)》은 근현대 서양의 정치 및 법률 이론이 발전할 수 있는 토대를 제공했으며, 유럽인들이 동양의 정치와 법률문화를 바라보는 시각에 많은 영향을 주었다.

＊ 정식명칭은 《백과전서, 과학·예술·기술의 이론사전(Encyclopedie, ou Dictionnaire Raisonne des Sciences, des Arts et des Metiers)》이다.

▲ 몽테스키외

스에까지 그 명성이 알려졌다. 1745년, 프랑스의 출판업자 브르통(Andre Le Breton)은 체임버스의 백과전서를 프랑스어로 출판하기로 했다. 그러나 번역 과정에서 백과전서의 내용 중 상당 부분이 현재 실정과 맞지 않는다는 것을 발견하고 번역판 작업을 확대하여 아예 독자적인 백과전서를 편찬하기로 결정했다. 브르통은 계몽작가인 디드로와 수학자 J.달랑베르(Jean Le Rond d'Alembert)에게 백과전서의 감수를 맡아달라고 요청했다. 이후 다양한 분야의 학자와 지식인들이 이 백과전서 재편찬 작업에 참여하는 과정에서 자연스레 백과전서파가 탄생했다.

형성과정

디드로와 달랑베르는 모두 당대의 저명한 학자였다. 이들의 감수 아래 문학가, 의사, 기술자, 여행가, 항해전문가 및 군사전문가까지 다양한 분야의 지식인들이 백과전서 편찬에 참여했는데, 그 중에는 몽테스키외, 볼테르, 루소, 돌바크(Paul Henri Dietrich d'Holbach) 등 대표적인 계몽 사상가들도 다수 포함되어 있었다.

1751년에 시작된 《백과전서》 편찬 작업은 22년 만인 1772년에야 비로소 결실을 맺었다. 발행 정지 등 정부 당국의 탄압을 두 차례나

▲ 디드로

▶ 《백과전서》

극복한 다음이었다. 《백과전서》는 집행 과정부터 보수적인 성직자 및 관리들의 감시를 받았으며, 백과전서파의 주요 인물은 검열을 맡았던 예수회에 의해 고소당해 대법원에 서기도 했다. 예수회에서 내세운 혐의는 '조직을 이뤄 유물주의를 옹호하고 신성한 종교를 모독하며 독립과 자유를 주장한다는 미명 하에 부패하고 타락한 풍조를 조장하고 있다'는 것이었다. 그러나 디드로 등은 타당한 근거를 들어가며 이를 논리정연하게 반박했고, 몇 차례의 우여곡절을 거친 뒤 《백과전서》 편찬을 계속할 수 있었다. 그리고 1772년, 본문 17권, 부록 4권, 도판圖版 11권으로 구성된 《백과전서》가 완성되었다.

당시 입법·사법·종교 기관들의 폐해를 비판한 《백과전서》는 기득권층의 비난과 방해를 극복하고 출간되었으며, 이후 프랑스 대혁명에 사상적인 기초를 제공했다.

주요 관점

1. 정치적으로 봉건사회의 특권제도와 절대왕정, 가톨릭교회에 반대했으며 합리적인 사회를 지향했다. 또한 인간의 본성은 선하기 때문에, 마음만 먹으면 얼마든지 살기 좋고 이상적인 세상을 만들 수 있다고 보았다.

2. 미신, 편견, 무지몽매함이야말로 인류의 가장 큰 적이며, 모든 제도와 관념은 반드시 이성의 심판대 위에서 비판과 평가를 받아야 한다고 주장했다.

3. 기계 및 공예를 높이 평가하고 육체노동을 중시했다. 또한 자산 계급에게 성실하고 정직하게 이익을 추구해야 한다는 사상을 심어줬다.

시대에 미친 영향

백과전서파는 당시 프랑스의 자연과학 성과를 집대성하여 과학 발전의 디딤돌을 놓았을 뿐만 아니라 유물주의, 무신론 및 진보한 사회 역사관의 발전과 보급을 이끌었다. 또한 프랑스 대혁명의 이론적·사상적 토대를 다졌다. 당대 지식 분야의 새로운 흐름을 보여 준 《백과전서》는 18세기 프랑스의 사회상, 특히 수공업 기술 발전 등의 상황을 알 수 있는 귀중한 자료이기도 하다.

▲ 체르니솁스키

대표적 인물

루트비히 포이어바흐(Ludwig Andreas Feuerbach, 1804-1872)
독일의 유물주의 철학자. 하이델베르크 대학교와 베를린 대학교에서 신학 및 철학을 공부했다. 1826년에는 에를랑겐 대학교에 들어가 식물학, 해부학 및 심리학을 공부하고 학위를 받은 후 동 대학교에서 강사직을 맡았다. 그러나 기독교에 반대하는 저서를 썼다는 이후로 교직에서 추방당했으며, 이후 재야에서 저술활동에 몰두했다. 주요 저서로 《헤겔철학 비판》, 《그리스도교의 본질(Das Wesen des Christentums)》, 《장래 철학의 근본문제(Grundsätze der Philosophie der Zukunft)》 등이 있다.

니콜라스 체르니솁스키(Nicholas Chernyshevsky, 1828-1889)
러시아의 혁명가, 철학자, 작가, 비평가. 18세 때 페테르부르크 대학교에 입학한 이후 당대 최고의 지식인들과 어울리면서 헤겔의 관념론철학 및 포이어바흐의 유물론철학 연구에 몰두했다. 또한 프랑스의 공상적 사회주의에도 많은 관심을 보였다. 1864년에는 7년형을 선고받았으며, 이후 시베리아로 유배됐다. 투옥 및 유배 기간 동안 《무엇을 할 것인가(Chto delat'?)》 등을 썼다.

인본주의 철학

스스로에게는 엄격하고 남에게는 관용과 사랑을 베풀다

인본주의를 가리키는 독일어 단어 'Anthropologismus'는 그리스어 'antropos(인간)'와 'logos(이성)'에서 유래했다. 단어의 유래에서 알 수 있듯이 인본주의는 인간을 중심으로 하는 학문이며, 인간의 삶을 물화物化시킨 형이상학적 유물주의 학설이다. 대표적인 인물로는 19세기 독일의 철학자 포이어바흐와 러시아의 체르니솁스키를 꼽을 수 있다.

생성배경

14세기 후반 이탈리아에서 처음 나타난 인본주의는 유럽 지역의 다른 국가들로 빠르게 전파되면서 현대 서양문화의 중요한 한 갈래를 이루었다. 인본주의는 인간을 만물의 척도로 보며 그 가치와 존엄성을 존중한다. 인간의 유한성과 인성, 이익을 주제로 하는 철학은 모두 인본주의의 범주에 포함된다고 볼 수 있다.

인본주의는 르네상스의 근본 정신이기도 하다. 당시 철학가와 사상가들 사이에서는 중세 시대 신을 향한 맹신에 의해 변두리로 밀려났던 인간을 다시금 자연과 역사의 중심에 두고 이해하려는 움직임이 나타났다. 이러한 움직임에서 나타난 철학이 바로 인본주의 철학이다. 17세기 과학혁명이 일어난 것도 인본주의 철학의 발전과 무관하지 않다. 19세기 말에 활발히 일어났던 자연주의(naturalism) 사조 역시 인본주의의 영향을 많이 받았다. 역사적으로 봤을 때 인본주의 운동은 중세의 초자연적 신앙 및 아리스토텔레스주의와 대립하는 양상을 보인다.

▲ 포이어바흐

형성과정

1826년, 에를랑겐(Erlangen) 대학교에 교수로 재직하며 심리학 등을 강의하던 포이어바흐는 어느 날 학교 측에게서 일방적인 해임 통보를 받았다. 기독교를 비판하고 신성을 모독하는 글을 썼다는 이유였다. 포이어바흐는 교수직에서 물러난 후. 재야에 묻혀 철학 연구에 몰두했다.

그로부터 몇 년 후, 포이어바흐는 《헤겔철학 비판》《그리스도교의 본질》《장래 철학의 근본문제》 등의 저서를 잇달아 출판했다. 그의 저서는 수십 년 동안 독일 철학계에서 절대적 우위를 차지하고 있던 관념론을 타파하고 유물론 시대를 열었으며, 곧 수많은 사람들의 동의와 지지를 얻었다. 독일에서 멀리 떨어져 있는 러시아에서도 이와 비슷한 움직임이 나타났는데, 그 중심에는 체르니셉스키

▼ 성나사로(St. Lazarus)의 회화 작품 〈아르카디아(Arcadia)〉. 플라톤이 묘사한 이상 세계인 아르카디아에서 시민은 통치자, 군사, 생산자 등 세 종류로 구분되며 통치자는 곧 철학자이다.

가 있었다. 포이어바흐와 체르니솁스키의 주도 하에 일명 인본주의라고 불리는 철학이 탄생했다.

주요 관점

1. 인간에 대한 관점: 인간은 자연에 기원을 두고 있기 때문에 인간과 자연은 불가분의 관계라고 보았다. 또한 인간은 신체를 기초로 한 영혼과 육체, 정신 및 존재의 통일체이며 감성을 기초로 한 감성과 이성의 통일체라고 주장했다.

2. 인식에 대한 관점: 인본주의에서 인식의 대상은 객관적인 사물과 그 본질이다. 또한 인식의 시작점과 기초는 감각, 즉 경험이다. 사유를 통해 사물의 본질을 깨달을 수 있다는 유물주의적 가지론可知論을 주장했으며, 진리를 검증하는 유일한 기준은 실천이라고 보았다.

3. 도덕사상: 인본주의의 생리학 관점에서 보면 인간은 본질적으로 이기적인 존재이다. 그렇기 때문에 자신의 행복을 생각하는 동시에 다른 사람의 행복도 고려하는 '인간다운 이기주의'야말로 사람이 갖추어야 할 기본적인 도덕이라고 주장했다.

4. 포이어바흐 도덕관의 기본 원칙: 첫째, 스스로 합리적으로 절제한다. 자신의 행위가 불러올 결과를 바르고 정확하게 예측하고, 자신의 행복을 추구하느라 다른 이의 불행을 초래하는 일이 없도록 한다. 둘째, 늘 사랑으로 타인을 대한다. 서로 사랑을 주고받고 예의를 갖추면 함께 행복할 수 있다.

시대에 미친 영향

인본주의 철학은 범위가 매우 넓다. 그렇기 때문에 현대 서양철학에서는 '인본주의'라는 단어가 관념론 철학자들에 의해 왜곡되는 경우가 많았다. 독일의 현상학자 막스 셸러(Max Scheler)와 철학자 루트비히 클라게스(Ludwig Klages)는 '철학의 인본주의'나 육체와 영혼의 통일체를 대상으로 한 '인본학' 혹은 '성격학'을 자주 언급했다. 그러나 그들이 말한 '인본주의'는 진정한 의미의 인본주의가 아닌, 비이성주의와 인종주의를 주요 골자로 하는 관념론으로 봐야 한다.

◀ 니체의 생가

▲ 니체

의지주의(意志主義, Voluntarism, 혹은 주의주의主意主義) 철학

세상의 본질은 의지이다

의지주의는 1820년대 독일에서 처음 나타났으며 1850년대 후반에 프랑스 영국 및 북유럽 일부 국가들로 전파됐다. 의지주의는 인간의 의지를 절대적이고 신비한 것으로 보았으며, 더 나아가 우주의 근원이자 만물의 본질이라고 주장했다. 의지가 이성보다 우위에 있다고 주장하는 비이성주의 철학인 의지주의는 현대 서양 인본주의 철학에 새로운 사조를 열었다. 대표적 인물로는 독일 철학자 쇼펜하우어와 니체를 들 수 있다.

생성배경

18세기 후반부터 19세기 초까지 유럽에서는 자산 계급의 혁명이 활발하게 일어났다. 그 중에서도 특히 프랑스 대혁명이 두드러졌다. 그러나 대혁명의 불길이 점차 사그라지면서, 봉건 귀족을 대신해 주도권을 잡은 자산 계급들 역시 부정적 측면을 드러내기 시작했다. 특히 자산 계급의 독점 현상은 사회발전에 악영향을 끼칠 정

대표적 인물

아르투르 쇼펜하우어
(Arthur Schopenhauer, 1788-1860)
독일의 철학자. 현상과 물자체自體를 구분한 칸트의 철학을 계승했으며, 여기서 한 발 더 나아가 직관을 통해 물자체를 인식할 수 있으며 이것이 바로 의지라고 규정했다. 그의 산문식 논술 방법은 이후 수많은 철학자들에게 영향을 주었다. 대표 저서로는 《의지와 표상表象으로서의 세계 (Die Welt als Wille und Vorstellung)》 등이 있다.

프리드리히 니체(Friedrich Wilhelm Nietzsche, 1844-1900)
독일의 철학자. 서양 현대철학의 선구자이자 저명한 시인, 산문가. 서양 현대사회를 비판한 최초의 지식인이었으나, 생존 당시에는 별다른 반응을 얻지 못하다가 20세기에 들어서면서 재평가되었다. 비관주의 성향이 강했던 니체는 당시 사람들에게 인정받지 못하며 고독에 시달리다가 신경쇠약을 일으켜 결국 정신병원에서 생을 마감했다. 대표 저서로는 《비극의 탄생 (Die Geburt der Tragödie)》, 《차라투스트라는 이렇게 말했다 (Also sprach Zarathustra)》, 《우상의 황혼 (Götzen-Dämmerung)》 등이 있다.

▲ 니체의 자필 원고

특징

● 비관적·염세적 색채가 농후하다. 과학과 이성을 통해 인식한 구체적인 사물은 허구에 불과한 표상적 세계에 속해 있다고 보았다. 그렇기 때문에 오로지 비이성적인 직관을 통해서만 의지적 세계를 인식할 수 있다고 주장했다.

도로 심각했다. 의지주의는 이 같은 사회적 배경에서 탄생했다.

형성과정

1811년, 독일 문학과 철학의 거장 괴테(Johann Wolfgang von Goethe)는 《충족이유율充足理由律의 네 가지 근원에 관하여(Über die Vierfache Wurzel des Stazes vom Zureichenden Grunde)》라는 논문을 읽고 깊은 인상을 받았다. 이 글은 괴팅겐(Goettingen) 대학교에서 철학과 자연과학 학위를 딴 어느 졸업생이 쓴 박사논문이었다. 괴테는 그 훌륭함에 감탄하는 한편, 논문 전반에 짙게 깔린 비관주의 성향에 적잖이 놀랐다. 이에 그는 그 졸업생에게 만약 자기 스스로의 가치를 깨닫고 사랑할 수 있게 된다면 세상에 더 많은 가치를 부여할 수 있을 거라는 내용의 편지를 썼다. 괴테의 진심 어린 편지를 받은 이 졸업생은 바로 쇼펜하우어였다.

형이상학적 주의자이자 염세주의자인 쇼펜하우어는 덴마크의 실존주의 철학자 키에르케고르와 함께 반이성주의의 대표 주자로 손꼽힌다. 이들은 철학이 환상에 불과한 외부 세계에서 벗어나 인간 내면에 있는 진정한 세계로 돌아가야 한다고 주장하며 현대 인본주의 사조의 시작을 알렸다. 키에르케고르는 이성을 숭배하던 당시의 사회 분위기에 불만을 느끼고 헤겔 철학 중 이성의 화신인 '절대정신'을 비판했다. 또한 비이성적인 심리 체험, 즉 고독한 개인의 주관적 의지야말로 세계의 본질이라고 주장했다. 이후 자본주의 위기 시대의 도래를 미리 예감이라도 한 듯, 쇼펜하우어와 키에르케고르의 철학 전반에는 비관주의적·염세주의적 성향이 짙게 녹아 있었다.

주요 관점

1. 생에 대한 의지: 의지주의의 대표자 쇼펜하우어는 세계의 내적 본질을 의지라고 보았다. 그리고 세상 모든 것은 '전체적 의지'에 의해 이뤄지며, 인간의 삶도 예외가 아니라고 주장했다. 또한 모든 악과 고통이 생기는 이유도 바로 생에 대한 의지 때문이라고 했다. 그의 철학에 따르면, 무언가를 욕구하고 욕망하는 의지가 만족되지 못할 때 고통이 생긴다. 그렇기 때문에 생에 대한 의지의 본질은 고통일 수밖에 없다고 주장했다.

2. 강력한 의지를 숭상함: 생에 대한 의지는 낮은 수준의 의지일

▲ 쇼펜하우어

뿐이며, 의지에는 이보다 더 높은 수준의 형식이 있다고 주장했다. 그리고 이 강력한 의지가 바로 세계와 모든 생명의 본질이라고 보았다.

3. 이기적인 것은 인간의 정당한 요구이며, 이타적인 것은 치욕적이라고 보았다.

시대에 미친 영향

오직 비이성적인 직관을 통해서만 의지적 세계를 인식할 수 있다는 의지주의 철학자들의 주장은 이성의 중요성과 합리성을 근본적으로 뒤흔들고 인간의 의지를 가장 높은 수준으로 끌어올렸다. 그러나 이성적이지 못한 사상은 현실과 동떨어질 수밖에 없었고, 의지주의는 결국 쇠락의 길을 걷게 되었다.

의지주의 철학은 후세 철학자들에 의해 여러 가지 모습으로 변주되어 나타났다. 니체가 주장한 '모든 가치의 전도顚倒' 등이 대표적인 예이다. 또한 의지주의는 미학이나 문예 분야의 발전에 크게 이바지했다.

대표적 인물

헤르만 코헨
(Hermann Cohen, 1842-1918)
독일의 철학자. 신칸트주의 마부르크 학파의 창시자. 1865년에 철학박사 학위를 얻고, 1875년에 마부르크 대학교에서 교수직을 맡았다. 초기 신칸트주의자인 랑게가 생리학을 통해 칸트의 인식론을 해석한 것에 반대하고, 논리로 칸트의 선험적 주관을 설명하면서 논리주의적 신칸트주의를 확립했다.

빌헬름 빈델반트
(Wilhelm Windelband, 1848-1915)
독일의 철학자. 신칸트주의 프라이부르크 학파의 창시자. 예나 대학교와 베를린 대학교에서 공부했고, 취리히·프라이부르크·슈트라스부르크·하이델베르크 등의 각 대학교에서 교수를 지냈다. 주요 저서로는 《철학 개론 (Einleitung in die Philosophie)》 등이 있다.

파울 나토르프
(Paul Gerhard Natorp, 1854-1924)
독일의 철학자, 교육가. 신칸트주의 마부르크 학파의 대표적 인물. 베를린·본·슈트라스부르크 등 각 대학교에서 철학과 고전어를 배웠으며 1885년부터 마부르크 대학교에서 교수직을 맡았다. 플라톤의 이상주의와 칸트의 선험적 비판철학을 결합하여 자신만의 독특한 사상 체계를 세웠다. 주요 저서로는 《정밀과학의 논리적 기초(Die logischen Grundlagen der exakten Wissenschaften)》 등이 있다.

신칸트주의(Neo-Kantianism)

진리는 존재의 전제조건이다

19세기 말부터 20세기 초까지 유럽 각국, 특히 독일에서 칸트 철학을 부흥시키자는 움직임이 활발히 일어났다. 형이상학적인 사고방식에 반대하고 칸트로 돌아가서 비판적 사고의 가치를 되찾자고 주장하는 이 사조를 일컬어 이른바 신칸트주의라고 한다. 신칸트주의는 여러 갈래로 나뉘는데, 마부르크(Marburg) 학파와 서남독일학파라고도 불리는 프라이부르크(Freiburg) 학파가 대표적이다. 신칸트주의 학파는 인식론과 윤리 문제를 특히 중시했으며, 공통적으로 칸트가 주장한 물자체 개념을 부정했다. 칸트 철학에서 유물주의적 요소를 배제하고 관념론과 불가론을 더욱 발전시킨 것이다.

생성배경

칸트 철학은 세상에 나온 지 얼마 되지 않아 서양 사상계에 엄청난 영향과 파장을 불러 일으켰다. 그러나 끊임없이 변화하고 발전하는 철학의 세계에서 절대적인 진리란 없는 법, 칸트 철학의 영향력도 곧 미미해졌다.

칸트 철학이 다시 주목을 받은 것은 19세기 말이었다. 당시 유럽에서는 지나치게 관념적이고 형이상학적인 사변思辨에 대한 반대급부로 비판적 사고를 중시하기 시작하면서 칸트 철학을 연구하고 계승하는 움직임이 나타났다. 철학자, 심리학자, 사회학자, 경제학자, 자연과학자 등 다양한 분야의 지식인들이 칸트를 재평가하고 그의 철학을 연구했는데 이들을 신칸트주의자라고 한다. 코헨(Hermann Cohen), 나토르프(Paul Gerhard Natorp), 빈델반트(Wilhelm Windelband) 등으로 대표되는 신칸트주의자들은 '칸트로 돌아가자'는 구호를 내걸고 서양 철학 사상에 한 획을 그은 신칸트주의 운동을 일으켰다.

▲ 빈델반트

형성과정

1855년, 독일의 자연과학자 헬름홀츠(Hermann von Helmholtz)는 사람의 시력에 관한 논문에서 처음으로 칸트 인식론의 중요성을 강조하면서 신칸트주의의 시작을 알렸다. 그 후 1860년에는 쿠노 피셔(Kuno Fischer)가, 1862년에는 에드워드 첼러(Eduard Zeller)가 각각 칸트의 생애와 칸트 철학의 이론 및 인식론에 대한 저서를 연달아 출간하면서 전사회적으로 칸트 철학에 대한 흥미와 관심이 크게 높아졌다.

신칸트주의 형성에 가장 큰 역할을 한 사람은 독일 철학자 리프만(Otto Liebmann)과 랑게(Friedrich Albert Lange)이다. 리프만은 1865년에 출판한 《칸트와 그 아류들(Kant und die Epigonen)》에서 '칸트로 돌아가자'는 구호를 제창했다. 그런

◀ 독일의 철학자 칸트

특징

신칸트주의는 인식론과 윤리 문제를 중시했으며 칸트의 물자체 개념을 부정하고 주관적 관념론과 불가지론을 발전시켰다. '물자체'는 칸트 철학의 중심 개념이다. 물자체는 주체(인간)에 의한 인식에 대립하여 나타나는 현상이 아닌, 주관적 인식의 범위 밖에 스스로 존재하며 현상의 궁극적인 원인이 되는 물物 그 자체이다. 다른 말로 선험적 대상이라고 한다. 칸트는 우리 앞에 벌어진 현상은 우리의 주관적 인식이 느낀 감각을 재구성한 것일 뿐이기 때문에 물자체를 인식하거나 아는 것은 불가능하다고 주장했다. 이런 개념은 사실상 유물론을 받아들인 것이라고 볼 수 있다. 그러나 신칸트주의자들은 칸트의 물자체를 부정하고 관념론과 불가지론을 따랐다.

가 하면 랑게는 《유물론의 역사와 현대에서의 그 의의 비판 (Geschichte des Materialismus und Kritik seiner Bedeutung in der Gegenwart)》이라는 저서에서 현 사회에서 칸트 철학이 갖는 의의를 역설하고, 아리스토텔레스를 연구하는 것처럼 칸트 철학의 오묘함을 연구해야 한다고 주장했다. 리프만과 랑게의 저서 출판을 기점으로 독일에서는 칸트 철학 부흥운동이 일어났으며, 본격적인 신칸트주의 시대가 열렸다.

주요 관점

1. 비이성적이고 사변적인 자연주의에 반대했다.
2. 마부르크 학파와 프라이부르크 학파 모두 '물자체'로 대표되는 칸트 철학의 유물주의적 요소를 부정하고 주관적인 관념론과 불가지론을 발전시켰다. 또한 자율을 중시하는 칸트 윤리학을 근거로 윤리적 사회주의 이론을 제시했다.
3. 논리의 범주는 순수한 사고행위에 의해 창조된 것으로, 선험先驗적이긴 하지만 선천적인 것은 아니라고 여겼다. 또한 영원히 변하지 않는 논리란 존재하지 않으며, 단지 일정한 이론 체계에 맞춘 논리 범주가 있을 뿐이라고 보았다. 그렇기 때문에 논리는 결국 이론 체계의 변화에 따라 달라진다고 주장했다.

시대에 미친 영향

19세기 말에서 20세기 초까지 서양사회는 극심한 대변혁을 겪고 있었다. 전통적인 신앙과 가치관은 의심받고 부정당했으며, 사람들은 혼란에 빠졌다. 이러한 상황에서 신칸트주의는 가치와 진리라는 문제를 다시금 들고 나와 당시 사회의 필요를 채워주었으며, 사회의 건전한 발전을 뒷받침할 든든한 철학적 토대를 다졌다.

그러나 신칸트주의 철학자들이 제창한 소위 윤리적 사회주의는 계급 간의 협력과 융합을 독려함으로써 이후 베른슈타인(Eduard Bernstein) 등에 의해 수정주의의 이론적 근거로 이용되기도 했다.

▲ 헤겔

헤겔학파(Hegelianer)

역사는 절대정신의 자기실현 과정이다

　헤겔학파는 19세기 독일 자산 계급의 세계관을 형성한 철학 사상
이다. 헤겔학파의 학설은 논리학, 역사철학, 미학, 종교학, 형이상
학, 인식론, 정치학 등 수많은 분야에 걸쳐 있으며, 아리스토텔레
스, 데카르트, 괴테, 루소 등의 철학 사상을 계승했다. 또한 이후 서
양 철학 사상에 지대한 영향을 주었다.

생성배경

　헤겔이 아직 청년이었을 때, 프랑스에서 대혁명이 일어났다. 루
소의 계몽 사상에 의해 무지몽매한 상태에서 깨어난 프랑스 국민들
이 일으킨 혁명을 보면서 청년 헤겔은 큰 충격을 받았다. 그는 곧
프랑스 대혁명의 자유정신에 깊이 감화되었고, 봉건주의 전제제도
에 의문을 갖기 시작했다. 그리고 독일의 정치적 통일과 민족 부흥
을 실현하려면 입헌정치제도를 실현해야 한다는 결론을 내렸다. 그
러나 1815년 프로이센이 나폴레옹에게 점령당한 이후, 헤겔의 정치

대표적 인물

게오르크 헤겔(Georg Wilhelm
Friedrich Hegel, 1770~1831)
독일의 철학자. 현 독일 남서부 바덴
뷔르템베르크 주의 주도인 슈투트가
르트(Stuttgart)에서 태어났다. 1801
년, 예나 대학교에서 교수직을 맡았
으며 1829년에는 베를린 대학교 학
장으로 취임했다. 주요 저서로 《정
신현상학(Phenomenologie des
Geistes)》, 《법철학 강요(Grundlinien
der Philosophie des Rechts)》 등이
있다.

루드비히 포이어바흐(Ludwig
Andreas Feuerbach, 1804~1872)
독일의 철학자. 칸트의 불가지론과
헤겔의 관념론을 비판하고 유물주의
의 권위를 회복시켰다. 한때 청년헤
겔학파의 대표 주자였으나 이후 헤
겔의 변증법을 버리고, 유물론적인
인간중심 철학 체계를 세웠다. 대표
저서로 《종교의 본질(Das Wesen
der Religion)》 등이 있다.

▲ 포이어바흐

철학에도 변화가 생겼다. 한때 그가 '말에 탄 절대정신'이라고 칭송했던 나폴레옹은 자유를 전파하기는커녕 폭정을 일삼았고, 사회의 진보를 가져올 것이라고 믿었던 대혁명은 프랑스에 더 큰 혼란을 야기했다. 이러한 현실을 보며 헤겔은 공허한 자유이념의 한계를 깨닫고, 시대를 구할 대안을 국가에서 찾기 시작했다. 그는 프로이센 왕국이 현존하는 국가 중 가장 이상적인 나라라고 칭송하면서 이를 기반으로 입헌군주체제를 세워야 한다고 주장했다. 이후 헤겔은 프로이센의 국가적 철학자가 되었으며, 그의 철학 사상 역시 철학계의 주류로 대접받았다.

형성과정

    1818년, 헤겔이 프로이센 정부의 초청을 받아 베를린 대학교의 교수로 있었던 소위 '베를린 시기'는 헤겔 철학의 전성기였다. 그를 추종하고 계승하는 사람들이 모이면서 헤겔학파가 형성되었으며, 그의 철학 또한 국내외로 널리 알려졌다. 그러나 1831년 헤겔이 61세의 나이에 세상을 떠난 이후로 헤겔학파는 노년헤겔학파(헤겔 우파)와 청년헤겔학파(헤겔좌파)로 갈려서 서로 대립했다. 헤겔학파가 분열하게 된 원인은 헤겔 철학과 그리스도교 교의의 일치성에

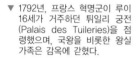

▼ 1792년, 프랑스 혁명군이 루이 16세가 거주하던 튀일리 궁전 (Palais des Tuileries)을 점령했으며, 국왕을 비롯한 왕실 가족은 감옥에 갇혔다.

대한 인식의 차이 때문이었다. 노년헤겔학파는 자신의 철학이 그리스도교 교의와 일치한다고 생각했던 헤겔의 주장을 그대로 받아들이고 계승했다. 그러나 청년헤겔학파는 헤겔의 주장을 뒤엎고 헤겔철학이 가진 비그리스도교적 측면을 강조했다.

헤겔의 후학들은 헤겔 철학을 기반으로 받아들일 것은 받아들이고 버릴 것은 버리며 각자 고유한 사상 체계를 세워갔다. 바우어(Bruno Bauer)는 절대자라는 존재를 부정했으며, 포이어바흐는 헤겔 사상의 핵심인 '절대정신'을 버렸다. 그런가 하면 슈티르너(Max Stirner)는 '유일자唯一者'라는 개념을 제시하여 포이어바흐의 유적존재(Gattungswesen) 철학을 비판했다. 마르크스(Karl Heinrich Marx)는 한발 더 나아가 실천적 유물론을 주장하고 헤겔의 절대적 관념론 및 변증법을 비판하는 등, 헤겔 철학의 테두리를 완전히 벗어나는 급진적인 모습을 보였다.

주요 관점

1. 절대정신이 세계의 본질이라고 보았다. 헤겔에 따르면 정신은 주관적 정신, 객관적 정신, 절대적 정신으로 나뉘는데 이들은 구별된 것이 아니라 동일한 발전선상에 있다. 또한 자연과 인류사회, 인간의 정신활동은 모두 주관적 정신이 객관적 정신을 거쳐 절대정신으로 나아가는 과정에서 나타나는 현상이라고 보았다.

2. 절대정신의 발전 3단계: '절대정신은 우주만물과 세계의 근원'이라는 기본명제를 바탕으로 논리학, 자연철학, 정신철학으로 이어지는 절대정신의 자기발전 3단계를 제시했다.

3. 변증법: '정-반-합'으로 구성된 헤겔의 변증법은 헤겔 철학의 핵심으로 이후 철학의 발전에 크게 이바지했다. 헤겔은 자연과 역사, 정신의 세계는 계속 움직이고 변화하며 발전한다고 했다. 그리고 그 변화와 발전의 원동력은 내부에 존재하는 모순이라고 주장했다. 즉, 그 모순을 조정하고 '합'을 향해 나아가는 과정에서 발전을 이룬다는 것이다.

시대에 미친 영향

헤겔학파의 철학은 독일의 고전철학을 집대성했다고 평가받는다. 헤겔 철학을 통해 당시 독일 자산 계급의 혁명성과 취약성을 발견

특징

● 헤겔 철학은 독일 고전철학을 집대성하여 객관적 관념론 철학 체계를 세웠다.
● 헤겔은 자신의 철학이 '절대관념(절대정신)'을 가장 잘 구현한 철학이며, 프로이센 왕국은 '절대관념'을 가장 잘 체현한 국가라고 보았다. 이후 헤겔의 철학은 프로이센 왕국의 전제제도를 옹호하는 데 활용되기도 했다.

할 수 있으며, 당시 서양 자산 계급의 특징 또한 엿볼 수 있다.

마르크스주의자들은 헤겔 철학의 '방법'과 '체계' 사이의 모순을 지적하며 이를 비판했다. 혁명적 운동원리인 변증법과 보수적인 관념론 체계가 서로 부딪친다는 것이다. 그러나 엥겔스(Friedrich Engels)는 다음과 같이 말하며 헤겔 철학의 가치를 높이 평가하기도 했다.

"근대 독일철학은 헤겔에 이르러 최고 수준에 도달했다. 헤겔은 자연과 역사, 정신의 세계가 끊임없이 움직이고 변화하며 발전한다고 주장한 최초의 철학자이며, 이러한 움직임과 발전의 내재적 관계를 밝히려고 한 선구자이다. 이것만으로도 그의 업적은 충분히 칭송받을 만하다."

◀ 하버드 대학교 전경

▲ 소로

초월주의(Transcendentalism)

너 자신을 믿으라

초월주의는 19세기 미국에서 나타난 낭만주의의 대표적 갈래이다. 독일 관념론의 '선험주의'와 구별하기 위해 뉴잉글랜드 초월주의(New England Transcendentalism)라고도 한다. 일종의 문학, 철학 운동인 초월주의는 미국의 르네상스 시대를 열었다고 평가받는다. 현실 세계의 배후에는 경험이나 과학을 초월한 이상적인 정신적 실체가 존재하는데, 이 정신적 실체는 직관을 통해서만 파악할 수 있다고 보았다.

생성배경

초월주의가 처음 싹을 틔운 곳은 1830년대 미국 뉴잉글랜드 지역이었다. 그러나 곧 미국 전역으로 빠르게 퍼져나가면서, 미국 철학 역사상 가장 중요한 사상해방 운동이 되었다.

19세기의 미국은 정치적 독립을 선언한 이후 정신적 · 문화적으로 유럽에서 벗어나 홀로서기를 하고 있었다. 이렇게 특수한 역사적

대표적 인물

랄프 왈도 에머슨(Ralph Waldo Emerson, 1803-1882)
미국의 작가, 사상가, 시인. 매사추세츠 주 보스턴에서 태어났다. 1837년, '미국의 정신적 독립선언문'이라고 칭송받는 〈미국의 학자〉라는 강연을 발표하면서 사상가로 주목받기 시작했다. 문학비평가 로렌스 부얼(Laurence Buell)은 '에머슨과 그의 사상은 미국에서 가장 중요한 세속종교를 이루었다'고 평가하기도 했다.

헨리 소로
(Henry David Thoreau, 1817-1862)
19세기 미국에서 가장 영향력 있던 작가이자 철학자. 대자연 속에서 얻은 체험을 바탕으로 뛰어난 작품을 다수 남겼다. 특히 월든 호반에서의 생활을 바탕으로 쓴 《숲속의 생활(Walden, or Life in the Woods)》(1854)은 미국 문학의 고전으로 널리 읽히고 있다.

▲ 〈숲속의 생활〉

배경에서 에머슨(Ralph Waldo Emerson)과 소로(Henry David Thoreau) 등이 창시한 태어난 초월주의 사상은 미국인들의 정신적 독립선언문과 같은 역할을 했다.

형성과정

1830년, 에머슨은 하버드 대학교 신학부를 졸업하고 서른도 안 된 젊은 나이에 미국 보스턴 제2교회 목사로 부임했다. 7대째 성직을 이어온 목사 집안에서 태어났기 때문에 목사가 되는 것은 에머슨에게 있어 숙명과도 같은 일이었다.

그러나 에머슨은 선대의 목사들과 상당히 달랐다. 하버드 대학교 재학 시절, 그는 영국 낭만주의 작가들의 작품에 푹 빠져 있었다. 낭만주의 작품을 읽으면서 에머슨의 사상은 갈수록 풍부해졌으며 시야도 넓어졌다. 그런 그에게 교리와 형식에 얽매인 성직자 생활이 맞을 리 없었다. 결국 에머슨은 이듬해 제2교회 목사직을 사임하고 유럽으로 여행을 떠났다. 유럽여행 기간 동안 그는 워즈워스, 칼라일 등 여러 유명 작가들과 두터운 친분 관계를 맺고, 이들에게서 칸트 철학 등 독일 관념론에 대해 배우며 많은 영향을 받았다.

미국으로 돌아온 에머슨은 글과 강연을 통해 자신의 생각과 사상을 펼치기 시작했다. 1837년, 하버드 대학교에서 〈미국의 학자(The American Scholar)〉라는 제목의 강연을 한 후 에머슨은 급진적 사상을 지닌 철학자로 주목받았다. 그리고 얼마 지나지 않아 그를 중심으로 한 '초월주의자 클럽'이 생겨났다. 이후 그들을 모방하는 추종자들이 대거 나타나면서 초월주의는 성대한 부흥기를 맞이했다.

주요 관점

1. 초월주의자는 인간이 감각과 이성을 초월하여 직관적으로 진리를 깨달을 수 있다고 주장했다. 또한 인류사회는 우주의 축소판이라고 보았다. 이에 대해 에머슨은 '물방울은 작은 바다이다. 한 사람 안에 모든 자연이 들어 있다'고 말했다.

2. 칼뱅주의의 '창조주 중심' 사상을 부정하고, 인간이 곧 신이라고 주장했다. 또한 모든 사람은 자신이 원하는 모습의 사람이 될 수 있다고 주장했다. 그렇기 때문에 자기 자신에 대한 신뢰와 믿음을 가져야 한다고 보았다. 이 같은 초월주의의 주장은 미국인의 독립

및 자주 정신을 고양시키는 데 크게 이바지했다.

시대에 미친 영향

초월주의는 인간의 주관적인 능동성을 강조함으로써 칼뱅주의의 성악설과 운명론을 공격했다. 또한 개성을 중시하고 개인을 존중하는 미국식 문화의 사상적 바탕이 되었다. 초월주의를 사상적 토대로, 미국 문학계에는 '뉴잉글랜드 르네상스'가 나타났으며 에머슨이 한때 목사로 있었던 보스턴 지역은 미국식 르네상스의 중심지가 되었다.

유럽과 미국의 사상적 조류를 하나로 통합한 철학 운동인 초월주의는 미국 문학의 발전에도 크게 공헌했다. 《자연론(Nature)》, 《숲 속의 생활(Walden, or Life in the Woods)》 등은 모두 초월주의의 세례를 받은 걸작들이다.

특징

● 직관을 숭상하고 자연을 사랑하며 개성을 존중했다.
● 행동하고 창조할 것을 호소하고 권위와 교조에 반대했다.

▲ 오귀스트 콩트

실증주의(Positivism)

정말 그것을 눈으로 본 적이 있는가

실증주의란 서양 철학학파들이 전통적으로 고수해 오던 형이상학
적인 사변思辨을 배격하고, 감각을 통한 경험과 관찰 및 실험을 통해
검증 가능한 지식만을 인정하는 철학 사조이다. 특히 1830년대부터
1840년대 사이에 프랑스의 철학자이자 사회학자인 콩트(Auguste
Comte)를 중심으로 프랑스 및 영국 등지에서 활발하게 나타났다.
대표적인 인물로는 실증주의의 창시자라고 불리는 콩트, 영국의 공
리주의 철학자 존 스튜어트 밀(John Stuart Mill), 허버트 스펜서
(Herbert Spencer) 등을 들 수 있다. 20세기에 접어들어 콩트의 실증
주의는 빈 학파(Wiener Kreis)라고 불리는 독일 실증주의 학파의 발
달에 영향을 미쳤다. 이들 학파의 사상을 일컬어 논리실증주의
(logical positivism), 혹은 신실증주의(neo-positivism)라고 한다.

생성배경

실증주의는 17세기 유럽에서 처음 싹을 틔웠다. 당시 유럽에는

인간의 이성을 신뢰하는 합리론과 인간의 인식에서 경험의 역할을 중시하는 경험론이 서로 대립하고 있었는데, 이러한 대립은 18세기 후반에 접어들면서 점차 극명해졌다. 또한 18세기 계몽주의 운동의 영향으로 19세기에 나타난 프랑스 철학은 사회적·정치적 색채가 강했다.

콩트 이전에 실증의 문제를 다뤘던 사람은 주로 뉴턴, 흄(David Hume)과 같은 경험론 철학자들이었다. 그리고 19세기 초, 프랑스의 공상적 사회주의 사상가 생시몽(Comte de Saint-Simon)이 처음으로 '실증주의'라는 단어를 사용했다. 그러나 엄격히 말해서 실증주의를 진정한 의미의 철학 사조로 뿌리 내리게 한 사람은 콩트이다.

형성과정

19세기 초 유럽에는 다양한 철학 사상이 출현과 소멸, 번성과 쇠퇴를 거듭하고 있었다. 헤겔의 '절대정신'이 쇼펜하우어와 니체, 키에르케고르의 비판에 부딪치면서 19세기 후반에는 의지주의가 거세게 일어났다. 게다가 마르크스와 같이 헤겔 철학을 급진적으로 벗어나는 움직임도 나타났다. 이러한 상황에서 갈수록 그 영향력을 더해가는 철학자가 있었으니, 바로 실증주의의 창시자 오귀스트 콩트이다.

1817년부터 생시몽 문하에서 수학하며 실증주의 사상 체계를 세워가던 콩트는 1822년, 갓 스물을 넘긴 젊은 나이에 〈사회의 재조직화에 필요한 과학적 작업계획〉이라는 논문을 발표하면서 두각을 드러냈다. 그후 콩트는 본격적으로 실증주의에 관한 강연과 저술 활동을 시작했다. 그러나 1826년부터 1827년까지는 과로와 가정의 불화로 인해 극심한 신

특징

● 실증주의자들은 확인할 수 있고 검증할 수 있는 '현상'을 인식의 기반이자 전제조건으로 보았으며, 과학적 지식은 반드시 실증이 가능해야 한다고 주장했다.
● 경험이 아닌 인간의 이성에만 의지하여 사물의 본질을 파악하는 것을 반대했다. 또한 현상에 대한 귀납추리로 일반적인 법칙을 발견할 수 있다고 주장했으며, 과학이론 성립에 있어서 경험의 중요성을 강조했다.
● 과학적 실증주의로 인간의 정신활동과 사회현상을 해석하고 설명하려고 했다. 어떤 면에서 보면 과학지상주의, 혹은 과학만능주의 경향이 강했다. 실증주의 과학자 에른스트 마흐(Ernst Mach)는 물리학 및 화학 분야에 원자 개념을 도입해서는 안 된다고 주장하면서 '정말 그것을 당신 눈으로 본 적이 있는가'라고 물었다. 이는 실증주의의 특성을 단적으로 보여 주는 질문이라고 할 수 있다.

◀ 콩트의 고향인 프랑스 남부의 작은 도시 몽펠리에(Montpellier)

경쇠약에 시달려서 한때 요양원 신세를 지기도 했다.

건강을 되찾은 콩트는 1829년 1월 4일부터 실증철학에 관한 강의를 다시 시작했다. 그리고 1930년에 이 강의 내용을 토대로 《실증철학강의(Cours de Philosophie Positive)》 제1권을 출간했다. 이후 그는 1835년, 1838년, 1839년, 1841년, 1842년에 각각 한 권씩 총 여섯 권의 《실증철학강의》를 세상에 내놓으면서 실증주의 철학 체계를 완성해 갔다.

주요 관점

콩트의 실증주의 철학에서 가장 큰 특징은 과학에 대한 신뢰이다. 그는 인류의 역사가 신화적 단계와 형이상학적 단계를 거쳐 과학적 단계로 나아가는 과정이라고 생각했다. 과학이란 관찰과 묘사, 추론과 통제를 통해 자연의 법칙을 파악하는 학문이다. 그런데 콩트는 자연과학에 사용되는 실증적 연구 방법이 인간과 사회현상 연구에도 그대로 적용될 수 있다고 보았다. 어떤 현상을 자세히 관찰한 뒤 정확한 묘사와 정밀한 추론을 통해 그 안에 숨겨진 법칙을 파악할 수 있다면, 반대로 발견한 법칙에 근거하여 다른 현상까지 추측할 수 있다고 생각한 것이다. 그렇기 때문에 관찰과 경험을 통해 얻은 인식을 바탕으로 세상의 실체를 발견할 수 있다고 주장했으며, 초월적 존재나 형이상학적 원인과 같이 관찰을 통해 확인하거나 증명할 수 없는 것은 인정하지 않았다. 이처럼 실증주의는 근대 자연과학의 방법과 성과에 근거해서 사회적·정신적 현상들까지 통일적으로 설명하려고 했다.

시대에 미친 영향

실증주의는 철학뿐만 아니라 사회과학·심리학 등 여러 분야에서 무시할 수 없는 족적을 남겼다. 콩트가 창안한 실증주의 사회학은 이후 반세기 동안 서양 사회학의 주류 자리를 지켰다.

행동주의 심리학은 급진적 성향의 실증주의 심리학자들이 과학적 심리연구 체계에서 정신적 측면을 제외하면서 형성되었다. 이들의 주장에 따르면 정신은 비과학적인 것이다. 그래서 행동주의 심리학자들은 관찰 가능하고 측량할 수 있으며 묘사와 추측, 통제가 가능한 '행동'을 심리학의 대상으로 삼았다.

▲ 마르크스

마르크스주의(Marxism)

공산주의의 유령

　마르크스주의는 마르크스와 엥겔스가 세운 사상 체계이다. 프롤레타리아 혁명의 지도자이자 아버지로 불리는 마르크스는 사유재산 제도의 소멸을 골자로 한 계급투쟁 이론의 기초를 세웠으며 엥겔스의 도움을 받아 이를 정리, 발전시켰다. '마르크스주의' 라는 용어는 1880년 초 엥겔스가 처음으로 사용했다. 마르크스주의는 과학적 세계관, 사회역사의 발전에 관한 학설, 무산계급혁명이론 및 사회주의와 공산주의 건설이론 등을 총망라한 과학적 이론 체계이다.

생성배경

　마르크스주의는 1840년대 서유럽, 특히 자본주의가 상당히 발달해 있었던 영국, 프랑스, 독일에서 처음 싹을 틔웠다. 당시 세 나라는 산업혁명을 거치면서 생산력과 과학기술의 발전이 최고 수준에 달해 있었다. 그러나 한편으로는 무산 계급인 노동자들의 의식이 크게 성장하면서 영국의 차티스트 운동, 프랑스의 리옹 견직공 봉

대표적 인물

칼 마르크스
(Karl Heinrich Marx, 1818-1883)
마르크스주의의 창시자, 제1인터내셔널의 창설 및 운영을 주도했다. 대표 저서로는 《헤겔 법철학 비판서설》, 《철학의 빈곤》, 《자본론(Das Kapital)》 등이 있다.

프리드리히 엥겔스
(Friedrich Engels, 1820-1895)
독일의 사회주의 이론가 및 작가, 마르크스주의의 창시자. 마르크스의 절친한 친구로 국제 노동자 운동을 이끌었다. 마르크스 사후에 그가 남긴 유고를 정리하여 1885년과 1894년에 각각 《자본론》 2권과 3권을 발표했다. 대표 저서로는 《공산당선언》, 《독일 이데올로기》 등이 있다.

▲ 젊은 시절의 마르크스

기, 독일의 슐레지엔 방직공 봉기 등이 연달아 일어났다. 자신의 정당한 권리를 지키기 위해 적극적으로 목소리를 내기 시작하면서 노동자 계급은 점차 독립적인 정치 역량을 가진 세력으로 성장했다. 마르크스주의는 이렇듯 자본주의의 모순이 격화되고 노동자 운동이 발달하는 상황에서 탄생했다.

형성과정

"하나의 유령이 지금 유럽을 배회하고 있다. 공산주의라는 이름의 유령이."

1848년 2월 24일, 위의 문장으로 서두를 연 〈공산당선언〉이 정식으로 발표됐다. 〈공산당선언〉은 마르크스와 엥겔스가 코민테른 제2차 대표위원회의 의뢰를 받아 쓴 것으로, 공산주의의 이념과 이론, 실천에 관해 저술한 최초의 공산주의 문건이다.

〈공산당선언〉의 주요 이론은 독일의 고전철학, 영국의 고전정치경제학 및 프랑스의 공상적 사회주의를 모태로 했다. 또한 19세기 자연과학의 발달은 〈공산당선언〉 작성에 필요한 중요한 자연과학적 근거를 제공해 주었다. 18세기 중반부터 19세기 초까지의 사회

특징

● 과학과 혁명, 이론과 실천을 통일했다.
● 각국 노동자 운동과 혁명투쟁을 결합했으며, 시대적 요구와 사회 발전상에 따라 끊임없이 변화하며 발전했다.

▶ 오스트리아 빈에서 시민들이 합스부르크 왕조의 봉건통치에 반대하여 일어난 '3월 혁명'을 묘사한 그림. 1848년은 온 유럽이 혁명의 불길에 휩싸였던 해였다.

과학 및 자연과학의 성과를 집대성한 결과물인 〈공산당선언〉은 발표되자마자 영어, 프랑스어, 러시아어 등으로 번역되어 각국에 소개되면서 마르크스주의의 탄생을 알렸다.

▲ 〈공산당선언〉 초고

주요 관점

마르크스주의는 크게 마르크스주의 철학, 마르크스주의 정치경제학, 과학사회주의 등 세 부분으로 구성되어 있다.

1. 마르크스주의 철학: 변증적 유물론과 역사유물론을 함께 일컫는다. 마르크스주의는 '세계의 통일성은 그 물질성에 있다'고 주장했으며, 운동은 물질이 존재하는 형식이라고 보았다. 또한 '인간의 사회적 존재가 의식을 결정'하며, 인간에게는 객관적 규칙을 스스로 인식하고 바르게 운영할 수 있는 능력이 있다고 생각했다.

2. 마르크스주의 정치경제학: 마르크스주의는 인간사회의 각 발전단계마다 나타나는 물질 자원의 생산, 교환 및 상품 분배와 관련된 규칙을 설명했다. 또한 잉여가치율, 절대적 잉여가치, 상대적 잉여가치, 잉여가치의 분석 등 잉여가치론을 분석 도구로 삼아 자본주의의 경제적 법칙을 밝히고 자본주의의 소멸을 예언했다.

3. 과학사회주의: 마르크스주의는 사회 생산력의 필연적 요구와 발전 법칙에 따라 사회주의가 자본주의를 대체하게 될 것이며, 자본주의를 무너뜨리고 사회주의를 실현하는 것이야말로 프롤레타리아 계급의 역사적 사명이라고 보았다.

시대에 미친 영향

마르크스주의는 유물론적 역사관을 제시하고 '실천'을 매개로 인간과 세계의 관계를 설명했다. 이로써 능동적인 면이 부족했던 과거 유물론의 단점을 보완했으며, 프롤레타리아 혁명에 필요한 이론적 근거를 제공했다.

▶ 1900년대 라이프치히 대학교
과학실험실 전경

대표적 인물

에른스트 마흐
(Ernst Mach, 1838~1916)
오스트리아의 물리학자, 과학사가,
철학자. 프라하 대학교, 그라츠 대
학교 등에서 수학과 물리학을 가르
쳤으며 이후 빈 대학교에서는 과학
사 및 과학론을 강의했다. 자연과학
분야 전문지식이 풍부했으며 물리
학, 심리학, 생리학 등의 분야에서
독자적인 업적을 다수 남겼다. 마흐
의 철학적 관점은 《역학의 발전, 그
역사적 비판적 고찰(Die Mechanik
in ihrer Entwicklung historischkritisch
dargestellt)》 및 《인식과 오류
(Erkenntnis und Irrtum)》에 잘 드러
나 있다.

R. 아베나리우스(Richard Heinrich
Ludwig Avenarius, 1843~1896)
독일의 철학자, 경험비판주의의 창
시자. 파리에서 태어나 라이프치히
대학교, 취리히 대학교, 베를린 대
학교 등에서 철학을 공부했다. 1875
년 철학박사 학위를 취득한 이후 라
이프치히 대학교에서 평생 철학 교
수로 근무했다. 과학 이론은 가장
간단한 방법으로 경험들 간의 유사
성과 선후관계를 기술하는 것이며,
인과관계나 실체원칙 등에 따른 기
술방법은 폐지되어야 한다고 주장
했다. 주요 저서로는 《순수경험 비
판》 등이 있다.

마흐주의(Machism, 경험비판주의)

사물은 감각의 복합이다

마흐주의는 1870년대에서 1900년대까지 독일과 오스트리아를 비롯한 유럽 국가에서 유행했던 관념론적 철학 사조이다. 불가지론과 극단적 관념론의 혼합물인 마흐주의는 영국 경험주의 철학자인 버클리(George Berkeley)와 흄(David Hume)의 주관적 관념론과 프랑스 사회학자인 콩트의 실증주의를 계승했다. 창시자인 에른스트 마흐의 이름을 따 마흐주의라고 이름이 붙여졌으며, 또 다른 주요 인물인 독일 철학자 아베나리우스(Richard Avenarius)의 대표작 《순수경험비판(Kritik der reinen Erfahrung)》에 따라 '경험비판주의(Empiriocriticism)' 라고도 한다.

생성배경

마흐주의의 사상적 근간을 이루는 것은 경험주의와 실증주의이다. 버클리와 흄으로 대표되는 경험주의는 19세기 유럽 철학계에 신선한 충격을 던지며 등장했다. 버클리와 흄의 경험론에서 경험은 모든 철학의 출발점이다. 또한 경험은 신이 인간의 마음 속에서 불러 일으킨 것도, 순수한 심리활동의 산물도 아니며 관념도 물질도 아닌 중성적인 성격을 띤다. 그래서 이들은 스스로의 철학을 중립적 철학, 무당파적無黨派的 철학이라고 했다. 버클리와 흄은 이러한 인식을 바탕으로 마음과 정신을 통한 지각과 관념 외에는 아무것도 존재하지 않는다는 주관적 관념론을 제시했다. 하지만 초기의 경험주의는 체계적인 이론을 갖추지 못한, 날 것이나 다름없는 이론이었기 때문에 수많은 철학자들의 비판을 받으며 학계의 관심 밖으로 점차 밀려났다. 그러나 마흐는 콩트의 실증주의에서 출발하여 버클리와 흄의 주관적 관념론으로 돌아가는 것을 과제로 삼고, 경험을 바탕으로 한 인식론을 주된 화제로 다루면서 경험주의 철학의 체계를 세웠다.

▲ 에른스트 마흐

형성과정

1870년대에 마흐가 기본 사상 체계를 제시한 이후, 조셉 페촐트(Joseph Petzoldt) 등 수많은 철학자들이 이들의 뒤를 이어 마흐주의를 발전시켰다. 마흐주의는 19세기 말부터 20세기 초까지 유럽 각국에서 주목을 받았으며, 특히 아베나리우스의 경험비판론과 기본적으로 같은 관점을 보이면서 종종 함께 거론되었다.

재미있는 것은 마흐 자신은 스스로를 철학자라고 생각하지 않았다는 점이다. 그는 늘 자신이 과학자이며, 과학자로서의 본분에 충실하여 자연과학방법론과 심리학 연구에 힘썼을 따름이라고 말했다.

특징

● 전형적인 명제를 활용하여 자신만의 독특한 철학적 관점을 드러냈다. 유명한 마흐주의 철학 명제는 다음과 같다.
"사물은 감각의 복합이다. 감각이 있어야 비로소 사물도 존재한다고 할 수 있다. 감각은 결코 사물의 상징이나 모사가 아니며, 오히려 사물이야말로 상대적으로 안정된 감각 복합의 상징이다. 세계를 구성하는 진정한 요소는 사물이 아니라 색, 소리, 압력, 공간, 시간 등이다."

◀ 에른스트 마흐가 교수로 재직했던 빈 대학교

주요 관점

1. 경험의 중요성을 강

조했다. 마흐주의에 따르면, 감각적 경험은 인식의 한계선이자 외부 세계를 이루는 기초이다. 그렇기 때문에 진정으로 중요한 것은 물질도 정신도 아닌 감각적 경험이며, 물리적 사물이나 심리적 사물 역시 모두 감각적 경험이 복합된 결과물이다. 또한 마흐주의는 유물론과 관념론 모두 편향성을 띠고 있기 때문에 두 가지 사조에서 모두 벗어나 중립적이고 무당파적인 철학 체계를 세워야 한다고 주장했다.

2. 객관적인 진리는 존재하지 않는다. 마흐주의의 관점에서 과학 이론은 객관적 세계와 법칙을 반영한 것이 아니라 감각적 경험을 묘사한 것이다. 또한 감각적 경험의 묘사는 반드시 최소의 사고를 통해 가장 완벽하게 진술해내야 한다는 원칙을 준수해야 한다. 여기서 나온 것이 바로 마흐의 사유경제설思惟經濟說이다. 마흐주의에 따르면 과학 이론은 모두 가설에 불과하며 편의성의 유무만 있을 뿐, 옳고 그름의 차이는 없다. 그렇기 때문에 객관적인 진리란 존재하지 않는다.

시대에 미친 영향

마흐주의는 한때 영국, 프랑스, 독일, 러시아 등 수많은 유럽 국가에서 위세를 떨치며 수많은 신봉자들을 만들어냈으며, 동 시대의 노동자 운동에도 영향을 주었다. 특히 오스트리아의 사회민주당, 러시아의 사회민주노동당의 일부 인사들은 마르크스주의를 보완할 수단으로 마흐주의를 선택하려는 움직임을 보이기도 했다. 이에 따라 마르크스주의자들 사이에서 사상적 혼란이 빚어지자 레닌은 《유물론과 경험비판론(Materialism and Empiriocriticism)》을 써서 마흐주의를 철저히 비판했다. 철학 사조로서 마흐주의는 이후 실용주의, 신실재론(New Realism), 논리실증주의 등에 영향을 주었다.

대표적 인물

윌리엄 제임스
(William James, 1842-1910)
미국의 심리학자, 철학자, 종교심리학의 창시자. 과학과 실천이라는 각도에서 심리학을 새롭게 인식하고 이해하려 했다. 실용주의 사상을 심리학 실험연구 방법에 도입했으며 인간의 의식, 의지, 본능, 정서, 습관 및 자아체험 등에 대해 심도 있게 연구했다. 그의 이론은 미국의 기능심리학, 과학심리학, 행동주의 사상 체계의 발전에 직접적인 공헌을 했다. 주요 저서로는 《심리학 원리(The Principles of Psychology)》, 《믿고자 하는 의지(The Will to Believe)》, 《근본적 경험론(Essays in Radical Empiricism)》 등이 있다.

존 듀이(John Dewey, 1859-1952)
미국의 현대 교육사상가, 실용주의 철학자, 시카고학파의 창시자. 철학과 교육, 심리학뿐만 아니라 사회 개혁에도 많은 관심을 보여 이상적인 민주정치를 제창했다. 자유당 명예 부위원장에 뽑히기도 했다. 그의 주요 저서로는 《경험으로서의 예술(Art as Experience)》, 《논리학: 탐구의 이론(Logic : The Theory of Inquiry)》 등이 있다.

실용주의(Pragmatism)

유용한 것은 진리요, 무용한 것은 거짓이다

실용주의는 19세기 후반 미국에서 나타나 20세기에 미국을 비롯한 여러 서양 국가에서 주류를 이루었던 현대철학 사조이다. 미국을 대표하는 철학 사상으로, 미국인의 정신과 생활 양식을 가장 잘 반영하고 있다. 한편 실용주의는 서구사회의 물질주의 시대를 열었다고 평가받기도 한다.

실용주의 철학의 신조는 확고한 신념을 바탕으로 실제 행동을 취하여 실질적인 효과를 얻는 것이다.

생성배경

실용주의는 1870년대 미국에서 태동했다. 1871년부터 1874년 사이에 하버드 대학교와 관련이 깊은 젊은 지식인들이 모여 '형이상학클럽(Metaphysical Club)'이라는 철학 모임을 결성했는데, 이 모임에서 처음으로 실용주의라는 용어와 개념이 등장했다. 실용주의의 창시자라고 불리는 퍼스(Charles Sanders Peirce)의 주도 아래 철

▲ 윌리엄 제임스

▲ C. S. 퍼스

학자인 라이트(Chauncey Wright), 판사인 홈스(Oliver Wendell Holmes Jr.), 역사학자인 피스크(John Fiske), 철학자이자 심리학자인 제임스(William James) 등이 형이상학 클럽에 참여했다. 특히 제임스는 이후 실용주의를 대표하는 인물이 되었다. 형이상학 클럽의 회원들은 각자의 분야에서 실용주의에 관한 기본적인 사상과 생각들을 제시했다.

형성과정

19세기 말부터 20세기 초, 실용주의는 윌리엄 제임스, 존 듀이(John Dewey) 등의 활동에 힘입어 미국에서 가장 영향력 있는 철학사조로 성장했다. 1940년대 이전까지 실용주의는 미국 철학계에서 주도적인 위치를 지키고 있었다. 심지어 정부도 실용주의를 적극적으로 수용하고 활용할 정도였다.

그 밖에도 수많은 서구 자본주의 국가들이 실용주의를 긍정적으로 받아들였다. 특히 영국의 대표적 실용주의 철학자였던 실러(Ferdinand Canning Scott Schiller)는 철학의 목적이 인간의 이익 도

▶ 존 듀이의 제자였던 중국 사상가 후스胡適

모에 있다고 강조하며 실용주의에서 한 발 더 나아간 인본주의 철학을 제시했다.

주요 관점

1. 실용주의자들은 당시 철학의 흐름을 크게 이성주의와 경험주의로 나누었다. 이성주의는 관념적 · 이지적 · 낙관적이며 종교적 신앙을 가지고 있고 의지적 자유를 신봉한다. 이에 반해 경험주의는 유물적이고 감각적이며 비관적이다. 또한 비종교적이며 인과관계를 신뢰한다. 실용주의는 이성주의와 경험주의 사이에서 중립적인 길을 걷고자 했다.

2. 사실에 충실하면서도 신학을 부정하지 않았다. 실용주의자는 신학의 어느 개념이 실제 생활에 도움을 준다면, 그것은 진실하고 가치 있다고 여겼다.

시대에 미친 영향

20세기 초 미국 전역을 휩쓴 실용주의는 이내 프랑스, 이탈리아, 영국 등 유럽 국가로 퍼져 나갔다. 특히 무솔리니는 이를 적극적으로 받아들였으며 "행동할 수 있는 믿음, 삶과 전투에 전념할 수 있는 강인한 의지, 파시즘이 성공할 수 있었던 배후에는 실용주의가 있었다"고 할 만큼 실용주의를 높게 평가했다. 오늘날까지도 실용주의는 다양한 분야에 많은 영향을 주고 있다.

특징

● 삶과 행동, 효과를 강조했다. 또한 경험과 실재를 행동의 효과로, 지식을 행동의 도구로, 진리를 유용과 효용 혹은 행동의 성공으로 귀결시켰다.
● 인식의 임무는 객관적인 세계의 본질과 규칙을 파악하는 것이 아니라 행동할 수 있는 믿음을 가질 수 있도록 행동의 효과를 깨닫는 것이라고 보았다.

▲ 토마스 아퀴나스

대표적 인물

자크 마리탱
(Jacques Maritain, 1882-1973)
프랑스의 철학자, 신토마스주의의 대표주자. 젊은 시절에는 베르그송 (Henri Bergson) 철학의 영향을 받았으나 1906년 가톨릭으로 개종한 이후부터 신토마스주의를 신봉했다. 1933년부터 1944년까지 캐나다와 미국의 대학교에서 철학을 가르쳤으며 1945년부터 1948년까지는 바티칸 주재 프랑스 대사를 역임했다. 이후 파리 대학교 및 프린스턴 대학교 등에서 교수직을 맡았다. 말년에는 수도원에 은거했다. 주요 저서로는 《예술과 스콜라 철학(Art et scolastique)》, 《인식의 단계 (Distinguer pour unir, ou les degrés du savoir)》 등이 있다.

에티엔 질송
(Etienne Gilson, 1884-1978)
프랑스의 철학자, 신학자. 릴 대학교, 스트라스부르 대학교, 파리 대학교, 소르본 대학교 및 캐나다 토론토 중세연구원 등에서 교수를 역임했다. 주요 저서로는 《토미슴(Le Thomisme)》, 《중세의 철학(La Philosophie au moyen-êge)》, 《중세 철학의 정신(L'Esprit de la philosophie médiévale)》 등이 있다.

신토마스주의(Neo-Thomism)

존재로서의 존재

신토마스주의는 20세기에 나타난 가톨릭계의 신학 및 철학 사조이다. 중세시대의 스콜라 철학과 스콜라 신학을 부흥시키는 것을 목적으로 했기 때문에 신스콜라철학(neo-scholasticism)이라고도 한다. 대표적 인물로는 프랑스 철학자 겸 신학자 마리탱(Jacques Maritain)과 질송(Etienne Gilson), 영국 철학자 겸 신학자 코플스톤(Frederick Copleston) 등이 있다.

생성배경

신토마스주의라는 명칭은 중세시대에 성행했던 토마스 철학에서 비롯됐다. 토마스 철학의 창시자인 토마스 아퀴나스(Thomas Aquinas)는 중세시대 철학계와 신학계에 지울 수 없는 족적을 남긴 인물이다. 아퀴나스의 사상에 토대를 두고 세워진 철학 및 신학의 사상 체계를 토마스주의라고 한다. 19세기 말, 교황 레오 13세가 토마스주의를 가톨릭의 공식철학 및 학설로 인정하면서 가톨릭계에서는 토마스주의 부흥운동이 일어났는데 이를 가리켜 신토마스주의라고 한다.

아퀴나스는 대표 저서인 《신학대전(Summa Theologiae)》, 《대이교도대전(Summa de Veritate Catholicae Fidei Contra Gentiles)》 등을 통해서 자신의 관점과 견해를 효과적으로 피력했다. 그는 철학과 신학을 서로 다른 과학이라고 보고, 신학을 보호한다는 목적으로 아리스토텔레스의 '형이상학적' 사상을 연구했다. 그러나 아리스토텔레스의 철학을 고스란히 받아들여 이를 반복하는 대신, 아우구스티누스와 안셀무스를 거치면서 형성되어온 그리스도교 철학을 독자적으로 발전시켰다. '최초의 스콜라 철학가'로 불리는 안셀무스(Anselmus)는 철저한 실재론자로서 현실 속에서 신의 존재를 존재론적으로 증명하고자 했으나 아퀴나스는 신의 존재를 경험을 통해 증명하려고 시도했다. 아퀴나스로부터 시작된 토마스주의는 이후 신토마스주의의 기반이 되었다.

특징

신토마스주의는 신을 핵심으로, 신앙을 전제로, 신학을 근거로 한 종교적 유심론 체계이다. 신의 존재를 증명하려 한 것이 가장 큰 특징이다.

형성과정

1879년, 교황 레오 13세는 회칙 〈영원하신 아버지(aeterni patris)〉에서 모든 신학생들은 아퀴나스의 사상을 배우고 연구해서 토마스 아퀴나스의 고귀한 사상과 철학을 부흥시켜야 한다고 반포했다. 그리고 토마스 사상 부흥의 목적은 현대 과학의 발전에 발맞추어 종합적인 스콜라 철학 체계를 새로이 세우는 것이라고 밝혔다. 회칙 반포 이후, 가톨릭계는 스콜라 신학과 토마스주의를 활발히 연구하기 시작했다. 또한 수많은 그리스도교 사상 중에서 유일하게 토마스주의만이 바티칸의 지지와 인정을 받자, 대다수 가톨릭 대학교들이 토마스주의 연구에 뛰어들었다. 스콜라 철학 및 스콜라 신학을 전문적으로 연구하는 연구

▼ 교황 10세와 붉은 옷을 입은 주교들

소도 수십 곳이 생겨났다. 이 같은 배경 하에 일부 신학자들과 철학자들이 모여 신토마스주의라고 불리는 철학 사조를 형성하기 시작했다.

신토마스주의는 분류상 현대 철학 사조에 속하지만 새롭게 혁신을 이룬 부분은 그다지 많지 않으며, 대부분 과거 아퀴나스가 제시한 철학 및 신학 사상을 보충하고 증명하는 데 그쳤다. 한편 신토마스주의 윤리학은 종교윤리학에서 공개적으로 내세우는 비이성주의와 달리 이성주의를 표방했다. 이들은 신앙과 이성, 종교와 과학이 일치한다고 주장하면서 이를 기초로 한 도덕론 체계를 세웠다.

주요 관점

신토마스주의자들은 자신들의 철학과 사상이 영원히 변하지 않는 진리와 교의教義를 담는 매개체라고 생각했다. 그렇기 때문에 신토마스주의 안에 내포된 진리는 시간의 흐름과 상관없이 영원히 변하지 않는다고 주장했다. 그러나 또 한편으로는 진리와 교의를 인류 역사의 발전에 발맞추어 효과적으로 전달하려면 끊임없이 변하는 외부 상황에 적절히 적응할 필요도 있다고 보았다. 그래서 신의 존재에 대한 각종 증명, 유비론(類比論, doctrine of analogy), 철학과 신학의 관계에 대한 이론 등 토마스주의가 남긴 고귀한 유산을 지키고 계승할 수 있도록 시대에 맞는 방법을 찾아내는 것이 신토마스주의의 임무라고 했다.

시대에 미친 영향

신토마스주의는 인간의 인식이 가진 유한성을 전제로 신의 존재 가능성을 유추했다. 그러나 신이 존재한다는 필연적인 논거를 제시하지 못했으며, 단지 정신과 마음의 안식을 찾는 데 그쳤다. 엄밀히 말해 신토마스주의는 신의 존재를 증명하려 한 당시 분위기에 부응하여 나타난 것이라 볼 수 있으며, 대가설 속의 구체적 가설이라는 점 외에는 아무런 의미도 갖지 못했다. 이후 과학기술이 발달하면서 신토마스주의의 영향력은 점차 사라졌다.

▶ 프로이트(아랫줄 왼쪽 첫 번째)
와 그의 동료들

▲ 지그문트 프로이트

대표적 인물

지그문트 프로이트
(Sigmund Freud, 1856-1939)
오스트리아의 심리학자, 철학자, 정
신분석학의 창시자. 정신분석을 통
해 히스테리를 치료하는 방법을 창
안했다. 주요 저서로는 《꿈의 해
석》, 《일상생활의 정신병리학(The
Psycho-pathology of Everyday
Life)》, 《자아와 이드》 등이 있다.

알프레드 아들러
(Alfred Adler, 1870-1937)
오스트리아의 정신의학자, 개인심
리학의 창시자. 인본주의 심리학의
선구자이자 현대 자아심리학의 아
버지이다. 1910년 빈 정신분석학회
의 회장을 맡았다. 정신분석학파 중
에서 최초로 프로이트의 이론에 반
기를 들면서 이후 서구 심리학의 발
전에 큰 족적을 남겼다. 주요 저서
로 《신경쇠약의 특색에 관하여
(Über den nervösen Charakter)》,
《개인심리학의 이론과 실제(The
Practice and Theory of Individual
Psychology)》, 《인간 본성의 이해
(Understanding Human Nature)》 등
이 있다.

칼 구스타프 융
(Carl Gustav Jung, 1875-1961)
스위스의 정신의학자, 분석심리학
의 창시자. 초기에는 프로이트와 함
께 정신분석학 연구에 매진했으나
이후 관점 차이로 인해 프로이트와
갈라섰다. 융의 분석심리학은 집단
무의식 및 심리유형에 관한 연구로
유명하다. 수많은 저서를 남겼다.

프로이트주의(Freudianism)

시대에 획을 그은 정신분석학

프로이트주의는 19세기 말에서 20세기 초 오스트리아의 정신병리학자인 프로이트가 창안한 정신분석학 이론 및 그것을 계승, 비판, 발전시킨 여러 사상을 가리킨다. 심리학계에서는 정신분석학과 무의식심리학 체계를 가리키기 때문에 정신분석학설이라고도 한다. 이후 프로이트주의에 근간을 둔 신프로이트주의가 나타나기도 했다.

생성배경

유럽에서 심리학의 역사는 매우 길다. 초기 심리학의 연구 대상은 '영혼'이었으나, 과학이 발달하면서 연구 대상 역시 영혼에서 마음으로 옮겨갔다. 19세기 초, 독일의 철학자이자 교육학자인 헤르바르트(Johann Friedrich Herbart)가 학문적인 관점으로 심리학에 접근하면서 심리학은 과학의 한 분야로 인정받기 시작했다.

형성과정

1895년, 프로이트의 첫 번째 저서인 《히스테리에 관한 연구(Les

▲ 프로이트 기념비

Etudes sur l'hysterique)》가 출판됐다. 그 후 5년 뒤인 1900년, 프로이트의 두 번째 저서이자 대표작인 《꿈의 해석(Die Traumdeutung)》이 세상에 나왔다. 처음 출판됐을 당시에 《꿈의 해석》은 그다지 큰 주목을 받지 못했다. 그러나 프로이트의 다른 주요 저작들이 연달아 발표되면서 새롭게 조명을 받았고, 더 나아가 프로이트주의 탄생에 결정적인 역할을 했다.

프로이트의 학설에 대한 평가는 분분하다. 그러나 비판하는 쪽이든 옹호하는 쪽이든 간에 프로이트가 심리학과 철학 발전에 크게 이바지했다는 사실만은 부인하지 못한다. 사회학자이자 프로이트 연구가인 필립 리프(Philip Rieff)는 "프로이트가 엄청난 업적을 이루었다는 것은 의심할 나위가 없으며, 그의 저작은 20세기를 통틀어 가장 중요하고도 위대한 저서이다."라고 평가했다.

특징

정신분석학은 인간의 정신활동이 각각 다른 의식 수준에서 어떻게 발생하고 진행되는지를 설명했다. 의식은 스스로 인식할 수 있는 심리활동이다. 그런데 사회도덕과 개인의 이성에 부합하지 않는 욕망과 본능은 인간 스스로 인식할 수 없는 의식의 깊은 곳에 숨겨져 있다. 이를 가리켜 무의식이라고 한다.

주요 관점

1. 무의식 학설: 프로이트는 자신이 세운 심리학 체계를 심층심리학(depth psychology)이라고 불렀다. 그는 인간의 의식구조를 무의식, 전의식, 의식으로 나누어 설명했다. 무의식은 인간 심리의 가장 깊은 곳에 자리 잡고 있으며 모든 충동과 본능, 동기의 근원이다.

▶ 박물관처럼 꾸며진 프로이트의 사무실

전의식은 무의식과 의식의 사이에 존재하며, 무의식에 대한 감시자 역할을 하여 본능을 적절한 수준으로 통제하고 현실에 복종하도록 한다. 의식은 인간 심리의 가장 바깥층으로, 인간의 정신이 조화를 이루고 유지하도록 조정한다.

2. 꿈의 해석 이론: 프로이트에 따르면 꿈에는 나타난 의미와 숨겨진 의미가 있다. 나타난 의미는 꿈을 꾼 사람이 기억하는 꿈의 내용 및 그 의미이다. 숨겨진 의미는 꿈을 꾼 사람이 자유연상을 통해 찾아낼 수 있는, 숨어 있는 욕망이나 불안을 가리킨다.

▲ 《꿈의 해석》 친필 원고

시대에 미친 영향

저명한 학자 레이먼드 팬처(Raymond Fancher)는 프로이트주의가 철학에 미친 영향을 이렇게 정리했다.

"물론 프로이트의 심리학 중 상당 부분은 논리적 모순이 많으며, 여전히 많은 연구와 검증이 필요하다. 그러나 인간 심리와 성격, 본성에 대한 프로이트의 견해는 매우 강렬하고 인상적이다. 지그문트 프로이트가 자신의 전문 분야뿐만 아니라 사회문화 전체에 영향을 준 몇 안 되는 걸출한 인물 중 한 명임은 부정할 수 없다."

▶ 파리의 개선문

대표적 인물

앙리 베르그송
(Henri Bergson, 1859-1941)
프랑스의 철학자. 어려서부터 전형
적인 프랑스식 교육을 받고 자랐으
며 철학, 수학, 심리학, 생물학 등에
폭넓은 관심을 보였다. 1878년 파리
고등사범학교에 입학했으며 1881년
에는 철학학사 학위를, 1889년에는
철학박사 학위를 얻었다. 제1차 세
계대전 기간 동안 학자의 신분으로
정치계에 발을 들여놓았으며 스페
인 및 미국 주재 프랑스 대사를 역
임했다. 주요 저서로는 《시간과 자
유의지: 의식의 직접소여에 관한 이
론》, 《창조적 진화》, 《도덕과 종교의
두 원천(Les deux sources de la
morale et de la religion)》 등이 있다.

철학적 직관주의

직관은 진실의 본질이다

철학적 직관주의는 직관이 추상적인 이성보다 훨씬 더 근본적이
고 정확하게 세계를 인식할 수 있는 방법이라고 주장하는 철학 사
조이다. 그래서 자연히 반이성적, 반실증적, 반유물적 성격이 강하
다. 역사상 직관을 중시한 철학자는 수도 없이 많았지만, 직관이 하
나의 학설과 사조로 자리 잡은 것은 20세기 초에 들어선 이후였다.

형성과정

1927년, 스웨덴 한림원(The Swedish Academy)에서는 노벨문학상

시상식이 거행되고 있었다. 그 해의 노벨문학상 시상자는 프랑스 철학자 앙리 베르그송이었다. 하지만 발표자는 수상작에 대해 소개를 하는 대신 베르그송의 또 다른 작품 《창조적 진화(L'evolution creatrice)》가 지닌 철학적 의의를 거론하며 칭찬과 경탄을 아끼지 않았다. 그는 《창조적 진화》를 '사람의 마음을 뒤흔드는 웅대한 서사시이자 고갈되지 않는 힘과 지각의 한계를 넘어선 영감이 담긴 위대한 우주론'이라고 칭송했다. 또한 베르그송에 대해 '이성주의의 속박을 벗어나 새로운 길을 열었으며, 무한한 창조적 추진력을 해방시켰다'고 평가했다.

베르그송이 《창조적 진화》를 통해 보인 독자적인 사상을 생명철학이라고 한다. 생명철학은 과학적 인식을 유일한 인식 방법으로 삼는 현대 과학주의에 대한 반작용으로 나타났으며, 등장과 동시에 수많은 추종자들을 얻었다. 이후 베르그송을 중심으로 직관을 중시하는 철학 사조가 형성되기 시작했는데, 이것이 바로 철학적 직관주의이다.

주요 관점

직관주의에 따르면 경험과 이성을 통해서는 진정한 지식을 얻지 못하며, 신비로운 내면적 체험과 직관에 의지해야만 비로소 사물의 본질을 이해할 수 있다. 다시 말해 가장 중요한 인식 능력인 직관이 없으면 현실을 직접적으로 이해할 수 없다는 것이다.

직관주의는 추상적 사고를 통해 얻어지는 이성적 인식과 직관을 대립시키는 한편, 이성적 분석법

◀ 앙리 베르그송

특징

직관주의는 분파가 많기로 유명하다. 주요 분파를 정리하면 다음과 같다.

● 베르그송의 직관주의: 베르그송은 직관과 분석을 각기 다른 두 종류의 근본적 인식 방법이라고 생각했다. 그의 견해에 따르면 인간을 비롯한 사물의 진화는 동적인데, 이 같은 동적 움직임에 내포된 정신적 상태를 실제적으로 파악하려면 반드시 직관에 의지해야 한다. 베르그송이 숭배한 직관은 반이성적·신비주의적 색채가 짙었다.

● 베네데토 크로체(Benedetto Croce)의 직관주의: 크로체는 논리가 개념적으로 지식을 연구하는 과학인 것처럼, 미학은 직관적으로 지식을 연구하는 과학이라고 보았다. 그의 견해에 따르면 직관은 창조적인 활동이기 때문에, 미학에서 직관의 역할은 무엇과도 비교할 수 없을 만큼 중요하다. 그래서 그는 '직관이 곧 표현이다'라는 미학공식을 제시했다.

● 에드문드 후설(Edmund Husserl)의 직관적 본질학: 후설은 직관이 지식을 검증하는 최후의 기준이라고 보았다. 그는 직관을 경험적 직관과 본질적 직관으로 나누고, 본질적 직관을 사물의 변하지 않는 본질을 깨닫는 직관이라고 설명했다.

● 논리학 중의 직관주의: 선의, 의무, 정의 등의 행위적 가치는 오로지 직관에 의해서만 판단할 수 있으며 경험을 통해 얻어진 명제에 의존하여 도덕적 판단을 내려서는 안 된다고 주장했다.

같은 논리적 사고에 반대했다. 그리고 직관을 신비주의적 색채를 띤 특수한 인식 능력으로 보았다. 직관주의자들은 모든 인식은 반드시 직관을 통해 해야 하며 추상적이거나 개괄적인 사고, 논증 따위는 필요하지 않다고 주장했다.

▶ 노벨상 메달

시대에 미친 영향

직관주의는 일종의 유심론적 인식론으로, 인식과정에서 직접적 인식과 간접적 인식 간의 변증관계를 제대로 이해하지 못한 데에서 파생되었다. 그렇기에 직관주의는 실천을 통해 진리를 인식하고 체험하는 대신 직관으로 현실을 파악해야 한다고 주장하면서 이성적 인식의 역할을 깎아 내렸다. 또한 직관과 이성적 사고를 대립시키고 직관의 인식작용을 지나치게 과장하면서 반이성주의를 야기했다. 사실상 직관은 이성을 초월하거나 이성에 반대되는 인식능력이 아니며, 이성적 사고 방식과 서로 보완하는 역할을 하는 인식 방법이라고 보아야 한다.

◀ 서양 고전 철학자 대부분이 묘
사되어 있는 〈아테네 학당
(School of Athens)〉. 라파엘
로 작.

분석철학(Analytic Philosophy)

언어를 중시하고 명제를 분석한다

분석철학은 언어분석을 철학 탐구 방법으로 삼는 현대 철학운동
이다. 분석철학이라는 명칭 속에는 다양한 철학 경향이 포함되어
있는데, 대표적으로 논리실증주의와 일상언어학파, 비판적 이성주
의 및 1960년대에 나타나기 시작한 분석철학가 등을 꼽을 수 있다.
분석철학은 언어를 매우 중시했으며 명제 분석을 통해 부호가 내포
하는 사실과 의미를 발견하고, 가장 간단하고도 정확한 논리 형식
의 명제를 찾고자 했다.

생성배경

분석철학의 기본적인 사상 체계를 가장 먼저 제시한 사람은 19세
기 독일의 철학자이자 논리학자인 프레게(Friedrich Ludwig Gottlob
Frege)이다. 그러나 분석철학이 정식으로 형성된 것은 20세기 초 영
국에서였다. 흄의 유심론적 경험론과 콩트, 마흐의 실증주의 전통을
계승한 분석철학은 당시에 발전하기 시작한 수리철학(mathematical

대표적 인물

루드비히 비트겐슈타인
(Ludwig Josef Johann Wittgenstein,
1889-1951)
영국의 철학자, 수리철학자, 분석철
학의 창시자. 케임브리지 대학교에
서 러셀(Bertrand Arthur William
Russell)을 스승으로 모신 바 있다.
1929년 철학박사 학위를 받은 이후
1939년 G. E. 무어(G. E. Moore)의
뒤를 이어 케임브리지 대학교 교수
직을 맡았다가 1947년에 사직하고
아일랜드의 한 마을에 거하며 철학
연구에 몰두했다. 비트겐슈타인의
철학 사상은 크게 전기와 후기로 나
눌 수 있다. 전기는 그림이론(picture
theory)을 골자로 하는 논리분석철
학으로 논리실증주의 형성에 결정
적인 영향을 주었다. 그러나 후기에
는 전기의 철학적 관점을 버리고 그
림보다는 언어를, 인공언어보다는
일상언어를 중심축으로 한 철학 연
구를 진행했다. 주요 저서로는 《논
리 철학 논고(Tractatus Logico-
Philosophicus)》, 《철학적 탐구
(Philosophische Untersuchungen)》
등이 있다.

프리드리히 루드비히 고틀로프 프
레게(Friedrich Ludwig Gottlob
Frege, 1848-1925)
독일의 수학자, 논리학자, 철학자.
수리철학과 분석철학의 기초를 다
졌으며 아리스토텔레스 이후 가장
위대한 논리학자라고 평가받는다.
1879년 그가 출간한 《개념표기법
(Begriffsschrift)》은 논리학 역사에
새로운 전기를 마련했다. 주요 저서
로는 《산술의 기초(Die Grundlagen
der Arithmetik)》, 《산술의 원리
(Grundgesetze der Arithmetik)》 등
이 있다.

● 철학에서 언어의 중요성을 강조하고 언어분석을 철학의 유일한 임무로 보았다.
● 보편적으로 분석 방법을 중시했다.
● 지나치게 방대한 철학 체계를 세우는 것에 반대하고, 철학 문제를 해결할 때에는 반드시 작은 문제부터 큰 문제로 나아가야 한다고 주장했다.

▶ 버트란드 러셀

philosophy)을 기반으로 하여 철학 사조로서의 체계를 구축했다. 분석철학이 등장하면서 당시 영국 철학계에서 주도적 위치를 차지하고 있었던 신헤겔주의는 엄청난 역풍을 맞았다.

형성과정

프레게는 수리철학을 창시하고 분석철학의 기틀을 마련한 위대한 논리학자이다. 대다수의 분석철학가들이 그가 창안한 수리철학 논리를 주요 연구 수단으로 채택하는 점만 보아도 프레게가 분석철학의 성립에 얼마나 큰 공헌을 했는지 알 수 있다. 또한 언어철학 분야에도 상당한 영향을 주었다.

분석철학은 발전하면서 크게 인공언어학파와 일상언어학파로 나뉘었다. 인공언어학파는 이상화된 언어 체계를 구축하여 철학을 표현하는 도구로 삼아야 한다고 주장했다. 이에 반해 일상언어학파는 일상생활에서 사용하는 언어와 그 표현을 인정하고, 언어분석을 통해 일상언어가 나타내는 의미를 명확하게 파악하여 철학의 표현 수단으로 사용해야 한다고 생각했다.

▲ 고틀로프 프레게

주요 관점

1. 분석철학에서는 지난 2천 년간 과학이 발전을 거듭해 온 것과 달리 철학은 여전히 답보 상태에 놓여 있는 까닭을 다음과 같이 설명했다.

(1) 과학 이론은 객관적인 검증을 할 수 있지만 철학 이론은 검증이 불가능하다.

(2) 과학의 언어는 명확하며 이해하기 쉽지만 철학의 언어는 모호하며 이해하기가 어렵다.

(3) 과학의 방법은 신뢰할 만하나 철학의 방법은 혼란스럽고 종잡을 수 없다.

2. 철학과 과학의 관계에 대한 개념을 바꿔야 한다고 주장했다. 즉, 철학은 더 이상 과학 위에 군림할 수 없으며 오히려 과학의 노예로서 과학을 위해 봉사해야 한다고 여겼다.

시대에 미친 영향

분석철학은 20세기 이후 서구 철학계에서 지배적인 위치를 차지했다. 특히 1930년대 이후 영미철학은 대부분 분석철학의 영향 아래 놓여 있었다 해도 과언이 아니다.

엄밀히 말하자면 분석철학은 학파가 아니라 언어와 논리 분석을 통해 각종 철학 명제를 파헤치는, 철학연구 방법론 운동이라고 볼 수 있다. 현재까지도 분석철학은 영어권 국가에서 가장 각광받는 철학연구 방법론이다.

▶ 괴팅겐 대학교 전경

▲ 메를로퐁티

대표적 인물

에드문드 후설
(Edmund Husserl, 1859-1938)
독일의 철학자, 20세기 현상학의 창시자. 지금의 체코 프로스테요프 모라비아 프로스니츠에서 출생했으며, 유대계이다. 수학, 물리 등을 공부했으며 1881년에 박사학위를 얻은 후 독일 할레비텐베르크 대학교, 괴팅겐 대학교, 프라이부르크 대학교 등에서 교수를 역임했다. 주요 저서로는 《산술의 철학(Philosophie der Arithmetik)》, 《데카르트적 성찰(Cartesianische Meditationen)》, 《유럽 여러 학문의 위기와 초월론적 현상학(Die Krisis der europäischen Wissenschaftenund die transzendentale Phänomenologie)》 등이 있다.

모리스 메를로퐁티
(Maurice Merleau-Ponty, 1908-1961)
프랑스의 철학자. '프랑스에서 가장 위대한 현상학자'로 불린다. 1945년 출간한 대표작 《지각의 현상학(Phénoménologie de la perception)》은 후설 현상학을 가장 잘 해석했다고 평가받고 있으며, 이와 동시에 메를로퐁티 특유의 창조적 사상을 전개한 것으로 유명하다. 주요 저서로는 《지각의 현상학》, 《변증법의 모험(Les Aventures de la dialectique)》, 《행동의 구조(La Structure du comportement)》 등이 있다.

현상학(Phenomenology)

사상 그 자체로

현상학은 20세기 서양에서 유행한 철학 사조이다. 좁은 의미로는 독일 철학자 후설(Edmund Husserl)이 주창한 철학 및 주요 학파를 일컫지만, 넓은 의미로는 후설 철학에서 직간접적으로 영향을 받아 형성된 철학 이론을 비롯하여 현상학 원칙과 방법을 응용한 20세기 서양 인문학 체계까지 모두 포괄한다.

생성배경

독일 북서부에 위치한 괴팅겐 대학교는 1734년에 세워졌으며, 영국 왕 조지 2세가 창건한 것으로 유명하다. 그런가 하면 뮌헨 대학교는 그보다 훨씬 이른 시기인 1472년에 세워졌다. 두 대학교 모두 장구한 역사와 풍부한 문화를 갖춘 독일의 명문학부로, 수많은 인재들을 배출해 냈으며 특히 철학 사상 분야의 흐름을 주도해 왔다. 19세기 말, 후설이 이들 대학교에 등장하면서 철학적 분위기는 더욱 뜨거워졌으며, 두 대학교는 새로운 철학 사상의 요람으로 떠올랐다.

형성과정

1901년, 당시 상당한 명성을 떨치고 있었던 후설이 괴팅겐 대학교의 철학교수로 부임했다. 1876년부터 1878년까지 라이프치히 대학교에서 물리학과 천문학, 수학을 공부한 후설은 전공 외에도 종종 저명한 철학자인 빌헬름 분트(Wilhelm Wundt)의 강좌를 청강하면서 철학을 연구했다. 졸업한 이후 몇몇 대학교의 강사직을 거쳐 괴팅겐 대학교에서 교수직을 맡은 것이다.

괴팅겐 대학교 시절은 현상학 운동이 무르익는 시기였다. 수많은 학생들이 후설의 이론에 귀를 기울이고 추종자들도 생기면서 점차 현상학 학파가 형성되기 시작했다.

현상학은 처음 등장한 20세기 초 이래로 시간의 흐름에 따라 후설의 현상학 시기(1920년대 초반~1930년대 중반), 존재론적 현상학 시기(1920년대 말~1950년대 말), 현상학 종합연구 시기(1940년대 이후) 등으로 나눌 수 있다.

주요 관점

1. 후설이 내세운 '사상 그 자체로'라는 슬로건처럼, 현상학은 보다 근원적으로 우리에게 단적으로 주어진 현상을 있는 그대로 기술해서 사물의 본질적인 의미와 구조를 밝히려고 했다.

◀ 뮌헨 대학교 전경

2. 직관을 판단의 근원으로 보았다. 후설은 이 원리를 근간으로 다른 원리들을 제시했다. 그는 직관이 '지식의 당연한 근원'이며, 직관에 의존해서 합리적인 판단을 할 수 있다고 주장했다.

3. 철학의 방법으로 '현상학적 환원(Phanomenologische Reduktion)'을 제창했다.

시대에 미친 영향

후설은 현상학이 과학으로 인정받을 수 있기를 바랐다. 그러나 이후 선험적 유심론과 철저한 주관주의의 입장 및 관점을 받아들이면서 후설은 현상학자들에게 끊임없이 비판받았다. 하지만 후설이 제시한 일부 분석 방법은 20세기 서양철학 및 인문과학에 무시할 수 없는 영향을 남겼다.

대표적 인물

알버트 아인슈타인
(Albert Einstein, 1879~1955)
독일계 미국인 과학자, 현대 물리학의 창시자. 실험을 기반으로 물리학의 기초개념을 검증했으며, 물리학 이론의 근본적인 개혁을 이루었다. 천문학 및 우주학은 그의 연구 성과에 힘입어 크게 발전했다. 특히 아인슈타인은 양자 이론을 통해 천체 물리학 발달에 지대한 공헌을 했다.

아인슈타인의 상대성 이론(Theory of Relativity)

등가원리와 'E=mc²'

아인슈타인(Albert Einstein)이 창시한 상대성 이론은 시간과 공간, 인력에 관한 기본 이론으로 좁은 의미의 특수상대성 이론과 넓은 의미의 일반상대성 이론으로 나뉜다. 상대성 이론의 기본 가정으로는 광속도 불변의 원리, 상대성원리 및 등가원리 등이 있다. 상대성 이론과 양자역학은 현대 물리학의 양대 축을 이루며 우주와 자연에 대한 기존의 관념을 완전히 뒤바꿔 놓았다.

생성배경

뉴턴 역학의 기본 가정은 절대시간과 절대공간이다. 뉴턴은 시간이 우주 어느 곳에서나 사물의 상태와 상관없이 동일하게 흐른다고 가정했다. 또한 절대시간과 마찬가지로 사물의 상태나 외부 상황과 상관없이 그것 자체로 존재하는 부동의 공간이 있다고 가정하고 이를 절대공간이라고 불렀다.

19세기 말, 전자학의 빠른 발전과 맥스웰(James Clerk Maxwell),

▲ 아인슈타인과 그의 두 번째 아내

▲ 스위스 베른에 위치한 아인슈타인의 생가

헤르츠(Heinrich Rudolf Hertz) 등의 노력에 힘입어 전자현상에 관한 역학 이론인 전기역학이 탄생했다. 그러나 전기역학에는 뉴턴의 시공간 이론으로는 설명할 수 없는 부분이 많았다. 1905년, 아인슈타인은 뉴턴역학과 빛의 전자기 이론과의 모순을 해결하기 위하여 시공간의 사고 방식에 새로운 개념을 도입했는데, 이것이 바로 특수상대성 이론이다. 아인슈타인의 특수상대성 이론에 따르면 시간과 공간은 절대적으로 독립된 것이 아니다. 또한 모든 좌표계에서 빛의 속도가 일정하고 모든 자연법칙이 똑같다면 시간과 물체의 운동은 관찰자에 따라 상대적이다. 이후 1916년에 아인슈타인은 특수상대성 이론을 확장한 일반상대성 이론을 발표했다.

형성과정

1905년 아인슈타인이 《움직이는 물체의 전기역학에 관하여(Zur Elektrodynamik bewegter Körper)》라는 논문을 발표하고 특수상대성이론을 제시했을 때, 그에게 귀를 기울이거나 관심을 보이는 사람은 그리 많지 않았다. 그러나 독일의 물리학계의 권위자 막스 플랑크(Max Karl Ernst Ludwig Planck)는 논문을 보고 아인슈타인이 코페르니쿠스에 비견될 만한 엄청난 업적을 이루었다는 것을 알았다. 이후 플랑크의 적극적인 지원 아래 아인슈타인과 그의 상대성 이론은 과학계의 주목을 받기 시작했다.

1907년, 아인슈타인은 특수상대성 이론에서 중력과 가속도가 빛에 미치는 영향에 대한 논문을 발표하면서 일반상대성 이론의 완성을 향한 학문적 여정을 시작했다. 1912년, 그는 중력장과 시간, 공간을 연결시켜 연구한 내용의 논문을 발표하고, 이를 통해 일반상대성 이론의 동력학을 제시했다. 이윽고 1915년에는 장방정식(field equation)에 관한 논문을 발표함으로써 일반상대성 이론의 동력학을 완성했다.

1915년 이후 일반상대성 이론의 발전은 장방정식을 푸는 데 집중됐다. 그러나 이 방정식은 비선형편미분방정식에 속하기 때문에 컴퓨터의 힘을 빌리지 않고는 풀이하기가 거의 불가능했다. 그래서 컴퓨터가 등장하기 전까지 장방정식 풀이는 매우 더디게 진행됐다.

주요 관점

일반상대성원리의 출발점은 등가원리(Principle of Equivalence)이다. 등가원리란 가속되는 좌표계에서의 자연법칙은 중력장 안에서의 법칙과 동일하다는 이론이다. 예를 들면 엘리베이터가 가속되면 엘리베이터 안의 물체의 무게는 가벼워지거나 무거워진다. 이 때 엘리베이터 안의 관찰자는 가속에 의한 무게 변화와 중력 변화에 의한 무게 변화를 구

▲ 아인슈타인과 그의 첫 번째 부인

◀ 동료 과학자들과 함께 캘리포니아 윌슨 천문대 앞에서 기념사진을 찍은 아인슈타인(왼쪽 첫 번째). 아인슈타인의 상대성 이론은 우주팽창 이론의 등장과 함께 계속 수정되고 있다.

분할 수는 없다. 아인슈타인은 등가원리를 이용해 빛도 중력의 영향을 받는다는 결론을 제시했다.

이 밖에 아인슈타인은 일반상대성 원리를 기초로 상대론적 역학을 제시했다. 상대론적 역학에 따르면 질량은 속도의 증가에 따라 증가한다. 만약 속도가 광속에 가까워지면, 질량 역시 무한대로 커진다. 여기서 나온 수식이 바로 그 유명한 질량-에너지 등가원리인 '$E=mc^2$' 이다.

시대에 미친 영향

일반상대성 이론은 천체와 우주에 관한 만유인력 이론의 수준을 한 단계 끌어올렸다. 상대성 이론의 발전과 함께 우주에 대한 인류의 의식 역시 크게 확장되었으며, 다양한 과학 분야에서 실질적인 진전이 이뤄졌다.

▲ 슐라이어마허가 신학교수로 재
직했던 베를린 대학교

해석학(Hermeneutics)

해석은 인문과학의 방법이다

해석학은 문헌의 해석과 이해를 골자로 하는 철학이다. 넓은 의미의 해석학은 문헌의 의미를 해석하고 이해하는 이론이나 철학을 통칭하며, 당대 인문과학 연구 분야의 각 학과가 서로 영향을 주며 상호교류하고 융합되는 추세를 일컫는다. 좁은 의미로는 일반적 해석학, 철학적 해석학 등의 갈래나 학파를 가리킨다.

생성배경

해석학을 뜻하는 'hermeneutics'는 원래 신탁의 내용이나 고대 그리스 시인 호메로스의 시구를 해석한다는 의미의 단어에서 유래했다.

해석학이 학문으로서 발전된 시기는 근대 이후이다. 19세기 초의 해석학은 종교 고서 연구를 주로 하는 신학적 해석학과 각 분야의 고대 문헌, 법적, 사적 등을 연구하는 법률적 해석학 및 문학적 해석학으로 나뉘어 발전했다. 이 시기의 해석학은 해석의 방법과 원칙을 연구하는 학문으로, 문헌을 해석하는 방법론에 가까웠다. 현대적 의미의 해석학은 방법론의 기초 위에서 꾸준히 발전해 온 것이다.

▲ 가다머

형성과정

18세기부터 19세기까지 해석학은 문헌의 의미와 내용을 정확히 파악하기 위한 방법을 연구하는 학문이었다. 방법론에 불과했던 해석학을 하나의 독립된 학문으로 다루기 시작한 사람은 독일의 철학자 F. 슐라이어마허(Friedrich Ernst Daniel Schleiermacher)와 W.딜타이(Wilhelm Dilthey)였다. 딜타이를 기준으로 그 이전의 해석학은 고전해석학이라 부른다.

해석학을 독립된 학문으로 발전시킨 사람이 슐라이어마허와 딜타이라면, 진정한 의미의 현대 해석학을 창시한 사람은 20세기의 독일 철학자 M. 하이데거(Martin Heidegger)이다. 하이데거는 대표적인 실존주의 철학자로, 그의 사상 속에는 해석학적 요소가 다분히 포함되어 있다. 그는 1923년 마부르크 대학교에서 〈존재론: 현사실성의 해석학〉이라는 강의를 통해 전통적인 해석학을 방법론과 인식론 수준에서 존재론(ontology) 수준으로 끌어올렸다. 1950년대 말, 가다머(Hans-Georg Gadamer)는 철학적 해석학을 독립된 철학으로 발전시켰다. 가다머는 현대 철학적 해석학의 대표적 인물로, 하이데거의 철학 중 이해와 관련된 논제를 더욱 심도 있게 발전시켰으며 철학적 해석학의 체계를 완성시켰다. 해석학은 1960년대에 접어들면서 발전을 거듭했으며 현상학적 해석학, 비판적 해석학 등의 학파가 등장했다.

특징

해석학의 탄생은 기독교 및 성경과 밀접하게 관련되어 있다.

주요 관점

1. 전통적 해석학은 문헌의 의미를 정확히 파악하기 위해 해석자의 개인적 의견이나 경험, 사회적 처지 등을 최대한 배제할 것을 요구했다. 그러나 현대의 해석학은 이와 달리 해석자가 개인적 의견을 가지고 대상을 해석하고, 자기 자신과 해석 대상 간의 융화를 통해 새로운 시각을 창조해 내야 한다고 주장했다.

2. 이해와 해석은 인간의 존재 방식이며, 그 최종 목표는 인간이 존재하는 의미를 밝히는 것이라고 여겼다. 하이데거는 이 같은 관

▲ 기독교 교회당

점에 의거하여 해석학을 존재론의 수준까지 끌어올렸다.

시대에 미친 영향

해석학은 학문 영역 간 경계를 넘어선 새로운 연구 방법이라고 볼 수 있다. 해석학의 발전에 따라 인문과학 연구 방법에 새로운 지평이 열렸으며, 특히 가다머 등의 미학 사상은 이후 수용미학 이론과 독자반응비평 이론 형성에 직접적인 영향을 미쳤다.

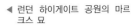

서구 마르크스주의

수많은 갈래를 낳은 마르크스주의 철학

서구 마르크스주의는 1923년 루카치(Gyorgy Lukacs)의 《역사와 계급의식》, 칼 코르쉬(Karl Korsch)의 《마르크시즘과 철학》 출간을 기점으로 본격적으로 태동한 이래 지금까지 이어지고 있는, 80여 년의 역사를 가진 유구한 철학 사조이다. 서구 마르크스주의의 그늘 아래 수많은 유파流派들이 탄생했다. 대표적으로 프랑크푸르트학파(Frankfurter Schule), 프로이트-마르크스주의, 신실증주의적 마르크스주의, 실존주의적 마르크스주의, 구조주의적 마르크스주의, 생태학적 마르크스주의, 분석적 마르크스주의 및 네오마르크스주의를 들 수 있다. 서구 마르크스주의는 서방 선진국들을 중심으로 유행하기 시작했으며, 20세기 전반에 걸쳐 전 세계로 퍼져 나갔다.

생성배경

마르크스주의가 탄생한 후 온 유럽은 무산 계급 혁명 바람에 휩쓸렸다. 제1차 세계대전 말에 러시아에서는 레닌의 지휘 하에 10월

▲ 마르쿠제

▲ 무산계급 혁명의 지도자 레닌

혁명이 성공을 거두었다. 전쟁이 한창이던 1919년 유럽에서 10월혁명의 성공으로 공산주의에 대한 기대감은 더욱 높아졌고, 곧 '공산주의의 유령이 유럽 대륙을 떠돌아다니게' 된다. 같은 해, 헝가리에서도 공산당의 주도 아래 무산 계급 혁명이 일어나 부르주아 지배체계가 전복되고 헝가리 소비에트 정권이 세워졌다. 10월혁명 이후 또 한 차례 성취한 무산 계급 혁명의 승리였지만, 헝가리 소비에트 정권은 겨우 133일을 버티고 무너졌다. 또한 같은 해, 독일에서 일어난 11월혁명 역시 실패했다. 이러한 상황을 목도한 루카치와 코르쉬 등은 또 다른 혁명의 길을 모색하면서, 혁명 실패의 원인이 무산 계급의 계급의식 상실에 있으며 러시아 혁명의 방법은 중서부 유럽에서는 통하지 않는다는 결론을 내렸다. 그들은 이 같은 결론을 바탕으로 자신들의 생각과 사상을 서술한 저서를 발표했다. 이 저서는 유럽 전역에서 반향을 불러 일으켰고, 이를 기점으로 전통적 마르크스주의와 다른 새로운 철학이 형성되기 시작했다.

형성과정

1920년대 코민테른 내부에서 처음 서구 마르크스주의가 제기됐을 때, 좌파적 성향을 지녔다는 이유로 수뇌부의 거센 비판을 받았다. 이후 서구 마르크스주의는 코민테른 외부에서 발전의 길을 걸었다.

루카치, 코르쉬, 그람시(Antonio Gramsci) 등에 의해 처음 창시됐을 때까지만 해도 서구 마르크스주의라는 용어는 등장하지 않았다. 처음 이 용어를 언급한 사람은 프랑스의 실존주의 철학자 메를로퐁티였다. 그는 1955년 발간한 《변증법의 모험(Les Adventures de la Dialectique)》이라는 책에서 레닌주의와 대립되는 개념의 마르크스주의로 서구 마르크스주의라는 용어를 제시하고, 서구 마르크스주의가 탄생한 결정적 계기로 루카치의 《역사와 계급의식》을 꼽았다. 이 때부터 루카치와 코르쉬 등이 주장한 마르크스주의를 서구마르크스주의라고 부르기 시작했다. 1960년대 말 서방에서 새로운 좌파 운동이 일어났을 당시 급진적 성향의 청년, 학생 및 노동자들은 서구 마르크스주의를 선진자본주의사회의 계급제도를 반대하는 사상적 무기로 활용했다.

주요 관점

1. 서구 마르크스주의는 서방 각국의 좌파 지식인들이 고수하던 철학적 관점이다. 이들은 스스로 마르크스주의를 신봉하지만 엥겔스나 레닌, 스탈린의 권위성은 부정한다고 밝혔다. 그리고 마르크스주의를 비판적으로 고찰함으로써 마르크스주의의 진정한 의미를 새롭게 발견해야 한다고 주장했다.

2. 러시아 10월혁명의 보편성을 부정하고 소련식 사회주의의 결함 및 폐해를 비판했다. 또한 현대 서구사회의 실질적 변화와 발전상에 적합한 혁명의 전략과 방법을 찾으면서 레닌주의와 대립각을 세웠다.

3. 전통적 마르크스주의와 서구의 각종 철학 사상 및 정치 사상을 결합하여 마르크스주의를 보완하고, 더 나아가 새롭게 창조하려 했다. 또한 이렇게 새롭게 창조된 마르크스주의로 현대 서구사회의 새로운 상황과 문제를 분석하고 현대사회 특징에 걸맞은 사회주의 실현의 길을 모색했다.

시대에 미친 영향

서구 마르크스주의는 자본주의 사회에서 나타난 새로운 상황과 현상들을 분석, 연구하고 이를 기초로 자본주의제도의 병폐를 밝혀냈다. 그리고 소련식 사회주의를 비판하고, 서구적인 혁명의 길을 모색했다.

▲ 라이헨바흐

논리실증주의(Logical Positivism)

철학계의 '오컴의 면도날'

논리실증주의는 1930년대에서 1950년대 사이에 서구에서 유행했던 철학학파로, 주로 빈 학파의 실증주의를 가리킨다. 이 외에도 독일 철학자 한스 라이헨바흐(Hans Reichenbach)가 중심이 된 베를린 학파, 폴란드 출신 논리학자 알프레드 타르스키(Alfred Tarski)의 바르샤바 학파(Warsaw school), 영국 철학자 앨프리드 에이어(Alfred Jules Ayer)가 내세운 견해와 이론 모두 논리실증주의 범주에 속한다.

논리실증주의는 경험을 근거로, 논리를 도구로 삼고 추론을 전개했으며 확률론을 주장했다. 논리실증주의에 따르면 과학적 방법은 인류의 행위를 연구하는 단 하나의 바른 방법이다. 논리실증주의자들은 경험을 통해 객관적 세계를 인식하고 수량화할 수 있다고 보았다.

생성배경

논리실증주의는 여러 철학 사조의 영향을 받아 탄생했다. 영국 철학자 흄의 전통적 경험주의, 콩테와 마흐의 초기 실증주의, 프레게와 러셀의 논리주의 및 논리적 원자론, 비트겐슈타인의 논리적 철학론 및 반형이상학 관점 등은 모두 논리실증주의 형성에 중요한 이론적 기초였다.

형성과정

제1차 세계대전 이후, 유럽 지역에서는 의사과학(pseudo-science)에 의존해서 시대적 문제를 해결하고자 하는 움직임이 나타났다. 독일과 오스트리아에서도 의사과학에 대한 수많은 의견과 논문이 출현했다. 그러자 이러한 의사과학을 비판하기 위해 일군의 철학자들이 '무엇이 진정한 과학인가'를 분석하기 시작했다. 그리고 '의사과학을 소멸시키려고 애쓰는 것보다 의사과학의 발판인 형이상학을 무너뜨리는 것이 훨씬 효과적'이라고 주장하면서 비과학적 믿음의 발판인 형이상학을 맹렬히 공격했다. 과학계에서도 이들에게 동조하는 세력이 나타나면서 철학과 과학을 아우르는 사상학파가 생겨났는데, 이를 일컬어 빈 학파라고 한다. 초창기 논리실증주의자들은 대부분 빈 학파 출신이다.

빈 학파는 흄, 콩트, 밀, 마흐 등이 제시한 실증주의에 큰 영향을 받았다. 이 외에도 아인슈타인의 상대성 이론, 양자물리학에서 자연과학적 이론 근거를 발견하고 이를 활용했다. 이후 베를린 학파의 라이헨바흐, 바르샤바 학파의 타르스키, 영국의 에이어와 비트겐슈타인 등이 등장하면서 유럽에서 논리실증주의 운동이 더욱 활발하게 전개됐다.

주요 관점

1. 철학의 임무를 지식, 특히 과학 언어에 대해 논리적으로 분석하는 것이라고 보았다.
2. 분석명제와 종합명제를 구분해야 한다고 주장했으며, 언어를 논리적으로 분석함으로써 형이상학을 타파해야 한다고 강조했다.
3. 모든 종합명제는 경험을 바탕으로 해야 한다고 주장하고, 검증가능성의 원리를 제시했다.
4. 물리적 언어야말로 가장 보편적인 과학 언어라고 보고, 모든 경험과학을 물리적 과학으로 환원하여 과학의 통일을 실현하고자 했다.

특징

논리실증주의는 철학에 '오컴의 면도날' 원리를 적용했다. 14세기 영국의 논리학자이자 프란체스코회 수사였던 오컴의 윌리엄(William of Ockham)에게서 유래한 이 원리는 '적은 수의 논리로 설명이 가능하다면 결코 많은 수의 논리를 세우지 마라'로 요약할 수 있다. 즉, 어떤 현상을 설명할 때 여러 가지 논리 중에서 가장 단순하고 간단한 것을 선택하고 그 외의 논리는 잘라버리라는 것이다. 논리실증주의에서는 '오컴의 면도날' 원리를 과학이론의 형이상학적 요소, 비경험적 인식 등을 잘라 내버리는 데 활용했다. 오로지 실제 경험을 진술한 것만이 의미가 있다고 보았기 때문이다.

▶ 빈의 쇤부른 궁전
(Schonbrunn Palace)

시대에 미친 영향

논리실증주의는 과학적 철학 사상 체계로서 한때 유럽과 미국 철학계에서 주도적 위치를 차지했으며, 현대 과학적 철학의 형성 및 발전에 큰 영향을 미쳤다. 1950년대 말에 이르러 젊은 철학자와 과학자들이 전통적 인식론의 범위가 너무 협소하다고 비판하면서 논리실증주의의 경직성을 공격했다. 그 여파로 1960년대에는 역사주의학파가 등장했다.

◀ 사르트르가 공부했던 파리 고등사범학교

▲ 사르트르

실존주의(Existentialism)

실존은 본질에 앞선다

실존주의는 비이성주의를 표방한 철학 사조로 개인, 독립된 자아와 주관적 경험을 강조한다. 종종 생의 철학(philosophy of life)과 비슷하거나 이를 계승하는 사조로 평가된다. 니체, 쇼펜하우어, 하이데거 등의 영향으로 형성되었으며 20세기에 접어들어 광범위하게 유행했다. 프랑스 철학자 사르트르(Jean Paul Sartre), 작가 알베르 카뮈(Albert Camus) 등이 대표적인 인물이다.

생성배경

제1차 세계대전은 유럽의 자산 계층 문명의 종말을 고했으며, 인류는 비종교적 시대에 접어들었다. 사람들은 예전과 비교도 하지 못할 만큼 많은 권리와 뛰어난 과학기술, 풍요로운 문명을 누리게 되었지만 오히려 귀속감을 잃어버렸고 자신을 사회의 외부인이나 이질적 존재로 여기게 되었다. 그들은 이러한 이질감을 없애줄 수 있는 이론을 간절히 원했고, 이 같은 시대적 상황을 바탕으로 실존주의가 탄생했다.

대표적 인물

장 폴 사르트르
(Jean Paul Sartre, 1905~1980)
프랑스 철학자, 전후 실존주의 철학의 대표 인물이자 뛰어난 작가, 극작가, 평론가 및 사회활동가. 20세기 가장 중요한 철학자의 한 사람으로 손꼽는다. 주요 저서로는 《상상력》, 《존재와 무》, 《실존주의는 휴머니즘이다(L'Existentialisme est un humanisme)》 등이 있다.

마르틴 하이데거
(Martin Heidegger, 1889~1976)
독일의 철학자, 실존주의의 대표적 인물, 가장 창의적 사고를 가진 사상가, 걸출한 존재론 학자, 기술사회의 비판자. 유럽의 젊은 작가들이 문학적 품격을 갖추는 데 큰 역할을 했다. 1927년 발표한 주저 《존재와 시간(Sein und Zeit)》으로 일약 유명인사가 되었다. 그 밖에 주요 저서로 《휴머니즘에 관하여(Über die Humanismus)》, 《숲 속의 길(Holzwege)》 등이 있다.

알베르 카뮈
(Albert Camus, 1913~1960)
프랑스 소설가, 극작가, 평론가. 1958년 노벨문학상을 수상했다. 1932년부터 작품을 발표하기 시작했으며, 1942년 《이방인(L'étranger)》으로 유명해졌다. 그 밖에 주요 저서로 수필집인 《시지프의 신화》와 《전락(轉落)》, 《반항적 인간》 등이 있다.

▶ 하이데거

실존주의는 저명한 철학자인 하이데거가 1913년 발표한 〈심리학주의의 판단이론(Die Lehre vom Urteil im Psychologusmus)〉라는 논문에서부터 시작됐다. 그러나 진정한 의미의 실존주의를 구축하고 발전시킨 사람은 사르트르였다.

철학자이자 작가였던 사르트르는 문학을 사랑했으며, 다재다능했다. 그는 《구토(La Nausée)》, 《자유의 길(Les Chemins de la liberté)》 등의 소설 외에도 《자아의 극복(Transcendance de l'Ego)》, 《상상력(L'Imagination)》과 같은 철학 논문을 썼다. 그러나 사르트르 최고의 역작은 1943년에 발표한 《존재와 무(L'tre et le Néant)》이다. 이 책으로 사르트르는 위대한 철학자의 반열에 올랐다.

특징

비관적 색채가 짙다. 실존주의 입장에서 보면 인간은 자신과 대립할 수밖에 없는, 실망스러운 세상에서 살고 있으며 그렇기 때문에 늘 불안감에 시달린다. 절대자유를 가진 인간은 의지할 곳 없이 번뇌에 시달리는 고독자이다. 비록 선택의 자유가 있지만 직면하고 있는 미래는 여전히 혼란하며 목표조차 알 수 없다. 그래서 그저 맹목적으로 앞을 향해 나아갈 수밖에 없으며, 인생의 끝이 죽음이란 것 외에는 아무것도 확신할 수 없다. 실존주의에서 죽음은 모든 인간의 귀결로, 개인의 실존에 매우 중요한 의미를 갖는다.

주요 관점

1. 실존은 본질에 앞선다(Existence precedes Essence). 실존주의자들은 본질이 항상 실존보다 우선하는 것은 아니며, 특히 사람의 경우 실존이 본질보다 앞서는 때가 많다고 설명했다.

2. 실존은 우연적이고 황당한 것이다. 우주적 관점에서 보았을 때 인간이나 사물은 모두 아무런 근거나 이유도 없이 그저 '우연히 내팽개쳐진' 존재이다.

3. 인간은 우연히 내팽개쳐진 존재이지만, 스스로 자신의 본질을 선택할 수 있다. 그렇기 때문에 인간은 절대적으로 자유로운 존재이다. 또한 자유는 선택 및 선택에 대한 책임과 불가분의 관계이다.

4. 인간관계에 있어서 타인을 이해할 수 있다고 주장했다. 다만

타인을 이해하려면 먼저 상대방을 사물처럼 대상화시키거나, 아니면 나 자신을 사물처럼 즉자화시켜야 한다. 그러나 주관성이 있는 인간은 즉자화시킬 수 없기 때문에 두 가지 시도 모두 실패로 돌아갈 수밖에 없다. 그러므로 인간은 타인의 지옥에서 투쟁할 수밖에 없고, 그에 대한 해결책 역시 인간 스스로 창조해야 한다.

시대에 미친 영향

실존주의는 현대 서구철학에 지대한 영향을 미친 철학 사조이다. 비록 내부적 모순과 편협성이 있기는 하지만 그렇다고 해서 실존주의의 의의가 퇴색되는 것은 아니다.

실존주의는 기본적으로 이상과 한계 사이의 격차로 인해 인간이 겪는 고통과 모순을 설명하고자 했다. 지금은 실존주의의 영향력이 상당히 쇠퇴했지만, 실존주의에서 파생된 인본주의 심리학은 지금도 발전을 거듭하고 있다.

▶ 만화 〈프랑스 국민이 자유의 나무를 심다〉

▲ 페르디낭 드 소쉬르

구조주의(Structuralism)

전체성과 공시성의 철학

　구조주의는 1950년대 이후 언어학, 인류학, 철학, 심리학, 문예학 등 여러 인문 분야를 폭넓게 아우르며 유행했던 새로운 철학 사상이다. 구조주의는 모든 학문과 사물에 내재적 체계가 존재한다고 보았다. 그리고 이 체계는 사물의 각 요소들이 일정한 규칙에 따라 조합된 결과물이며, 사물의 참된 의미는 사물 자체의 속성과 기능이 아닌 사물들 간의 관계에 따라 결정된다는 인식을 내세웠다. 구조주의는 이 같은 인식을 바탕으로 사물의 본질을 고찰하고 파악하는 철학 사조이다.

생성배경

　전후 프랑스는 다른 서구 열강 국가들과 마찬가지로 한때 식민지였던 제3세계 나라들이 독립하는 것을 바라보고 있을 수밖에 없었다. 학자들도 더 이상 예전처럼 자유롭게 제3세계 국가를 드나들며 현지 조사를 할 수 없게 되었다. 자연히 조사를 중시하고 이론을 소홀히 하는 기존의 방법을 대체할 만한 연구 방법을 찾게 되었고, 이 같은 필요에 발맞추어 나타난 것이 구조주의이다.

한편, 구조주의는 실존주의의 대안으로 떠오르기도 했다. 당시 '타인은 나의 지옥'이라고 한 실존주의 철학은 현실과 맞지 않았고, 사람들은 개인이나 실존, 자아의식 같은 개념에 점차 흥미를 잃어 갔다. 그 결과 구조주의는 실존주의를 대체하는 철학 사조로 각광받기 시작했다.

형성과정

세계대전의 불꽃이 전 세계를 휩쓸고 있던 1940년대, 한 인류학자가 나치 점령 하의 파리를 떠나 브라질의 한 원주민 마을에 정착했다. 전쟁의 불길과는 아무런 상관도 없이 평화롭고 안락한 삶을 영위하는 원주민들과 함께 생활하면서 그는 원주민들의 삶과 생활 습관을 연구했다. 몇 년 뒤, 그는 자신의 연구 결과를 토대로 인류학 저서를 연달아 발표했다. 그는 바로 구조주의의 선구자로 불리는 클로드 레비스트로스(Claude Levi Strauss)였다.

레비스트로스는 자신의 저서에서 구조적 관점으로 인류사회를 분석했다. 그리고 사물의 끊임없는 변화 속에서 변하지 않는 보편적인 구조를 찾아내는 것이 학자의 임무라고 주장했다. 레비스트로스의 구조적 방법론은 곧 수많은 학자들의 공감을 얻었고, 구조주의는 하나의 철학 사조로 발전했다.

특징

구조주의는 일종의 인문과학 및 사회과학 연구 방법론이다. 인문과학과 사회과학이 자연과학처럼 명확하고 과학적인 체계를 갖추도록 하는 데 목적이 있다.

주요 관점

1. 전체성을 강조했다. 구조주의에 따르면 전체는 부분보다 중요하며, 논리적으로 우선시되어야 한다. 왜냐하면 모든 사물은 복잡한 통일체이며, 이 통일체를 이루는 구성 부분은 전체를 떠나 독립적으로 존재하거나 이해될 수 없기 때문이다.

2. 공시성共時性을 강조했다. 공시성은 전체성 및 계통성의 연장선상에 있는 개념으로, 반드시 동일한 비중으로 고려되어야 한다.

▲ 라틴아메리카의 원시부족

시대에 미친 영향

구조주의는 사회, 정치를 비롯한 인간사회 구석구석에 깊숙이 녹아들어 사람들의 문제를 보는 관점 및 사고 방식을 크게 변화시켰다. 또한 국제적으로도 광범위하게 영향을 미쳤다. 특히 1960년대 중반 이후 구조주의는 프랑스를 중심으로 영국, 미국, 서독, 이탈리

▶ 라틴아메리카 지도. 레비스트
로스는 라틴아메리카의 원시부
족을 연구하는 과정에서 학문
적 영감을 얻었다.

아, 덴마크 등 서구자본주의 국가뿐만 아니라 구소련, 폴란드, 체코
등 사회주의 진영 국가에까지 퍼져 나갔다.

　구조주의는 영미의 신비평주의, 프랑스의 현상학과 더불어 3대
서구 문학 이론으로 꼽히기도 한다.

포스트모더니즘(Postmodernism)

적을수록 지루하다

포스트모더니즘은 1960년대에 발생하여 1980년대에 절정을 이룬 서구 학술계의 주된 흐름이다. 서구 현대사회에 대한 비판과 반성이 주조를 이루며 근현대 철학 사상을 비판적으로 계승했다. 대표적 인물로는 데리다(Jacques Derrida), 리오타르(Jean-Francois Lyotard), 푸코(Michel Paul Foucault), 로티(Richard Rorty), 제임슨(Fredric Jameson) 등을 들 수 있다.

생성배경

1939년 9월, 대규모 독일 병력이 폴란드를 침공하면서 제2차 세계대전이 시작됐다. 장장 6년여에 걸친 전쟁으로 60여 개 국가가 전화에 휩싸였으며 20억에 가까운 인구가 고통을 받았다. 전쟁으로 사망한 사람은 오천만 명에 달했고 전쟁으로 인한 직간접적 손실역시 4조 달러에 육박했다.

전례 없는 엄청난 재난을 겪으면서 사람들은 이전까지 숭상해 오

대표적 인물

리처드 로티(Richard Rorty, 1931-)
현 영어권 철학계에서 가장 영향력 있는 철학자. 시카고대와 예일대를 졸업하고 미국 스탠포드 대학교에서 비교문학 및 철학 교수로 재직했다. 1970년대부터 《철학과 자연의 거울》, 《우연성, 아이러니 그리고 연대》 등의 저서를 연달아 출간하면서 신실용주의의 선구자로 떠올랐다. 그 밖에 주요 저서로는 《실용주의의 결과들》, 《객관성, 상대주의 그리고 진리: 철학적 논문들 I》, 《 하이데거와 그 밖의 철학자들에 대한 에세이: 철학적 논문들 II》 등이 있다.

자크 데리다
(Jacques Derrida, 1930-2004)
프랑스 철학자, 후기구조주의의 대표적 인물. 20세기 후반기를 통틀어 가장 중요한 프랑스 사상가 중 하나로 손꼽힌다. 데리다의 사상은 전통적인 인문과학의 기초를 뒤흔들었으며, 포스트모더니즘 성립에 이론적 기초를 제공했다. 주요 저서로 《근원 저편에(De la grammatologie)》, 《에크리튀르와 차차성(L'criture et la différence)》 등이 있다.

▶ 제2차 세계대전으로 전 세계의 판도가 바뀌었다

던 과학기술과 이성에 대해 의구심을 갖기 시작했다. 그리고 여태껏 '진리'라고 믿고 지켜 오던 모든 것의 합리성을 검증하고자 했다. 포스트모더니즘은 이러한 사회적 분위기 속에서 태동했다.

형성과정

1966년, 미국 건축가 로버트 벤츄리(Robert Venturi)가 《건축의 복합성과 대립성(Complexities and Contradictions in Architecture)》을 출간했다. 자신의 건축 사상을 담은 이 저서에서 벤츄리는 '적을수록 좋다(Less is more)'는 모더니즘의 명제를 부정하고 대신 '적을수록 지루하다(Less is a bore)'는 건축 이념을 내세웠다. 그리고 대중은 이해하기 힘든 모더니즘 건축보다 장식성과 은유성을 갖춘 평범한 형태의 건축물을 더 선호한다고 주장했다.

벤츄리의 저서는 발간되자마자 큰 반향을 불러 일으켰다. 이에 힘입어 건축계 내에서 모더니즘을 배척하고 비판하는 목소리도 더욱 높아졌다. 각종 언론과 서적들은 이렇게 새롭게 나타난 경향에 각기 반모더니즘, 네오모더니즘, 포스트모더니즘 등의 칭호를 붙였고, 그중 포스트모더니즘이 일반적인 명칭으로 통용되기 시작했다.

▲ 로버트 벤츄리

건축 분야에서 시작된 포스트모더니즘은 빠른 속도로 문학, 예술 등 분야로 퍼져 나갔으며 곧 보편적인 문화현상이 됐다. 1960년대 이후 포스트모더니즘은 점차 철학적인 색채를 띠기 시작했으며 더 많은 관심과 주목을 받았다.

주요 관점

1. 반로고스중심주의(antilogocentrism), 반언어주의의 특성을 갖는다. 포스트모더니즘은 원래부터 존재하거나 의미가 있는 형이상학은 없다고 강력히 주장했으며 존재론(ontology)을 부정했다. 또한 본질적인 존재나 근원, 기초, 원칙 등의 논제에 있어서도 부정적인 입장을 보였으며 '형이상학'은 그저 가설에 불과하다고 보았다.

2. 전체성과 동일성을 부정했다. 포스트모더니즘은 세계가 상호 연결된 전체라는 점과 비슷한 사물들 간에 동일성이 있다는 점을 부정했다. 그리고 사물의 의미는 상대적이며 사물 간의 관계 역시 우연히 발생한 것이라고 주장했다.

3. 이성에 반대하고 모더니즘의 해체를 주장했다. 포스트모더니스트들은 모더니즘과 과학적 이성이 모든 종류의 억압과 구속을 타파한다고 하면서 오히려 새로운 권력과 본질, 중심을 만들었다고 생각했다. 그렇기 때문에 모든 종류의 모더니즘 이론을 배척하고 모더니즘 관념과 이론, 이성을 해체하고 파괴해야 한다고 주장했다.

시대에 미친 영향

포스트모더니즘은 모든 것을 비판하고 부정하면서 철학 세계를 구축했으며, 비평을 통해 끊임없이 성장해 왔다. 현재 포스트모더니즘은 문학, 철학, 심리학, 사회학 등 다양한 분야에 폭넓게 침투해 있으며, 많은 사람들이 포스트모더니즘에 입각하여 자기인식의 오류와 결함을 발견하고 반성하며 새로운 영감을 얻고 있다.

▶ 19세기 말, 니체가 '신은 죽었다'고 선언하면서 '모든 가치를 재평가하라'고 요구했다. 그림은 독일 화가 그뤼네발트(Matthias Grunewald)의 〈이젠하임 제단화(Isenheim Altarpiece)〉의 일부

▲ 자크 데리다

해체주의(Deconstructionism)

아버지의 손목시계를 산산이 분해하는 아이

해체주의는 유럽대륙 철학과 문학비평을 기반으로 후기구조주의자인 자크 데리다가 창시한 철학 사조이다. 해체주의를 가리키는 영단어 'Deconstructionism'은 구조주의를 뜻하는 'Structuralism'에서 유래했다. 해체주의 이론은 일종의 사회학적 방법론으로, 인류의 사고활동을 이해할 수 있는 수단을 제공하는 것이 목적이다. 사실상 해체주의는 구조주의를 파괴하고 분해한 것이다. 모더니즘이 위기에 처하고, 포스트모더니즘 역시 일부 비평가들에게 뭇매를 맞고 있을 때 해체주의는 포스트모더니즘을 대체할 새로운 탐구 방식으로 주목받았다.

생성배경

19세기 말, 니체는 '신은 죽었다'고 선언하면서 '모든 가치를 재평가하라'고 요구했다. 이성을 의심하고 전통을 뒤엎는 니체의 철

학 사상은 이후 해체주의가 탄생하는 배경이 되었다. 니체의 사상 외에도 하이데거의 현상학과 서구 좌파비판 이론이 해체주의 형성에 결정적인 영향을 주었다.

1968년, 급진적 성향의 학생운동이 온 유럽과 미국을 휩쓸었다. 프랑스에서는 5월혁명이 일어났고, 곧 짙은 우울감이 유럽을 지배했다. 급진 성향의 학자들은 억누를 수 없는 혁명의 열정을 학술 및 사상 연구에 쏟아 부었다. 이들은 자본주의 체제를 뒤흔들기 위해 먼저 언어, 신앙, 제도, 철학, 권력 네트워크 등 자본주의가 뿌리 내리고 있는 기반을 공격했다. 해체주의는 이러한 상황을 배경으로 탄생했다.

▲ 푸코

형성과정

해체주의는 1960년대 프랑스 철학자 자크 데리다에 의해 창시되었다. 데리다는 플라톤 이래로 지속되어 오던 서구 형이상학의 일관된 경향을 '로고스중심주의'로 규정하고 육체보다 정신, 문자언어보다 음성언어가 중심인 형이상학의 해체를 주장했다.

데리다의 사상은 1967년 발표한 《목소리와 현상(La Voix et le phenomene)》, 《기록학에 관하여(De la grammatologie)》, 《기록과

특징

해체주의의 가장 큰 특징은 반항성이다. 미국의 해체주의 연구가 힐리스 밀러(Hillis Miller)는 자신의 책에서 해체주의에 대해 이렇게 썼다. "해체라는 단어를 들으면 사람들은 전체를 전혀 상관없는 조각들로 나누는 것을 떠올린다. 그리고 아이가 아버지의 손목시계를 산산이 분해해서 쓸모없게 만들어버리는 장면을 연상한다. 해체주의자들은 다른 사상에 기생하는 기생충이 아니라 반역자이다. 그들은 서구의 형이상학 체제를 분해하여 다시는 쓸 수 없는 것으로 만들어버리는 아이이다."

◀ 1968년, 프랑스에서는 5월혁명이 일어났다.

차이(L'Ecriture et la differencee)》등 세 권의 저서에 잘 나타나 있다. 얼마 지나지 않아 데리다 주변에는 바르트(Roland Barthes), 푸코, 폴 드 만(Paul de Man) 등의 이론가들이 몰려들었고 곧 해체주의 철학 사조가 형성되었다.

주요 관점

1. 해체주의자들은 형이상학의 역사가 곧 서구 철학의 역사라고 평가했다. 그리고 모든 만물의 배후에 하나의 근본원칙이 있다는 믿음, 그리고 이를 잠재적인 신으로 보아온 이제까지의 형이상학을 로고스중심주의라고 규정했다.

2. 해체주의자들은 현대 철학의 목적이 이러한 로고스중심주의의 전통적 사상을 타파하는 것이라고 보았다. 또한 현존하는 모든 질서를 해체하고 새로운 합리적 질서를 재구성해야 한다고 주장했다.

시대에 미친 영향

해체주의는 학술계와 대중 모두에게 비판을 받았다. 학술계에서는 해체주의를 두고 다른 사상에 기생해 허무주의를 부추긴다고 비난했으며, 심지어 근본적으로 말도 안 되는 소리라고 폄하했다. 한편 대중들은 해체주의를 학술계가 현실과 멀어졌음을 단적으로 방증하는 상징으로 보았다. 그러나 이렇듯 논쟁의 소지가 다분함에도 불구하고 해체주의는 여전히 현대 철학과 문학비평 이론의 주요 갈래로 손꼽힌다.

제 2 장

문학

▶ 돈키호테 상

▲ 영국의 위대한 극작가
셰익스피어

대표적 인물

알리기에리 단테
(Alighieri Dante, 1265-1321)
르네상스 문학의 선구자. 불멸의 거
작 《신곡(Divina Commedia)》을 남
겼다. 함축적인 문체로 중세시대 종
교통치의 부패와 우매함을 폭로했
으며, 고대 그리스 로마시대를 인성
이 가장 완전했던 시기라고 생각했
다. 라틴문학을 심도 있게 연구했으
며, 이탈리아 방언으로 14행에 달하
는 시를 써서 각국 통치자들의 환영
을 받았다.

윌리엄 셰익스피어
(William Shakespeare, 1564-1616)
영국 르네상스 시기의 걸출한 작가,
극작가, 시인. 4대 비극인 《햄릿》,
《오셀로》, 《리어왕》, 《맥베스》와 희
극인 《베니스의 상인》을 비롯해 100
여 편에 달하는 시를 남겼다. 영국 희
극의 아버지, 시대의 영혼으로 불린
다. 마르크스는 셰익스피어를 '가장
위대한 천재'라고 칭송하기도 했다.

미겔 데 세르반테스
(Miguel de Cervantes, 1547-1616)
스페인 르네상스 시기의 소설가, 극
작가, 시인. 가장 위대한 스페인 작
가라고 칭송받는다. 대표작인 《돈키
호테(Don Quixote)》는 문학사에서
첫 번째 현대소설로 평가된다.

르네상스 문학(Renaissance Literature)

인본주의 문학의 탄생

르네상스는 14세기부터 16세기까지 서유럽 국가들 중심으로 발
생한 문화 및 사상적 혁명운동이다. 르네상스 시기에는 고대 그리
스 및 로마문화가 새롭게 재조명되었으며, 이를 연구하는 움직임도
활발히 나타났다. 그러나 르네상스는 고대문화를 그대로 부흥시키
는 데 그치지 않고, 이를 바탕으로 새로운 문화를 창조했다. 신흥자
산 계급의 문화적 요구에 부흥하여 나타난 르네상스 운동은 또한
자산 계급 문화의 탄생을 알리는 신호탄이었다.

생성배경

서유럽의 중세시대는 문화의 암흑기라고 불릴 만큼 모든 것이 기
독교 중심으로 움직였다. 문학 창작 역시 《성서》의 교의를 엄격히
따라야 했으며, 이를 위배한다는 것은 상상조차 하지 못했다.

중세시대 후반에 접어들면서 이탈리아를 비롯한 몇몇 국가에서
새로운 자산 계급이 출현하기 시작했다. 무역을 통해 부를 축적한

부유한 상인, 공방주인, 은행가 등이 주를 이루는 신흥자산 계급은 개인적인 가치와 힘을 신봉했으며 창의적이고 진취적인 모험 정신을 가지고 있었다. 또한 예술에 대한 뛰어난 안목을 가지고 있었으며, 고대문화에 대한 관심도 많았다. 이들의 출현으로 르네상스 운동이 태동할 수 있는 물질적 · 사회적 환경이 마련되었다.

고대 그리스 및 로마의 문학적 성취와 14세기 말부터 서유럽에 흘러들어오기 시작한 동양문화는 서유럽 문학 발전에 매우 큰 영향을 주었다. 수많은 서유럽 문학가들은 고대 그리스 로마의 문화와 예술을 재생하고 부활시키자고 요구했고, 이를 기점으로 본격적인 르네상스 운동이 시작됐다.

▲ 단테 동상

형성과정

1351년, 이탈리아에서 《데카메론(Decameron)》이라는 제목의 단편소설집이 발간됐다. 이 소설집은 발간되자마자 유럽 문학계에 신선한 충격을 던지며 일대 파란을 몰고 왔다. 이탈리아 작가 보카치오(Giovanni Boccaccio)가 9년간 심혈을 기울여 완성한 역작인 《데카

특징

● 인문주의를 주류로 했다.
● 반미신주의 경향이 뚜렷했다.
● 사회현실을 광범위하게 반영하는 등, 현실주의적 방법론을 적극 활용했다.
● 르네상스문학과 더불어 민족문학이 발달했다.

◀ 르네상스 시기의 대표 건축물인 성베드로 대성당

메론》은 피렌체를 배경으로 흑사병을 피해 교외 별장에 모여든 젊은 남녀 열 명이 열흘 동안 한 사람당 한 가지씩 매일 열 가지의 이야기를 한다는 내용을 담고 있다. 보카치오는 이 소설을 통해 금욕주의 및 계급특권 반대하고 남녀 사이의 애정을 칭송했으며 귀족들의 부패와 우매함, 사제들의 위선과 거짓을 낱낱이 폭로했다. 《데카메론》은 당시 이탈리아의 사회상을 고스란히 반영한, 근대문학사 최초의 현실주의 소설로 평가된다.

《데카메론》의 출현은 유럽에서 르네상스 문학 창작이 본격화되었음을 의미한다. 실제로 《데카메론》 이후 유럽 각국에서 우수한 작가들이 대거 등장했다. 이탈리아 문학 3대 거장으로 불리는 보카치오, 단테(Alighieri Dante), 페트라르카(Francesco Petrarca)와 영국의 셰익스피어(William Shakespeare), 스페인의 세르반테스(Miguel de Cervantes), 프랑스의 라블레(Francois Rabelais) 등은 모두 르네상스 문학의 축복을 받은 작가들이다.

시대에 미친 영향

르네상스 시기의 문학은 풍부한 내용과 생동감 넘치는 언어, 자유로운 구조, 다양한 인물군상을 통해 이야기 속에 당시의 사회상과 역사적 진실을 사실적으로 녹여냈다. 이를 통해 신흥 계급의 이상 및 대다수 시민의 소원을 표현했으며, 현실주의적 전통을 더욱 풍부하게 함으로써 유럽 문학의 발전을 이끌었다. 또한 근대 유럽의 자산 계급 문학의 기초를 다지고 인류문화 발전에 크게 이바지했다.

◀ 〈대옥黛玉이 꽃을 따다〉

홍학 紅學

한 권의 책에서 비롯된 학문

청나라 중·후기, 조설근의 걸작 《홍루몽》이 발표됐다. 이 소설은 발표되자마자 엄청난 반향을 불러일으켰고, 《홍루몽》을 전문적으로 연구하는 움직임이 나타났다. 이 움직임은 어느 새 하나의 학문을 조성했는데 이것이 바로 홍학이다.

홍학의 범위는 매우 넓다. 《홍루몽》의 주제나 인물, 작가의 생애, 판본, 여타 고전 명작들과의 상호작용 등 《홍루몽》과 관련된 연구라면 대부분 홍학에 속한다고 볼 수 있다. 《홍루몽》을 좋아하고 연구하는 사람이 워낙 많다보니, 홍학은 이미 오래 전에 갑골학, 돈황학을 능가하는 인기 학문으로 자리 잡았다.

생성배경

중국 고전소설은 송원 시기부터 발달하기 시작했으며, 명말청초에 이르러 화려하게 꽃피웠다. 특히 조설근의 《홍루몽》은 발표와 동시에 선풍적인 인기를 끌었으며 그 후 30여 년간 수초본手抄本의

대표적 인물

후스(胡適, 1891~1962)
안후이성 지치 출생. 현대 중국의 저명한 학자, 시인, 역사학자, 문학가, 철학자. 문학혁명을 제창하면서 신문화운동의 주도자로 떠올랐다. 1921년, 《홍루몽고증紅樓夢考證》이라는 책을 발간하여 홍학연구의 새로운 지평을 열었다.

차이위안페이(蔡元培, 1868~1940)
저장성 사오싱 출생. 민주주의혁명가, 교육가. 1917년 발표한 《석두기색은石頭記索隱》은 색은파 저작 중 가장 큰 영향을 미친 저서로 평가된다. 차이위안페이는 《석두기색은》에서 문학창작물인 《홍루몽》의 내용을 자신이 수집한 역사적 사료와 짜깁기해서 마치 사회역사적 사실인 양 썼고, 이 때문에 후세에게 크게 비난받았다.

펑치융(馮其庸, 1924~)
장쑤성 우시셴 출생. 중국 홍루몽학회 명예회장, 〈홍루몽학간紅樓夢學刊〉 편집자, 저명한 홍학자. 《홍루몽》 연구로 명성을 얻었으며 주요 저서로 《조설근가세신고曹雪芹家世新考》 《몽변집夢邊集》 《추풍집秋風集》 등이 있다.

제2장 문학 _ **101**

▲ 조설근 기념관

형식으로 널리 퍼져 읽혔다. 《홍루몽》을 보물로 여기는 사람도 부지기수였으며, 가격도 엄청나서 《홍루몽》 수초본 한 권이 금 십 냥에 거래되기도 했다고 한다.

사실 《홍루몽》은 마지막 부분이 유실되어 원래 작가가 썼던 결말이 어떠했는지 알 수 없다. 그러나 불행이라고 할 수 있는 이 점이 오히려 사람들의 상상력을 자극했고, 곧 수많은 속편들이 세상에 등장했다. 대략 50여 종의 속편이 있는데 그중에서도 청나라 시기 재원才媛이었던 고태청顧太淸과 통속소설작가 고악高鶚이 쓴 것이 유명하다.

《홍루몽》은 탁월한 예술성과 복잡한 사상으로 주목받았으며, 《홍루몽》을 연구하는 학문인 홍학이 따로 생길 정도로 뛰어났다.

형성과정

홍학이라는 용어가 처음 등장한 문헌은 이방李放의 《팔기화록八旗畵錄》이다.

"광서光緖 초기, 경조京朝의 사대부들이 《홍루몽》 읽기를 매우 좋아하여 스스로 홍학을 한다고 자랑스레 말했다."

홍학은 크게 구홍학과 신홍학으로 나눌 수 있다. 구홍학은 중국의 5·4 신문화 운동 시기 이전의 《홍루몽》에 대한 평론, 뜻풀이, 고증 등을 가리킨다. 구홍학의 분파로는 평점파와 색은파가 있으며, 평점파의 대표적 인물로 청나라 시기의 왕희렴王希廉, 장신지張新之, 요섭姚燮을 들 수 있다. 이들은 중요한 부분에 표시를 하고 이에 대한 평가를 다는 방식으로 정위원程偉元과 고악의 속편을 더한 정고본程高本 120회를 분석하고 평가했다. 그런가 하면 색은파는 청나라 말기부터 민국시대 초까지 성행했다.

신홍학에서는 《홍루몽》의 고증에 힘쓴 고증파가 유명하며, 중국 사상가이자 교육가인 후스胡適가 대표적 인물이다. 후스는 저자인 조설근에 대해 연구하고, 《홍루몽》이 조설근의 자서전이라고 주장했다.

중화인민공화국 건국 이후, 《홍루몽》 연구는 정치투쟁에 밀려 한동안 잠잠해져 있다가 1980년대에 접어들면서 다시금 부활했다. 최근 리우신우劉心武 등 홍학 학자들이 연구 결과를 속속 발표하고, 《홍루몽》이 드라마와 영화로 만들어지면서 홍학은 새로운 부흥을

특징

홍학의 주요 특징은 집중성과 확산성이 동시에 존재한다는 것이다. 홍학은 지난 200여 년 동안 오로지 《홍루몽》만을 연구해 왔다. 이러한 집중도는 다른 문학 사조에서 찾아보기 힘든 것이다.
한편, 홍학의 연구 범위는 매우 넓어서 《홍루몽》의 예술성뿐만 아니라 사회학·정치학·경제학·윤리학 등 분야까지 폭넓게 아우르고 있다. 이러한 확산성 역시 다른 문학 사조에서는 보기 드물다.

맞이하고 있다.

주요 관점

1. 구홍학의 주요 분파인 색은파는 역사적, 혹은 전설 속의 인물
이나 사건을 《홍루몽》 속 인물 및 사건에 끼워 맞추려는 무모한 시
도를 했다.

2. 신홍학의 주요 분파인 고증파는 《홍루몽》 작가의 생애와 사적
을 고증하는 데 힘썼다. 후스는 작가의 생애와 판본 문제에 관심을
기울였으며 저우루창周汝昌은 조설근 가문의 역사와 작가의 생애 및
사적에 중점을 두었다.

시대에 미친 영향

홍학은 오랜 기간 동안 끊임없이 발전해 왔다. 현재 홍학은 《홍루
몽》이라는 작품 자체에 대한 연구를 넘어서서 《홍루몽》을 통해 중
국의 사회, 역사, 문화, 철학, 미학 및 전통과 민족문화를 연구하는
종합적인 학문으로 거듭나고 있다.

▶ 스페인의 무적함대는 영국 해군의 공격을 받고 침몰했다

▲ 잠바티스타 마리노

대표적 인물

루이스 데 공고라 이 아르고테(Luis de Gongora y Argote, 1561~1627) 스페인의 시인, 바로크 문학의 대표 주자, 바로크 시 양식인 공고리스모(Gongorismo)의 창시자. 초기에는 단순하고 명료한 작품을 발표했으나 후기로 갈수록 과감한 어휘 전환과 부자연스러운 대구, 과장된 비유가 특색인 작품들을 창작했다. 대표작으로 《레트리야(Leterillas)》, 《고독(Soledades)》 등이 있다.

잠바티스타 마리노
(Giambattista Marino, 1569~1625) 이탈리아의 시인, 이탈리아 바로크 문학의 대표적 인물. 《아도네(Adone)》, 《하프(La lira)》, 《풍적(風笛, Sampogna)》 등의 작품을 남겼다. 특히 총 4만 5000행에 이르는 장편 영웅시 《아도네》로 명성을 얻었다. 그의 시에는 17세기 이탈리아 문학 쇠퇴기의 귀족 계급 색채가 짙게 녹아 있다. 그의 시풍을 일컫는 마리니즘(Marinismus)은 한때 이탈리아 문학계를 풍미했다.

바로크 문학(Baroque Literature)

화려하고 섬세한 문학

바로크 문학은 16세기에서 17세기 사이에 유행한 유럽 문학 사조이다. 바로크의 어원은 '찌그러진 진주'라는 뜻의 스페인어 바로코(barruco)이다. 원래 장신구 제작업계에서 통용되던 이 단어는 이후 여러 차례 뜻이 변했고, 후세에 의해 16세기 건축 양식을 비롯한 조형예술의 스타일을 가리키는 말로 굳어졌다. 화려하고 복잡하며 섬세한 것이 바로크 스타일의 특징이다. 바로크 문학 역시 이와 비슷한 특징을 갖는다. 바로크 문학은 이탈리아와 스페인에서 태어났으며, 프랑스에 이르러 꽃을 피웠다.

생성배경

16세기 말, 스페인은 쇠락의 길을 걷고 있었다. 신교와 자본주의의 거센 흐름을 이기지 못하고 굴욕적으로 네덜란드의 독립을 허용했으며, '무적함대'의 침몰로 바다 위의 패권까지 잃어버린 상태였다. 게다가 당시 왕이었던 펠리페 2세(Felipe II)는 대규모 군대를 보내는 등 프랑스 종교전쟁인 위그노 전쟁에 무리하게 개입하다가 더욱 어려운 상황을 자초했다. 이 시기의 스페인은 경제적 위기마저

겪고 있었고, 민생 역시 불안하기 짝이 없었다. 펠리페 2세의 뒤를 이어 왕좌에 오른 필리프 3세(Philippe Ⅲ)는 나라 살리기에 골몰하기는커녕 주색에 빠져 스페인의 쇠망을 부추겼고, 귀족들로 이뤄진 상류 사회 역시 사치와 향락에 흠뻑 젖어 있었다.

스페인 사회의 혼란과 부패 속에서 대표적 피카레스크 소설 (novela picaresca)* 인 《라사리요 데 토르메스의 생애 (La vida de Lazarillo de Tormes)》가 탄생하면서 바로크 문학이 본격적으로 태동하기 시작했다. 당시 수많은 작가들은 고전적인 창작 방법에서 벗어나 새로운 창작 형식을 찾고자 했는데, 이 역시 바로크 문학 형성에 큰 영향을 주었다.

▲ 스페인 국왕 펠리페 2세

형성과정

스페인의 바로크 문학은 17세기에 이르러 만개했다. 가장 먼저 시가 분야에서 나타난 바로크 문학의 경향은 곧 희극, 소설에 이르기까지 거의 모든 문학 양식에 녹아들었다. 공고라 이 아르고테 (Luis de Gongora y Argote)와 케베도 이 비예가스(Francisco Gomez de Quevedo y Villegas)는 이 시기 시단을 이끌었던 양대 산맥으로 평가된다. 공고라 이 아르고테는 대담한 어휘 전환, 극단적인 기교 등이 특징인 과식주의(Gongorismo) 양식을 창시했다. 이에 반해 케베도 이 비예가스는 간결한 언어 속에 기발한 재치를 담아내는 기상주의(conceptismo) 양식을 창시하고, 과식주의의 지나친 장식성을 비판했다. 희극에서의 바로크 스타일은 주로 대사 및 무대설계에서 드러났다. 복잡하고 방대한 주제와 스토리 역시 바로크 스타일의 영향을 받은 결과물이다.

특징

바로크 문학의 대표적 양식은 악한이나 건달을 주인공으로 등장시키고 그들의 삶을 주제로 한 악한소설, 피카레스크 소설이다. 1554년 발간된 작자 미상의 소설 《라사리요 데 토르메스의 생애》가 효시이다. 이후 《구스만 데 알파라체》, 《방랑자의 본보기 대악당의 거울, 돈 파블로스의 거짓 생애》 등 수많은 피카레스크 소설이 등장했다. 피카레스크 소설은 16세기부터 17세기까지 스페인의 사회상을 적나라하게 보여준다.

주요 관점

1. 바로크 작가들은 주로 르네상스 시기에서 소재나 주제를 찾아서 자신들만의 독특한 방식으로 표현했다. 그리고 이러한 독특한 표현 방식 배후에는 일반적으로 각기 다른 인식이나 가치판단이 깔려 있었다. 르네상스 시기의 인문주의자들은 인간이 사회와 자연에 대해 일정한 권리를 가지고 있다고 보았으며, 세상을 정복할 만한 인지 능력이 있다고 믿었다. 또한 사상과 사랑, 명예를 중시했다. 하지만 바로크 문학 시기에 접어들면서 이러한 인식은 상당 부분 변했다.

2. 회의주의(Skepticism)가 대두되기 시작했다. 바로크 문학 시기에 새롭게 나타난 스페인의 종교 시인들은 천국과 사후 세계, 죽음에 대한 고민과 각종 세속도피 사상을 복잡하고 모순적으로 그려냈다.

시대에 미친 영향

바로크 문학의 발전으로 스페인 작가들은 더욱 풍부한 표현의 자유를 얻었으며 표현 방식 역시 다원화됐다. 그러나 장식성과 특이성을 지나치게 강조한 나머지 유미주의와 형식주의에 빠지는 결과를 초래하기도 했다.

또한 바로크 문학은 스페인어 및 포르투갈어 문학의 독특한 형식을 세우는 데 크게 이바지했으며 라틴아메리카 문학의 발전을 이끌었다.

---

* 16세기 중반 스페인에서 나타나 17세기까지 크게 유행했던 문학 양식. 악한소설 · 건달소설이라고도 한다. 유럽 여러 나라에까지 파급되어 많은 독자층을 형성했다.

▲ 빅토르 위고

낭만주의 문학(Romantic Literatures)

아름다운 꿈으로 부족한 현실을 대신하다

낭만주의 문학은 18세기 말 유럽에서 크게 유행한 양식으로 권위와 전통, 고전주의에서 벗어나 개인의 개성과 주관, 비이성을 숭배하는 특징을 보였다. 또한 이성과 감성의 결합을 주장했으며 역사와 민족의식, 자연에 대한 사랑 등을 주요 소재로 삼았다. 낭만주의 문학의 탄생으로 문학은 다른 어떤 의지의 부속물이 아닌, 그 자체로서 중시를 받게 되었다. 풍부한 상상력과 명상적 신비주의, 민족 전통에 대한 애착, 이국 문화를 향한 동경 등은 낭만주의 문학의 특징이다.

생성배경

1789년 프랑스에서 일어난 대혁명은 영원할 것만 같았던 절대왕정제도를 뿌리부터 뒤흔들어놓았다. 그리고 프랑스 대혁명을 시작으로 온 유럽은 동란의 시대에 들어섰다.

사회 변혁을 거친 이후 영국과 프랑스 등의 국가는 빠른 경제 발

대표적 인물

빅토르 위고
(Victor-Marie Hugo, 1802-1885)
프랑스 문학사상 가장 위대한 작가 중 한 명, 프랑스 낭만주의 문학운동의 선구자. 1827년 발표한 희곡 《크롬웰(Cromwell)》의 서문은 낭만주의 문학의 선언문이라 불린다. 주요 작품으로는 《오드와 발라드(Odes et ballades)》, 《동방시집(Les Orientales)》, 《가을의 나뭇잎(Les Feuilles d'automne)》, 《황혼의 노래(Les Chants du crépuscule)》, 《마음의 소리(Les Voix intérieures)》, 《빛과 그림자(Les Rayons et les ombres)》 등의 시집과 불후의 명작으로 손꼽히는 소설 《노트르담 드 파리(Notre Dame de Paris)》가 있다.

요한 볼프강 본 괴테(Johann Wolfgang von Goethe, 1749-1832)
18세기와 19세기를 통틀어 독일과 유럽에서 가장 중요한 작가, 시인, 극작가, 철학자. 의심할 나위없는 세계 문학의 거장이다. 작품의 다양성과 다작으로 유명하다. 대표작이자 세기의 걸작인 《파우스트(Faust)》를 완성하고 몇 달 뒤에 세상을 떴다.

전을 이뤘고, 이 과정에서 국가 내 빈부 격차도 크게 벌어졌다. 또한 유럽 약소민족들의 독립투쟁은 갈수록 뜨거워졌으며, 1848년에 최고조에 달했다. 낭만주의 사조는 온 유럽이 새 시대를 맞이하는 산통에 몸부림치고 있었던 바로 이 시기에 등장했다.

형성과정

낭만주의는 세계 각 민족이 문학 활동을 처음 시작한 순간부터 존재하고 있었다. 그러나 낭만주의가 하나의 정신이자 문학 사조로서 사람들의 관심을 받기 시작한 것은 1830년대에서 1840년대 사이이다. 낭만주의 문학은 독일에서 형성되었으며, 이후 영국, 프랑스, 러시아 등의 나라로 퍼져갔다. 그리고 불과 10여 년 만에 온 유럽을 풍미하는 새로운 문학 운동으로 떠올랐다.

영국이나 독일에 비해 시작은 늦었지만 낭만주의 정신을 가장 화려하게 꽃피웠다고 평가받는 프랑스 낭만주의 문학은 대혁명과 함께 황금기를 맞이했다. 1798년, 프랑스 시민들은 봉건왕정을 무너뜨리고 시민에 의한 통치를 선언했다. 이 역사적인 사건은 곧 전 유럽으로 알려졌다. 프랑스의 혁명 정신에 잔뜩 고무된 사람들은 자연히 이상을 표방하고 영웅을 추앙하며 열정을 숨김없이 드러내는 낭만주의 문학에 매료됐고, 낭만주의 문학은 유럽 문학계의 주류가 되었다.

주요 관점

1. 낭만주의 문학은 현실을 초월한 문학정신을 가지고 환상의 세계를 표현했으며, 문학을 통해 이상적인 삶의 모양을 제시하고자 했다. 그래서 독일의 시인이자 극작가 J. 실러(Johann Christoph

Friedrich von Schiller)는 낭만주의를 '아름다운 꿈으로 부족한 현실을 대신하려 한' 문학운동이라고 평가했다.

2. 낭만주의 문학은 감성의 해방을 주장했으며, 주관적인 감정에 의존하여 삶과 현실세계를 표현했다. 그래서 낭만주의 문학에서 나타나는 예술적 이미지는 종종 현실적 이미지와 상당히 다른 모습을 보인다.

3. 낭만주의 문학은 현실의 삶과 동떨어진 신화나 전설, 기이한 이야기를 창작 소재로 삼았으며 환상적인 방식으로 상상적이고 허구적인 예술 세계를 창조했다.

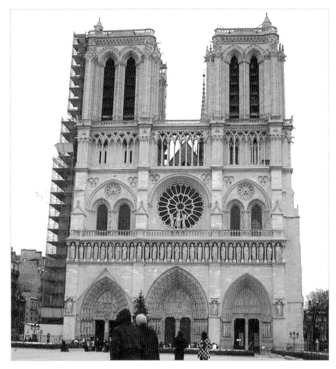
▲ 노트르담 드 파리

시대에 미친 영향

낭만주의 문학은 이전까지 사람들을 지배했던 과학적 이성 및 물질주의의 아성에 도전장을 내밀고, 서구 자본주의의 낡은 가치관을 타파했다. 또한 강렬한 반항정신으로 새로운 문화 형식을 창조했다. 낭만주의 문학가들은 민가民歌, 전래동화 등 민족문학을 중시하고 이를 정리, 수집하는 데 힘을 쏟았다. 이렇게 서구문학의 민족전통을 보존하고 발전시킴으로써 이후 현대주의 문학 발전에 크게 이바지했다.

감상주의 문학(Sentimentalism Literatures)

▲ 독일 감상주의 시인 하이네

'풍류여정기(Sentimental Journey)'에서 이름을 얻은 문학 사조

감상주의 문학은 18세기 후반 유럽 자산 계급을 중심으로 퍼진 계몽운동의 일환으로 나타난 문학 사조이다. 영국 소설가 L. 스턴(Laurence Sterne)이 쓴 《풍류여정기(A Sentimental Journey through France and Italy)》가 인기를 끌면서 감상주의를 뜻하는 센티멘털이란 어휘 역시 유명해졌다. 주정주의(主情主義, emotionalism)라고도 하며, 이성을 배제하고 감정을 숭상했기 때문에 전前낭만주의로 불리기도 한다. 감상주의는 영국에서 발원했으며 이후 프랑스, 러시아, 독일 등을 거쳐 전 유럽으로 퍼졌다.

대표적 인물

니콜라이 카람진(Nikolai Mikhailovich Karamzin, 1766–1826)
러시아 감상주의 대표 작가이자 역사학자. 프랑스 및 독일 계몽 사상가들의 영향을 많이 받았다. 문학잡지인 〈모스크바 잡지〉를 창간하고 《러시아인 여행자의 편지》, 《가련한 리자(Bednaya Liza)》 등을 발표했다. 또한 영국 작가 스턴의 작품 등을 러시아에 소개하는 등 활발한 활동을 통해 귀족적 감상주의를 적극적으로 알렸다. 그 밖의 주요 저작으로는 총 12권의 《러시아국가사》 등이 있다.

하인리히 하이네
(Heinrich Heine, 1797–1856)
독일 감상주의 시인. 20세부터 창작활동을 시작해서 수많은 시를 썼으며 1827년에 첫 시집인 《시집(Gedichte)》을 냈다. 그 밖의 주요 작품으로는 기행문인 《하르츠 기행》을 비롯해 《아타 트롤(Atta Troll)》, 《독일, 겨울 동화(Deutschland, ein Wintermärchen)》 등이 있다.

생성배경

18세기, 자본주의 사회의 갈등과 모순은 갈수록 심해지고 있었다. 자본가들이 거액의 재산을 축적한 것과 달리 하층민들은 이전보다 더욱 심각한 빈곤에 빠졌다. 중하층 자산 계급에 속해 있던 문인들 역시 사회의 빈부 격차를 피부로 느꼈으며, 불안한 사회적 지위와 풍부하지 못한 경제적 여건 때문에 늘 고민과 우울증에 시달렸다. 이들은 자신이 느낀 우울한 정서와 감정을 문학작품에 표현했고, 그 결과 감상주의 문학이 탄생했다.

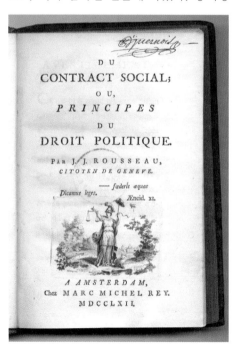

▶ 《사회계약론(Du contrat social)》 영문판 표지

형성과정

18세기 말, 소설가 L. 스턴은 고향인 영국을 떠나 유럽 여행의 길에

올랐다. 요양을 겸한 여행에서 그에게 가장 깊은 인상을 남긴 곳은 바로 문학예술의 천국이었던 프랑스와 이탈리아였다. 영국으로 돌아온 후, 스턴은 자신의 감정과 감상을 위주로 이전까지와는 다른 형식의 기행문을 썼다. 바로 《풍류여정기》이다.

▲ 카람진

이 기행문의 감상적 분위기는 18세기 영국의 사회적 · 문화적 분위기와 완벽히 맞아들었고, 곧 수많은 작가들이 열렬한 호응을 보내왔다. 이후 올리버 골드스미스(Oliver Goldsmith)의 소설 《웨이크필드의 목사(The Vicar of Wakefield)》, 토마스 그레이(Thomas Gray)의 시 〈시골 묘지에서 읊은 애가(Elegy Written in a Country Churchyard)〉 등이 발표되면서 감상주의는 하나의 문학 사조로 자리 잡았다. 특히 〈시골 묘지에서 읊은 애가〉는 죽음과 묘지를 창작 소재로 감상적 정서와 신비주의적 사상을 애절한 음조로 노래한 감상주의 문학의 걸작이다.

주요 관점

1. 개인의 심리와 정서를 외부 현실 세계에 투영하는 서사적 표현 방식을 개척했다. 이러한 새로운 표현 방식은 문학 발전에 매우 큰 의미를 갖는다.

2. 내면 정서에 귀를 기울이고 감정의 역할을 강조했다. 또한 물 흐르듯 자연스러운 감정 표현과 자연경관 묘사를 중시했으며, 개인의 정신적 삶을 형상화하는 데 중점을 두었다.

3. 문학의 임무는 개인의 심리적 변화 및 삶의 불행한 사건들을 자세히 묘사해서 독자의 동정과 공감을 불러 일으키는 것이라고 주장했다.

4. 모순 투성이인 사회 현실에 대한 불만을 가감 없이 표현하고, 귀족 특권 계층이 숭상하는 이성주의 및 고전주의를 비판했다.

시대에 미친 영향

감상주의 문학은 감정의 발산을 매우 중요하게 생각했다. 그래서 자연 경관이나 우울한 환경, 등장인물의 불행을 통해 의도적으로 비감한 감정을 불러 일으키고 이를 분석하거나 감상했다. 비평가들은 이런 경향을 두고 '감상주의자들은 사상적인 고뇌 때문에 고통이나 슬픔에 빠지는 것이 아니라, 고통이나 슬픔 그 자체에 흥미를 느끼고

특징

● 주로 일인칭 시점을 사용했으며 일기, 기행문, 서신, 회고록 등의 형식으로 작품을 썼다. 감상주의 작가는 이러한 형식을 사용함으로써 자신의 감정을 더욱 자유롭고 세밀하게 표현할 수 있었다.

● 일부 감상주의 작가들은 현실에서 벗어나 개인적인 감정과 비감함, 우울감에 심취한 나머지 과거와 죽음, 어두움 등을 과도하게 칭송하면서 비관적 정서에 빠졌다.

● 요절한 소녀, 석양, 낙엽, 황혼, 묘지 등 사람의 마음을 울리는 소재와 사물을 활용하여 독자의 동정과 감상을 이끌어 내고자 했다.

그 속에 빠져든다. 그리고 그 속에서 무한한 즐거움을 얻는다'고 비난했다. 실제로 감상주의 작가들은 주관적인 감정에 극단적으로 빠지는 일이 잦았다. 그들의 작품은 이후 부정적인 낭만주의 형성에 크게 일조하기도 했다.

그 밖에 감상주의자들은 인간을 타락한 존재로 보는 칼빈파 신학에 반기를 들고, 인간이 선하고 도덕적인 본성을 가지고 있다고 주장했다. 이는 감상주의가 갖는 철학적 의의이다.

▲ 사실주의 화가 쿠르베의 〈목욕
하는 여인들〉

사실주의 문학(Realism Literatures)

문학은 현실을 비추는 거울이다

사실주의는 문학예술의 기본적인 창작 방식이다. 사실주의 문학은 현실생활을 객관적이고 냉정한 시선으로 관찰하고 있는 그대로 세밀하게 묘사하며, 전형적인 환경을 배경으로 전형적인 인물들의 삶을 충실히 재현한다.

사실주의는 낭만주의와 함께 오랜 기간 동안 문학예술 분야의 양대 산맥을 이루어 왔으나, 1830년대에 이르러서야 비로소 각광받기 시작했다. 특히 유럽에서는 낭만주의를 대신해 문학예술의 흐름을 주도하는 주요 문학 사조가 되었다.

생성배경

19세기 중반에 접어들면서 서구사회에는 자본주의가 확고히 뿌리 내렸다. 또한 자연과학이 발전하고 유물론 및 공상적 사회주의 학

대표적 인물

오노레 드 발자크
(Honoré de Balzac, 1799~1850)
19세기 프랑스의 사실주의 작가, 비판적 사실주의 문학의 창시자. 그의 작품은 '프랑스 사회의 거울'이라고 칭송받는다. 발자크는 일생 동안 무려 96편에 달하는 소설과 수필을 썼다. 주요 작품으로 《인간희극(La Comédie Humaine)》, 《외제니 그랑데(Eugénie Grandet)》, 《고리오 영감(Le Pére Goriot)》 등이 있다.

알렉산드르 푸슈킨(Aleksandr Sergeevich Pushkin, 1799~1837)
러시아의 위대한 시인, 소설가, 19세기 러시아 낭만주의 문학의 대표적 인물이자 사실주의 문학의 선구자이며 현대표준러시아어의 창시자이다. '러시아 문학의 아버지', '러시아 시의 태양'이라고 불린다.

▲ 푸슈킨

설이 유행하면서 전통적 관념이나 환상이 깨지기 시작했다. 사람들은 예전과 달리 객관적인 시각으로 세상을 관찰하고 사회현상을 연구했다. 이 같은 역사적 흐름에 부응하여 문학 분야에서는 사실주의 문학이 등장했다.

형성과정

1850년, 프랑스 화가 쿠르베(Gustave Courbet)는 소설가 샹플뢰리(Champfleury)를 비롯한 몇몇 인사들과 함께 〈리얼리즘(Realisme)〉이라는 잡지를 창간했다. 잡지는 6호 정도만 나오고 폐간됐지만 리얼리즘, 즉 사실주의라는 단어는 유럽 문학예술계를 휩쓸며 새로운 문학 사조의 명칭이 되었다.

쿠르베는 〈리얼리즘〉에 문예 선언을 발표하고 디드로, 스탕달(Stendhal), 발자크(Honoré de Balzac) 등의 작가를 사실주의의 선구자로 선언했다. 또한 사실주의의 임무는 '인민의 문학을 창조하는

특징

사실주의 문학의 가장 큰 특징은 현실성이다. 사실주의자들은 문학이 실제 현실을 진실하게 반영해야 한다고 주장했다.

▶ 로댕의 작품 발자크 동상

것'이며 문학의 기본 형식은 '현대적 풍격을 갖춘 소설'이어야 한다고 주장했다. 이 때부터 사실주의 문학에 대한 관심이 높아졌다.

▲ 발자크의 《인간희극》 전집 중 국어판

주요 관점

사실주의는 시대마다 관점이 조금씩 달랐다.

1. 고대 그리스 시대의 원시 사실주의는 모방설이다. 아리스토텔레스는 《시학(peri poitiks)》에서 '시는 세계를 모방한 것'이라고 밝혔다.

2. 르네상스 시대 인문주의 문예가들은 '예술은 자연을 모방하는 것'이라는 관점을 고수하고 발전시켰다. 이들은 문학작품을 제2의 자연이라고 불렀다.

3. 18세기 계몽운동 시대의 대표 인물 디드로와 라신(Jean-Baptiste Racine)은 유물론적 관점에 입각하여 문학의 현실적 기초, 아름다움과 진실의 통일성을 주장했다. 또한 예술은 자연에 뿌리를 두는 동시에 자연을 초월해야 한다고 강조했다. 이들의 주장은 이후 현대적 의미의 사실주의가 탄생하는 이론적 근거가 되었다.

4. 19세기 초에는 현대적 사실주의가 나타났다. 이 시기의 사실주의자들은 사실주의가 이상주의와 대립되는 개념임을 명백히 밝히고, '내재적 필연성'에 의한 '진실한 자연'을 다뤄야 한다고 역설했다.

시대에 미친 영향

문예 사조 계보에서 사실주의는 낭만주의의 뒤를 잇지만, 내용면에서 보면 낭만주의에 대한 반발로 나타났다고 할 수 있다. 사실주의 문학 이론에 따르면 작가는 현실생활을 모방하여 자신만의 작품을 창조해야 한다. 이런 점에서 유물론적 의식이 강하다고 볼 수 있다. 사실주의의 영향으로 이후 수많은 문학 대가들과 뛰어난 작품들이 탄생했다.

▶ 보들레르

대표적 인물

샤를 보들레르(Charles-Pierre Baudelaire, 1821~1867)
19세기 프랑스의 유명한 현대 시인, 상징주의 시문학의 개척자. 《악의 꽃》으로 세계 문학사에 지워지지 않을 발자취를 남겼다. 1857년 발행된 《악의 꽃》에는 불과 100여 편의 시만 수록되어 있었으나, 1861년 재판이 발간되면서 원래보다 더 많은 129편이 수록되었다. 그 밖에도 《파리의 우울(Le spleen de Paris)》, 《인공낙원》 등의 시집과 《심미섭렵(Curiosités esthétiques)》, 《낭만파 예술(L'art romantique)》 등의 문학·미술 평론집을 펴냈다.

폴 베를렌
(Paul-Marie Verlaine, 1844~1896)
반항의 시인. 보들레르 이후에 베를렌, 랭보(Arthur Jean Nicolas Rimbaud), 말라르메 등이 프랑스 상징주의 시문학의 계보를 이었다. 베를렌의 대표작으로는 《말없는 연가(Romances sans Paroles)》, 《예지(Sagesse)》 등이 있다.

스테판 말라르메
(Stephane Mallarme, 1842~1898)
프랑스 상징주의 시인, 산문가. 프랑스 현대주의 및 상징주의 시문학의 대표적 인물이다. 1876년 〈목신의 오후(L'Après-midi d'un faune)〉라는 시를 발표하여 시단의 주목을 받았다. 그가 주최한 시문학 살롱은 이후 프랑스 문화계에서 가장 유명한 살롱이 되었다. 1896년 말라르메는 시인의 왕으로 선출되기도 했다.

상징주의 문학(Symbolisme Literatures)

파리에 핀 '악의 꽃'

상징주의 문학은 19세기 중엽 프랑스에서 발원하여 20세기 초에 유럽 및 미 대륙으로 확산됐다. 현대문학의 중요한 갈래인 상징주의 문학은 주로 시나 연극 분야에서 빛을 발했으며 지금까지도 영향을 주고 있다. 상징주의 문학의 탄생은 고전문학과 현대문학을 나누는 분수령이다.

생성배경

19세기 중반, 프랑스 시인 샤를 보들레르(Charles-Pierre Baudelaire)와 미국 시인 애드가 앨런 포(Edgar Allan Poe)가 상징주의 이념을 담은 시를 대량으로 발표했다. 그 중 1857년에 발표된 보들레르의 시집《악의 꽃(Les Fleurs du Mal)》은 문학계에 엄청난 파장을 일으켰다. 보들레르는 시집에서 파리를 음울하고 신비로운 도시로 재창조했다. 특히 동 시대 시인들의 눈길을 끈 것은 보들레르가 사회의 외면과 냉대 속에 버려진 거지, 맹인, 창녀뿐만 아니라 길가에 널브러져 있는 여인의 시체까지도 시제時題로 삼았다는 점이다.《악의 꽃》은 발간과 동시에 격렬한 논쟁을 불러 일으켰으며 프랑스와 세계 문단의 시선을 한 몸에 모았다. 이후 그의 상징적 작법을 계승하는 시인들이 나타나면서 상징주의 문학 사조가 형성되었다.

▲ 베를렌

형성과정

1886년 9월 15일, 프랑스에 장기간 체류 중이던 그리스의 젊은 시인 장 모레아스(Jean Moreas)가 문예지 〈피가로(Figaro)〉에 문학선언문을 발표했다. 이 선언문에서 그는 상징적 작법으로 시를 창작하는 현대 시인들을 최초로 '상징주의 작가'라고 불렀다. 모레아스의 선언문은 문학계의 열렬한 지지를 받았고, 이를 계기로 상징주의 문학은 그 존재를 정식으로 인정받았다.

특징

상징주의 작가들은 지극히 상징적인 언어와 암시를 통해 개인의 주관적인 감정을 표현했으며, 시의 음률을 살려서 환상적인 느낌을 더했다.

주요 관점

1. 상징주의 문학은 창작을 할 때 외부 세계에서 시작하여 내재된 정신세계로 나아가야 한다고 주장했다.

2. 낭만주의와 달리 감정을 직접적으로 표현하지 않았으며 정서를 상징적·암시적으로 드러냈다. 심지어 객관적인 대응물을 사용하여 시인의 감정을 표현했다.

3. 실증주의와 자연주의에 반대하고, 주관적 인지

◀ 말라르메

작용과 예술적 상상력의 창조 작용을 중시했다.

    4. 시의 조형미만을 강조했던 고답파(高踏派, Parnassiens)와 달리 시의 음률을 중시했다.

    5. 상징주의 작품은 신비주의적 색채가 강하다.

    6. 미美에 대해 상징주의만의 독특한 정의를 내렸다.

    7. 시 창작에 있어서 전통적인 금기와 모든 규제를 타파하고 시제의 범위를 확대했다.

시대에 미친 영향

    상징주의 문학은 사물을 보이는 그대로 묘사하는 사실주의 문학의 작법을 타파하고, 외부 세계의 사물을 상징적으로 활용해 복잡하고 미묘한 내면 세계를 표현하는 새로운 표현 방법을 개척했다. 또한 추상적인 관념에 색깔과 소리를 가진 물질 형식을 덧입혔다.

    후기 상징주의 작가들은 니체, 프로이트, 베르그송의 철학 사상 및 심리학 이론을 문학 창작에 도입함으로써 후세 작가들에게 지대한 영향을 끼쳤다.

자연주의(Naturalism)

삶에 대한 실제적인 묘사

자연주의는 19세기 중반 프랑스에서 발생해 1870년대에서 1880년대 사이에 영국, 독일, 벨기에, 이탈리아, 노르웨이 등 주변 국가로 퍼져 나가며 인기를 구가했던 문학 사조이다.

19세기 후반 사실주의 문학을 이어받은 자연주의는 콩트의 실증주의 철학과 평론가 이폴리트 텐(Hippolyte Adolphe Taine)의 실증주의 미학을 이론적 기초로 삼았다. 자연주의의 성향이 잘 드러난 작품으로는 에밀 졸라(Emile Edouard Charles Antoine Zola)의 《실험소설론(Le Roman expérimental)》, 《테레즈 라캥(Thérèse Raquin)》 등을 들 수 있다.

생성배경

인간을 자연의 일부분으로 보는 자연주의 문학운동의 기본 정신은 상당히 오래 전에 나타났다. 그러나 현대적 의미의 자연주의 문학이 탄생한 것은 18세기 프랑스에서였다. 다윈의 진화론에 영향을 받은 자연주의 작가들은 인간의 성격이 유전과 사회적 환경에 의해 결정된다고 믿었다. 또한 사실주의가 대상을 있는 그대로 묘사한 것에 비해, 자연주의는 사실적인 묘사와 함께 환경이나 유전처럼 대상의 행동에 영향을 주는 내재된 힘을 문학 속에서 과

◀ 에밀 졸라는 프랑스 화가 마네(Edouard Manet)가 그린 〈피리부는 소년〉을 보고 '마네보다 더욱 효과적이면서 사실적으로 표현할 수 있는 사람은 이 세상에 없을 것'이라고 찬탄했다.

대표적 인물

공쿠르 형제(Goncourt brothers)
프랑스의 자연주의 소설가 형제. 형제가 함께 창작 활동을 했다. 수많은 소설을 남겼으며, 특히 10여 년에 걸쳐서 완성한 총 22권의 《일기(Journal)》가 유명하다. 형인 에드몽의 유언에 따라 제정된 공쿠르상은 1903년에 공식 제정된 이래로 매년 우수한 프랑스 문학가에게 수여되고 있다. 공쿠르 형제는 실제 인물을 모델로 삼아 소설을 썼으며, 정확하고 상세한 관찰 기록을 소설의 소재 및 자료로 활용했다.

게르하르트 하우프트만
(Gerhart Hauptmann, 1862-1946)
독일 극작가, 시인. 주요 작품으로 《해뜨기 전(Vor Sonnenaufgang)》, 《침종(沈鐘, Die versunkene Glocke)》 등이 있다. 1912년, 연극 분야에서의 다양하고 풍부한 공로를 인정받아 노벨문학상을 수상했다.

에밀 졸라(Emile Edouard Charles Antoine Zola, 1840-1902)
프랑스 자연주의 작가. 초기에는 공쿠르 형제의 영향을 받아 생리학적 시각에서 인물의 성격 특징과 행동을 분석하는 데 치중했다. 《자연주의 소설가》, 《실험소설론》 등의 논문을 발표하면서 자연주의 문학의 이론을 다졌다. 필생의 역작인 《루공마카르 총서》를 비롯해 《목로주점 (L'Assommoir)》, 《나나 (Nana)》, 《돈 (L'Argent)》 등 수많은 작품을 남겼다.

▶ 게르하르트 하우프트만

학적으로 표현하려고 했다.

형성과정

문학 평론가인 이폴리트 텐은 실증주의 철학을 신봉했으며, 자연주의의 이론적 기초를 세웠다. 1858년, 텐은 발자크에 대한 평론에서 처음으로 자연주의 문학을 이렇게 정의했다.

"자연주의 문학은 작가가 현실을 관찰한 결과에 입각하여 삶을 과학적인 방법으로 묘사하는 것이다."

자연주의 문학 발전에 결정적인 역할을 한 사람은 대소설가 에밀 졸라이다. 졸라는 이론서와 작품을 통해 자연주의 문학을 실제로 구현하고 집대성했다. 그가 쓴 《자연주의 소설가》, 《실험소설론》 등은 지금도 자연주의 연구의 중요한 1차 자료로 활용되고 있으며, 《테레즈 라캥》, 《마들렌 페라(Madeleine Férat)》, 《루공마카르 총서(Les Rougon-Macquart)》 등은 대표적인 자연주의 문학소설로 손꼽힌다. 이처럼 에밀 졸라는 소설과 이론서를 통해 자연주의 문학의 기틀을 세우는 데 결정적인 역할을 했다.

이 밖에 유명한 자연주의 작품으로는 에밀 졸라가 영향을 받은 공쿠르 형제(Goncourt brothers)의 《제르미니 라세르퇴(Germinie

특징

● "나는 보았고, 말했고, 하나하나 기록했다. 내가 할 것은 오직 이것뿐이다. 도덕과 윤리에 관한 것은 도덕가들이 할 일로 남겨둔다."
　　　　　　　　－에밀 졸라
● 자연과학 방법, 즉 실험을 문학 창작에 도입했다.
● 자연주의 소설의 주인공들은 알콜중독자나 정신이상자, 색정광 등 비정상적인 경우가 대다수이며, 작가는 주인공이 경제적·정치적·도덕적 이유가 아닌 생물학적 이유 때문에 이렇게 될 수밖에 없다는 생물학적 결정론을 내세웠다.

Lacerteux)》가 있다.

▲ 영화 〈해뜨기 전〉의 포스터

주요 관점

자연주의 문학은 낭만주의에서 숭상했던 상상이나 과장, 감정 표현 등 주관적 요소를 배척했으며 현실생활에 대한 전형적인 묘사를 경시했다. 자연주의 작가들은 절대적인 객관성을 추구했으며 자연을 단순하고 명확하게 묘사, 모방하려고 노력했다. 또한 현실생활의 표면적인 모습을 기록하듯 객관적으로 그려냈으며 자연법칙, 특히 생물학적 법칙에 의거해서 인간과 인간사회를 해석하고자 했다. 이에 대해 에밀 졸라는 이렇게 말했다.

"작가는 도덕군자가 아니라 해부학자이다. 그렇기에 인류의 시체에서 무언가를 발견하고 그것을 말하면 주어진 임무를 다 하는 것이다."

시대에 미친 영향

자연주의는 사실주의의 뒤를 이어 나타났지만, 사실주의 문학과 분명한 선을 그은 새로운 문학 사조이자 창작 방법이다. 자연주의의 탄생으로 유럽 자산 계급 문학은 분화가 가속화 되었으며, 쇠락의 길을 걷기 시작했다. 자연주의 문학은 노르웨이 극작가 헨릭 입센(Henrik Johan Ibsen), 벨기에 소설가 르모니에(Antoine-Louis-Camille Lemonnier), 스페인 소설가 블라스코 이바네즈(Vicente Blasco Ibanez) 등에게도 영향을 주었다.

▶ 1960년대 초기, 베트남 전쟁으로 엄청난 인명 피해와 경제적 손실이 발생하면서 미국 내에서는 반전 정서가 고조되었고, 사회적 혼란도 가중되었다. 냉정한 현실 앞에 민주주의의 가치와 역할을 의심하는 사람들이 늘어났고 전통적인 도덕 가치관은 무용지물로 전락했다. 무엇이 옳고 무엇이 그른지 분별할 수 없는, 극도로 혼란한 상황이 계속되면서 미국 중소 계층에서는 현실에 대한 공격, 고발을 익살스러운 요소와 결합하여 표현하는 새로운 문학 형식이 나타났다. 이것이 바로 '씁쓸한 우스갯소리'인 블랙유머이다.

블랙유머(Black Humor, 블랙코미디)

교수대에 매달린 유머

블랙유머는 1960년대 중 후반 미국에서 성행했던 현대문학 장르이다. 이 장르의 명칭은 1965년 브루스 프리드먼(Bruce Jay Friedman)이 작가 열두 명의 단편소설을 모아 발행한 단편소설집 《블랙유머(Black Humor)》에서 유래했다. 블랙유머는 반이성적, 반이상주의적인 문학 장르로 삶의 부조리와 냉혹함을 숨김없이 드러내면서 전통적 가치관과 기존의 미학 관념을 비웃고 조롱하며 공격하는 것이 특징이다. 또한 인간에 대한 불신과 절망, 타락한 인성에 대한 통렬한 비판이 밑바탕에 깔려 있다. 그래서 일부 평론가는 블랙유머를 '교수대에 매달린 유머', '절체절명의 순간에 튀어나오는 농담'이라고 부르기도 한다.

생성배경

블랙유머는 1960년대에 처음 나타났으며 1970년대에 부흥기를 맞이했다. 한국 전쟁의 정전 직후의 미국은 사회적 모순 및 노사 간 갈등이 빈번히 발생하면서 '안정'과는 거리가 먼 상태였다. 또한 매카시즘(McCarthyism)의 영향으로 온 사회에 억압된 분위기가 팽배했다. 게다가 1960년대 초기, 베트남 전쟁으로 엄청난 인명 피해

대표적 인물

블라디미르 나보코프
(Vladimir Nabokov, 1899~1977)
러시아 태생의 미국 소설가, 시인, 문학평론가, 번역가. 20세기 가장 걸출한 소설가이자 문학가로 평가받는다. 어린 소녀에 대한 중년 남자의 성적 집착을 묘사한 장편소설 《롤리타(Lolita)》(1955)로 국제적 반향을 일으켰으며 이후 《프닌(Pnin)》, 《창백한 불꽃(Pale Fire)》 등을 썼다.

조지프 헬러
(Joseph Heller, 1923~1999)
미국 블랙유머 문학 장르의 대표 작가. 다작으로 유명하다. 장편소설 《캐치-22(Catch-22)》(1961)를 발표한 이후 유명 작가의 반열에 오르면서 전업 작가로 전향했다. 이후 《무슨 일인가 벌어졌다(Something Happened)》, 《골드만큼 좋은(Good as Gold)》 등을 썼다.

커트 보니거트
(Kurt Vonnegut, 1922~2007)
미국 블랙유머 작가. 독특한 분위기의 작품으로 유명하다. 장편소설 《제5 도살장(Slaughterhouse-five)》(1969)으로 블랙유머 소설의 수준을 한 단계 끌어올렸다고 평가받는다. 그 외 대표작으로는 《고양이 요람(Cat's Cradle)》, 《타임퀘이크(Time Quake)》 등이 있다.

와 경제적 손실이 발생하면서 미국 내에서는 반전 정서가 고조되었고, 사회적 혼란도 가중되었다. 냉정한 현실 앞에 민주주의의 가치와 역할을 의심하는 사람들이 늘어났고 전통적인 도덕 가치관은 무용지물로 전락했다. 무엇이 옳고 무엇이 그른지 분별할 수 없는 극도로 혼란한 상황이 계속되면서 미국 중소 계층에서는 현실에 대한 공격, 고발을 익살스러운 요소와 결합하여 표현하는 새로운 문학 형식이 나타났다. 이것이 바로 '씁쓸한 우스갯소리'인 블랙유머이다.

▲ 블라디미르 나보코프

형성과정

블랙유머라는 용어는 1920년대 프랑스 초현실주의 작가 앙드레 브르통(Andre Breton)이 엮은 《블랙유머선집(Anthologie de l'humour noir)》에서 맨 처음 등장했다. 그러나 이 용어가 하나의 장르를 대표하는 이름으로 자리 잡은 것은 1965년 브루스 프리드먼이 단편소설집 《블랙유머》를 펴낸 이후이다. 조소와 풍자 성향이 가득한 열두 명의 작가가 미국 잡지에 발표했던 단편소설들을 편찬한 이 소설집이 출판된 후, 평론가들은 블랙유머를 독립된 현대문학 장르로 보기 시작했다.

1960년대 후반부터 부흥기를 맞았던 블랙유머는 1970년대가 지나면서 점차 그 위력을 상실했지만, 삶의 모순과 사회의 부조리를 신랄하게 드러내는 표현 양식으로 여전히 많은 사랑을 받고 있다.

주요 관점

블랙유머 장르의 작가들은 특수한 소재를 선택해서 삶의 숨겨진 일면을 파헤쳤

특징

● 반영웅적 인물
블랙유머 소설에는 정신세계의 분열로 인해 희극과 비극의 색채를 동시에 띠는 반영웅적 인물이 자주 등장한다. 블랙유머 작가는 소설 속 인물들의 우스운 행동이나 말을 통해 사회현실을 암시하면서 사회적 문제에 대한 자신의 관점을 나타낸다.
● 반소설적 서사구조
암시와 대조, 대비를 통한 모호하고 몽환적인 이야기 전개는 블랙유머 소설의 특징이다. 블랙유머 작가들은 이성적인 시간의 순서를 어그러뜨리고 스토리의 논리적 연계성을 깨뜨리며 현실의 생활과 환상 속 기억을 혼재시키는 등의 방법을 통해 의도적인 혼돈을 만들어낸다. 풍자적 요소가 강한 문체를 주로 사용하며, 일상적으로 통용되는 문법이나 언어 호응을 고의적으로 파괴하기도 한다.

◀ 《캐치-22》는 영화로도 제작됐다.

다. 특히 당시로서는 낯선 과학기술 분야에서 소재를 찾았다는 점이 주목할 만하다. 블랙유머 작가 중에는 대학 교수들이 많았는데, 그들은 박학한 지식을 활용하여 자연과학 분야의 핵심적 요소들을 문학 작품 속에 녹여내는 것을 즐겼다.

또한 블랙유머 작가들은 의미가 불분명하고 애매하며, 현실과 환상이 뒤섞인 듯한 몽환적인 분위기의 장면을 창조해서 표면적 소재에 또 다른 내적 의미를 부여하는 것에 주력했다. 토마스 핀천(Thomas Ruggles Pynchon)의 《중력의 무지개(Gravity's Rainbow)》, 조지프 헬러(Joseph Heller)의 《캐치-22(Catch-22)》 등은 표면적으로는 제2차 세계대전을 배경으로 한 전쟁소설 같지만 그 속내를 들여다 보면 약육강식이라는 현대사회의 냉혹한 현실을 드러낸 사회 고발적 성격이 강한 작품이다.

시대에 미친 영향

전통적인 문학 작가들은 사회의 복잡다단한 모습을 일목요연하게 정리하여 표현함으로써 메시지를 전달했다. 그렇다보니 글 자체의 구조도 자연히 '질서'가 반듯하게 갖춰진 모습이었다. 그러나 블랙유머 작가들은 본말本末을 도치시켜서 의도적으로 질서를 흩뜨리고, 우울하고 비참한 내용에 유머러스한 요소를 가미하며 비트는 방식을 통해 전혀 새로운 형태의 문학 장르를 창조했다. 비극적 상황을 희극적으로 표현하는 이 같은 문학 양식은 이후 작가들에게 지대한 영향을 주었다.

▲ 제임스 조이스 동상

의식의 흐름(Stream of Consciousness)

의식은 끊임없이 흐른다

의식의 흐름은 작가나 평론가 모두 자주 쓰는 용어이지만 쉽게 이해할 수 있는 개념은 아니다. 단어 자체는 매우 구체적이지만 그 안에 변화무쌍하며 애매모호한 의미가 담겨 있기 때문이다.

의식의 흐름은 19세기 미국 실용주의 철학의 창시자이자 심리학자인 윌리엄 제임스(William James)가 처음 사용한 용어로, 인간의 의식 활동이 끊임없이 흐르는 성질을 가지고 있다는 것을 의미한다. 문학 분야에서는 1910년대에서 1920년대에 걸쳐 나타난 실험적인 창작 방법을 가리킨다.

생성배경

1920년대 의식의 흐름 기법이 현대문학의 새로운 창작 방식으로

대표적 인물

버지니아 울프(Adeline Virginia Woolf, 1882~1941)
미국의 저명한 소설가, 평론가, 의식의 흐름 기법 작가. 그의 작품은 의식의 흐름 소설의 기초를 다졌다고 평가받는다. 주요 작품으로 《댈러웨이부인(Mrs. Dalloway)》, 《등대로(To The Lighthous)》, 《올랜도(Orlando)》 등이 있다.

제임스 조이스(James Augustine Aloysius Joyce, 1882~1941)
아일랜드의 작가, 시인. 프랑스, 스위스, 이탈리아 등의 나라를 방랑하면서 유럽 및 세계문화의 정수를 폭넓게 흡수했다. 20세기 문학에 커다란 변혁을 불러 일으켰다. 주요 작품으로 《더블린 사람들(Dubliners)》, 《젊은 예술가의 초상(A Portrait of the Artist as a Young Man)》, 《율리시스 (Ulysses)》 등이 있다.

▲ 버지니아 울프

주목받은 것은 시대적 상황과 밀접한 관련이 있다. 세계대전과 곧이어 찾아온 경제위기, 자본주의의 심화와 더불어 불거져 나오는 사회적 모순은 사람들에게 정신적·물질적 고통과 상처를 안겨주었다. 이러한 상황에서 사람들은 현실과 자기 자신에 대해 점차 새로운 인식을 갖게 되었다. 또한 당시 사상계를 주도하던 개인주의 사조가 문학에까지 영향을 미치면서 작가들은 개인과 그 정신에 더 많은 관심을 보이게 됐다. 여기에 심리학의 발전까지 더해지면서 문학에서 인물의 내적 심리를 세밀하고 생동감 있게 표현할 수 있는 이론적 근거도 생겼다. 의식의 흐름 기법은 이 같은 배경에서 나타났다.

형성과정

1884년, 미국의 심리학자 윌리엄 제임스가 내관심리학(內觀心理學, introspective psychology)에 관한 논문에서 인간의 의식은 단절된 것이 아니며 끊임없이 흐르는 물과 같은 것이라는 새로운 관점을 제시했다. 그는 인간의 의식이 '사슬'이나 '기차'처럼 나눠진 조각들의 연결이 아니라 '흐르는 물'이나 '강'처럼 단절 없이 연결된다고 주장했다. 그리고 이를 사고의 흐름(stream of thought), 혹은 의식의 흐름(stream of consciousness)이라고 칭했다. 제임스가 제시한 의식의 흐름이라는 개념은 심리학계뿐만 아니라 문학계에도 매우 큰 영향을 주었다. 개인과 자아에 대한 관심을 어떻게 표현할지 고심하던 작가들은 의식의 흐름을 새로운 창작 기법으로 받아들였고, 이를 활용해 작품을 창작했다.

주요 관점

1. 사실주의 문학이 현실생활을 그대로 반영하고 전형적인 인물의 이미지를 묘사한 것과 달리 의식의 흐름 문학은 인물의 자아에 온 관심을 기울이고 잠재의식, 무의식 속에 숨겨진 내면세계를 표현하고자 했다.

2. 의식의 흐름 문학의 작품 구성은 객관적이고 현실적인 시공간의 변화나 사건의 발생 순서가 아니라 의식 활동의 논리, 의식의 움직임 등에 따라 정해진다. 그래서 의식의 흐름 소설 각 장의 선후순서는 종종 소설 속 인물의 의식이 어떻게 흘러가는가와 밀접한 관

련이 있다. 또한 인물의 의식은 모든 장면에 깊게 녹아들면서 작품의 내재적인 구조를 만드는 작용을 한다.

시대에 미친 영향

의식의 흐름을 지지하는 작가들은 인류의 사고 활동을 분리되고 독립된 조각들의 연결이 아니라 복잡한 감각과 사상들이 얽혀 끊임없이 흘러가는 거대한 흐름으로 인식했다. 이들은 의식의 흐름을 하나의 문학 창작 기법으로 발전시키고 뛰어난 작품을 창조하면서 독자와 문학계의 뜨거운 호응을 받았다. 의식의 흐름 기법은 지금까지도 문학 창작에 자주 쓰인다.

유미주의 문학(Aestheticism Literatures)

예술을 위한 예술

유미주의 문학은 19세기 후반 프랑스 및 영국에서 대두된 예술지상주의인 유미주의의 영향을 받은 문학 사조이다. 일반적으로 유미주의는 프랑스의 상징주의, 퇴폐주의와 맥을 같이하는 예술 경향이며 후기낭만주의의 특징을 보인다. 빅토리아 시대 후기에 처음 나타난 유미주의는 한때 정점을 구가하며 1868년부터 1901년까지 이어지다가 탐미주의의 대가인 오스카 와일드(Oscar Wilde)가 체포된 것을 계기로 내리막길을 걸었다.

유미주의는 예술의 형식미를 절대미로 보는 예술 사조이다. 여기서 미美라는 것은 현실과 동떨어진 정교한 아름다움을 말한다. 이같은 특징 때문에 유미주의는 종종 탐미주의나 아름다움지상주의라고도 불린다.

▶ 오스카 와일드 동상

생성배경

19세기 말 영국 유미주의 문학의 탄생에는 두 가지 배경이 있다. 하나는 문학비평가 월터 페이터(Walter Pater)의 쾌락주의적 비평론이며 다른 하나는 공예운동가 윌리엄 모리스(William Morris)의 생활 속 예술 개념이다.

영국의 문학가이자 평론가인 페이터는 문학비평가의 임무에 대해 이전과는 다른 관점을 제시했다. 그는 문학비평가가 작품의 소재와 의미, 가치를 파악해서 미에 대한 정의를 내리는 것에 반대했다. 대신 작품에 동화되어 그 속에서 쾌감과 즐거움을 느껴야 하며, 독특한 카리스마를 가지고 아름다움 그 자체를 감상해야 한다고 주장했다. 그리고 이것이야말로 심미적 비평의 근본 목적이라고 주장했다. 영국의 시인 겸 공예가인 모리스는 사회를 아름답게 개선하려면 일상생활의 예술화가 필수적이라고 주장했다. 그리고 구성원에게 예술이 녹아든 환경을 제공하지 못하는 문명사회는 존재할 이유가 없다고 단언했다. 페이터와 모리스의 사상 및 이론은 유미주의 이론이 탄생하는 기초가 되었다.

◀ 낭만주의 시인 존 키츠

▲ 유미주의 화풍의 회화

특징

● 사회의 객관적 존재가 인간의 사상과 의식을 결정짓는다는 유물론적 관점을 근본적으로 부정했다.
● '예술을 위한 예술'을 주장했다. 예술은 오로지 예술 그 자체로서의 모습을 드러내는 데 목적이 있다고 보았으며, 사상이 생명력을 가지고 있는 것과 마찬가지로 예술 역시 독립적인 생명력이 있다고 주장했다.

형성과정

영국의 낭만주의 시인 존 키츠(John Keats)는 유미주의 문학의 선구자이다. 당시 문학가들이 '아름다움은 영원한 기쁨이다' 라는 키츠의 명언을 신의 계시처럼 받아들일 정도로 그의 영향력은 대단했다. 존 키츠의 영향력에 라파엘전파(Pre-Raphaelite Brotherhood)의 창시자인 로세티(Dante Gabriel Rossetti)의 노력이 더해지면서 마침내 유미주의 문학 운동이 일어났다.

프랑스의 소설가 고티에(Pierre Jules Théophile Gautier)는 낭만주의에서 유미주의로 넘어가는 과도기적 성격을 지닌 작가이다. 그는 예술 공리주의功利主義에 반대하고 순수예술과 형식미를 추구해야 한다고 주장했다. 또한 '예술을 위한 예술(l'art pour l'art)' 을 내세우며 유미주의 문학 운동에 앞장섰다.

▲ 바이런

이후 유미주의 문학은 형식적 아름다움에 치우쳤고, 그 결과 고답파(高踏派, Parnassiens)가 나타났다. 고답파는 완벽한 형식미를 갖춘 시를 창작하는 것을 예술의 유일한 목표로 보았으며, 작품에 사회 현실을 반영해서는 안 된다고 주장했다.

주요 관점

유미주의는 예술의 사명을 도덕적인 정보를 전달하는 것이 아니라 인류에게 감각적인 쾌락과 즐거움을 주는 것이라고 보았다. 그래서 '예술은 도덕적 의식을 전달하는 실용적인 수단'이라며 예술 공리주의를 주장한 존 러스킨(John Ruskin)과 매튜 아널드(Matthew Arnold)의 관점을 전면적으로 부정했다. 유미주의자들은 여기서 한발 더 나아가 예술은 어떠한 설교적 요소도 갖지 말아야 하며 오로지 순수한 아름다움만을 추구해야 한다고 주장했다.

예술의 아름다움에 도취되고 매혹된 유미주의자들은 아름다움만이 예술의 본질이며 삶은 예술을 모방해야 한다고 여겼다. 또한 언어와 색채, 음악 간의 내재적 관계를 깊이 있게 파고들었다.

▶ 1985년, 오스카 와일드는 동성애 혐의로 2년간 감옥살이를 했다.

시대에 미친 영향

유미주의 문학은 문학의 형식 및 언어를 발전시키는 데 이바지했다. 특히 일부 유미주의 작가들의 유려한 문체는 후세 작가들의 모방의 대상이 되기도 했다. 문학 외에 실내장식을 비롯한 여타 예술 분야에도 유미주의의 영향력을 찾아볼 수 있다.

초현실주의(Surrealism)

자동기술법

초현실주의는 1920년대에 생겨난 현대문학 사조이다. 초현실주의는 제1차 세계대전 종전 이후 프랑스를 중심으로 가장 먼저 나타났으며 이후 미국, 벨기에, 스페인, 스위스, 독일, 그리스, 멕시코, 브라질, 일본 및 아프리카 지역으로 신속히 퍼져 나갔다.

생성배경

초현실주의의 뿌리는 그 유명한 다다이즘(dadaism)에서 찾을 수 있다. 다다이즘은 프랑스 시인인 트리스탕 차라(Tristan Tzara)를 비롯한 여러 문학계 인사들이 1916년 스위스 취리히에 문을 연 카바레 볼테르(Cabaret Voltaire)에 모여들면서 시작되었다. '다다'는 원래 아무런 뜻도 없는 단어였지만, 다다이즘의 성립과 함께 기존의 모든 작법을 뒤엎고 인간이 생각을 표현하는 방식을 흩뜨린다는 의미로 해석되었다. 다다이즘은 아무런 의미도 없는 문자를 나열하거나 쌓아서 놀랄 만한 효과를 창출해냈다. 다다이즘은 비록 확실한 이론 체계도, 대표작이라고 꼽을 만한 작품도 없으며 심지어 겨우

대표적 인물

앙드레 브르통
(Andre Breton, 1896~1966)
프랑스의 시인, 초현실주의의 창시자. 다다이즘과 초현실주의 운동을 심도 있게 연구하고 초현실주의에 관한 글을 여러 편 썼다. 주요 작품으로는 《나자(Nadja)》, 《연통관(連通管, Les Vases communicants)》 등이 있다.

폴 엘뤼아르
(Paul Eluard, 1895~1952)
프랑스의 시인, 사회운동가, 대표적인 좌익문학가. 1917년 첫 번째 시집인 《의무와 불안(Le Devoir et l'Inquiétude)》을 발표했다. 제1차 세계대전 이후에는 브르통, 수포(Philippe Soupault), 아라공 등을 만나면서 다다이즘 운동에 뛰어들었으며, 초현실주의 시인으로 활동했다. 평생 다작을 한 것으로도 유명하다. 주요 작품으로는 《고통의 도시 (Capitale de la douleur)》, 《시와 진실(Poésie et Vérit)》, 《독일군의 주 둔 지 에 서 (Au rendez-vous allemand)》 등이 있다.

루이 아라공
(Louis Aragon, 1897~1982)
프랑스의 초현실주의 작가. 1917년 군의관으로 제1차 세계대전에 참전했다. 1919년 브르통, 수포 등과 함께 문예지 《문학》을 창간하고 다다이즘 운동과 초현실주의 운동에 참여했다. 입체파의 거장인 피카소와 친분이 깊어서 피카소가 아라공의 시집 《환희의 불꽃(Feu de joie)》에 삽화를 그려주기도 했다. 주요 작품으로는 《아니세 또는 파노라마 (Anicet ou le panorama)》, 《파리의 농부(Le Paysan de Paris)》 등이 있다.

몇 년밖에 지속되지 못했지만 초현실주의가 탄생할 수 있는 튼실한 밑바탕이 되어 주었다.

형성과정

1917년, 프랑스 시인 기욤 아폴리네르는 자신의 희곡 〈티레시아스의 유방(Les Mamelles de Tiresias)〉을 위한 서문에 이렇게 썼다.

"인류가 맨 처음 이동수단을 만들 때에는 사람이 걷는 모습을 모방하려고 했다. 그러나 결국에는 사람의 다리와 전혀 닮지 않은 둥근 바퀴를 만들어냈다. 이처럼 사람은 부지불식 간에 초현실주의를 창조해낸다."

비록 그의 희곡은 그다지 많은 주목을 받지 못했지만, 아폴리네르가 창조한 '초현실주의'라는 단어는 새로운 문학 사조의 정식 명칭이 되었다.

▲ 앙드레 브르통

1919년, 앙드레 브르통(Andre Breton)은 폴 엘뤼아르(Paul Eluard), 루이 아라공(Louis Aragon) 등과 함께 〈문학〉이라는 문예잡지를 창간하고 본격적인 초현실주의 실험에 돌입했다. 그리고 1924년, 파리에서 〈초현실주의 선언(Manifeste du surréalisme)〉을 발표하고 잡지 〈초현실주의 혁명〉을 창간했다. 브르통은 선언문에서 초현실주의를 정의하고, 초현실주의가 새로운 예술 사조로 발전할 수 있는 길을 열었다. 브르통을 비롯한 초현실주의자들은 베르그송의 직관주의와 프로이트의 정신분석학을 철학적 기초로 삼았으며, 문학이 현실을 반영해야 한다는 기존의 법칙을 거부했다. 그리고 현실과 이성을 초월하여 '자동기술법(automatism)'에 따라 내면의 생각과 사상의 흐름을 진실하게 표현해야 한다고 주장했다. 그 후 초현실주의는 1930년대까지 근 10년간 전성기를 구가했다. 그러나 이후 내부 분열이 생기면서 엘뤼아르와 아라공은 결국 초현실주의 대열에서 이탈했다.

주요 관점

1. 초현실주의는 프로이트의 잠재의식 및 꿈에 관한 이론에 근거하여 잠재의식은 인간의 영혼과 세계의 비밀을 반영하고 있다고 주장했다. 초현실주의자들은 잠재의식을 표현하는 것이야말로 인간이 스스로를 온전히 이해할 수 있는 방법이며, 세계가 움직이는 원

리를 설명할 수 있는 유일한 수단이라고 보았다. 또한 꿈은 사람이 차마 말하지 못하는 부분을 모두 드러내기 때문에 꿈을 통해 과거와 현재, 미래까지도 알 수 있다고 믿었다.

2. 작가가 사회에 굴복하지 않았다는 점을 밝히는 수단으로 유머를 활용해야 한다고 주장했다. 그리고 이렇게 유머가 가미된 창작법을 '절망의 가면'이라고 불렀다. 이러한 특징 때문에 초현실주의 작품은 종종 블랙유머 작품과 비슷한 느낌을 준다.

▲ 폴 엘뤼아르

3. 문학적 연결성이나 미학 효과를 고려하지 않고 무의식중에 순간적으로 떠오르는 것이나 환상 등을 그대로 기술하는 자동기술법을 주장했다.

시대에 미친 영향

초현실주의는 상당한 흡인력과 끈질긴 생명력을 가지고 비교적 오랜 세월 동안 문학계에 영향을 미쳐왔다. 현대의 수많은 문학 사조 역시 초현실주의 이론에 영향을 받았으며, 이를 기초로 발전했다. 그러나 초현실주의는 신비하고 독특한 예술적 효과를 지나치게 추구한 나머지 방대하고 복잡한 비유와 기이한 상상에 빠지면서 사람들이 이해할 수 있는 범주를 훌쩍 넘어버리고 말았다. 그 결과 대중적인 기반을 얻지 못하고 문학사의 뒤안길로 사라졌다.

◀ 루이 아라공

---

* 의식의 흐름은 주로 소설에서 자주 등장하며 인물의 심리를 진행되는 그대로 여과 없이 서술하는 것이다. 자동기술법은 시에서 주로 찾아볼 수 있으며 단어를 생각나는 대로 나열하는 것으로 볼 수 있다.

▶ 헤밍웨이 생가

대표적 인물

어니스트 헤밍웨이(Ernest Miller Hemingway, 1899–1961)
미국의 대표 작가, 1954년 노벨문학상 수상자. 제1차 세계대전에 참전했으며, 종전 후에는 기자로서 유럽 각국을 돌아다녔다. 1923년 첫 작품인 《3편의 단편과 10편의 시(Three Stories and Ten Poems)》를 발표했으며 1926년 발표한 《해는 또다시 떠오른다》로 이름을 알렸다. 주요 작품으로 《무기여 잘 있거라(A Farewell to Arms)》, 《누구를 위하여 종은 울리나(For Whom the Bell Tolls)》, 《노인과 바다 The Old Man and the Sea》 등이 있다.

F. 스콧 피츠제럴드(Francis Scott Key Fitzgerald, 1896–1940)
미국의 소설가, '잃어버린 세대' 작가의 대표 주자. 1920년 첫 작품 《낙원의 이쪽(This Side of Paradise)》으로 평론계와 대중의 호평을 한 몸에 받았다. 그 후 《말괄량이와 철인(Flappers and Philosophers)》, 《재즈 시대의 이야기(Tales of the Jazz Age)》 등을 썼으며 1925년에는 대표작 《위대한 개츠비(The Great Gatsby)》를 발표하면서 문학사에서의 지위를 확고히 다졌다.

윌리엄 포크너(William Cuthbert Faulkner, 1897–1962)
미국 소설가, 1949년 노벨문학상 수상자. 서구 문학계에서 손꼽히는 현대문학 작가이다. 총 19편의 장편소설과 70여 편의 단편소설을 썼다. 대부분 요크나파토파군(Yokna-patawpha郡)이라는 가상의 마을을 무대로 남부 상류층의 사회상을 고발했다. 주요 작품으로는 《음향과 분노(The Sound and the Fury)》, 《8월의 햇빛(Light in August)》, 《우화(寓話, A Fable)》 등이 있다.

잃어버린 세대(Lost Generation)

당신들은 모두 잃어버린 세대의 사람들입니다

'잃어버린 세대'는 제1차 세계대전 이후 미국에서 등장한 예술청년들에게 붙여진 명칭으로, 일종의 문학 흐름을 가리키기도 한다. 1920년대 초, 파리에 머물고 있던 미국 소설가 거트루드 스타인(Gertrude Stein)이 헤밍웨이(Ernest Miller Hemingway)에게 이렇게 말했다.

"당신들은 모두 잃어버린 세대의 사람들입니다(You are all a lost generation)."

그녀의 말에 깊은 인상을 받은 헤밍웨이는 이를 장편소설 《해는 또다시 떠오른다(The Sun Also Rises)》의 서문에 그대로 인용했다. 이 때부터 '잃어버린 세대'는 전쟁으로 인한 절망과 허무를 작품 속에 표현하는 일군의 작가들과 그들의 문학적 성향을 일컫는 말로 자리 잡았다.

생성배경

1920년대, 미국의 대표적 현대 여류작가인 스타인은 수많은 지식인, 예술인들과 지적 교류를 나누며 서로 영향을 주고받았다. 파리

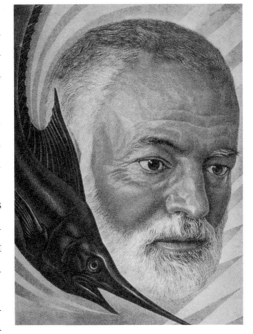

에 위치한 그녀의 저택은 주말만 되면 젊은 문학가들과 예술가들로 발 디딜 틈 없이 붐볐는데 그 중에는 입체파의 거장 피카소, 철학자이자 논리학자인 버트란드 러셀, 미국인이 사랑하는 시인 T. S. 엘리엇(Thomas Stearns Eliot)과 20세기의 대표 작가인 헤밍웨이(Ernest Miller Hemingway)도 있었다.

제1차 세계대전이 끝난 지 몇 년이나 지났지만, 사람들은 여전히 전쟁에 대한 환멸과 짙은 우울감에서 벗어나지 못하고 있었다. 특히 감수성이 예민한 예술가들은 기만당하고 버려진 느낌에서 좀처럼 헤어 나오지 못했으며, 이전까지 믿어오던 도덕적 설교의 허위성에 몸서리를 치고 있었다. 이들은 자연히 냉소적인 태도와 시각으로 자신을 둘러싼 세상을 바라보았다. 이러한 사상과 태도가 미국 사회 전반에 걸쳐 광범위하게 퍼지면서 '잃어버린 세대'가 나타났다.

특징

제국주의 전쟁에 대해 강한 반감과 멸시를 보였으나, 실질적인 행동은 취하지 못했다.

형성과정

1926년, 미국 작가 헤밍웨이의 장편소설 《해는 또다시 떠오른다》가 출판되었다. 이 작품에서 헤밍웨이는 자신만의 독특한 스타일로 미국 자산 계층에 대한 실망감과 강한 반전反戰 의식을 표현했다. 소설은 발간되자마자 미국에서 선풍적인 인기를 끌었고, 헤밍웨이는 '잃어버린 세대'의 대변자로 떠올랐다.

이후 헤밍웨이와 비슷한 경험을 가진 작가들이 대거 출현하여 활발한 작품 활동을 벌였고, 평론계는 이들을 통틀어 '잃어버린 세대'의 작가들이라고 불렀다. '잃어버린 세대' 중에는 비록 참전 경

▲ 윌리엄 포크너

▶ 거투르드 스타인의 묘

험은 없지만 미래에 대한 불안과 상실감에 시달리던 작가들도 다수 포함되어 있었다. 피츠제럴드(Francis Scott Key Fitzgerald), 엘리엇, 토머스 울프(Thomas Clayton Wolfe) 등이 여기에 속한다.

시대에 미친 영향

'잃어버린 세대' 작가들은 예술의 표현 방식을 매우 중요하게 생각했다. 특히 헤밍웨이의 명료하면서도 함축적인 문체는 후세 작가들에게 매우 큰 영향을 주었다. 피츠제럴드 역시 독자적인 풍격을 만들면서 미국을 비롯한 세계 문학사에 큰 획을 그었다.

▲ 마술적 사실주의 문학의 거장 마르케스 동상

마술적 사실주의(Magical Realism)

환상의 세계에서 현실의 삶을 펼쳐 보이다

마술적 사실주의는 1950년 라틴아메리카 문학계에 처음 등장한 이래 지금까지도 상당한 영향력을 가지고 있는 현대문학 사조이다. 마술적 사실주의는 라틴아메리카의 암울한 독재정치 역사에 뿌리를 두고 고대 인디언 문학 및 사실주의를 비롯한 현대 서구 문학의 정수를 흡수하면서 발전했다. 마술적 사실주의 작가들은 작품 속에서 환상적이고 신화적인 요소들을 현실과 절묘하게 조화시키고 상징, 우의寓意, 의식의 흐름 등과 같은 서구 현대문학의 각종 표현기법을 대담히 활용함으로써 라틴아메리카 문학의 독특한 분위기와 세계를 창조해냈다.

형성과정

마술적 사실주의라는 용어는 1925년 독일의 예술평론가였던 프랑크 로(Frank Roh)가 사실적 표현 대신 주관적이고 환상적인 표현을 추구하는 화가들을 통칭하기 위해 만들어낸 것이다. 프랑크 로는 '마술적'이라는 표현에 '신비는 표현을 통해서 세상에 나타나는 것이 아니라, 세상 속에 이미 숨어서 활동하고 있는 것'라는 설명을

대표적 인물

가브리엘 마르케스(Gabriel Jose Garcia Marquez, 1928-)
콜롬비아의 작가, 기자, 사회운동가, 마술적 사실주의 문학의 거장. 대표작인 《백 년 동안의 고독(Cien años de soledad)》은 라틴아메리카의 역사와 정치적·경제적·문화적 상황을 훌륭히 표현하고 풍자한 세기의 걸작으로 평가된다. 주요 작품으로 중단편소설 《아무도 대령에게 편지하지 않았다(El coronel no tiene quien le escriba)》, 《마마 그란데의 장례식(Los funerales de la Mamá Grande)》, 《암흑의 시대(La mala hora)》 등과 장편소설 《백 년 동안의 고독》, 《예고된 죽음 이야기(Crónica de una muerte anunciada)》 등이 있다.

후안 룰포(Juan Rulfo, 1918-)
멕시코의 작가. 1953년에 발표한 단편소설집 《불타는 들판(El llano en llams)》은 멕시코 단편소설 역사의 이정표를 세운 작품으로 평가된다. 1955년에는 마술적 사실주의 기법으로 멕시코의 농촌생활을 그린 대표작 《페드로 파라모(Pedro Páramo)》를 발표했다.

우슬라르 피에트리 (Uslar Pietri, 1906-)
베네수엘라의 작가, 문학비평가. 현실감과 풍부한 심리묘사가 돋보이는 역사소설을 많이 썼으며, 라틴아메리카 소설의 혁신을 일으켰다고 칭송받는다.

덧붙였다. 이후 한 스페인 문예잡지에서 그의 글을 스페인어로 번역해 실으면서 스페인 문단에 마술적 사실주의라는 용어가 처음 소개됐다.

마술적 사실주의를 라틴아메리카 문학을 설명하는 용어로 사용한 사람은 베네수엘라 작가이자 문학비평가인 피에트리(Uslar Pietri)였다. 이후 쿠바 작가 카르펜티에르(Alejo Carpentier)는 자신의 장편소설 《이 세상의 왕국(El Reino de Este Mundo)》의 서문에서 소설 창작의 관점으로 마술적 사실주의의 이론을 이렇게 정리했다.

"신비는 현실 속 갑작스러운 변화의 필연적 결과물이며, 현실에 대한 특수한 표현이다. 또한 독창적이고 창의적으로 현실을 파헤치고 현실의 상태를 과장하는 것이다."

특징

환상적이고 마술적인 기법과 수단을 통해 현실의 가장 진실한 일면을 드러내고자 했다.

주요 관점

1. 마술적 사실주의의 창작원칙은 '현실을 환상으로 변화시키되 진실성을 잃지 않는 것'이다. 마술적 사실주의 문학에서 가장 중요한 가치는 바로 진실성이다.

2. 마술적이고 환상적인 분위기와 서사 구조를 표현하기 위해 상징주의, 표현주의, 초현실주의, 의식의 흐름 기법 등 서구 문학의 다양한 창작 기법을 긍정적으로 받아들였다.

시대에 미친 영향

마술적 사실주의 문학은 라틴아메리카의 현실과 역사적·정치적·경제적·문화적 원인을 심도 있게 파헤쳤다. 그래서 대부분 라틴아메리카의 역사를 반영한 작품이 많다. 또한 구상부터 표현 방법에 이르기까지 민족성과 세계성을 동시에 고려하고 이를 절묘하게 조화시킴으로써 현대 문학예술 발전에 크게 이바지했다.

▶ 《백 년 동안의 고독》 표지

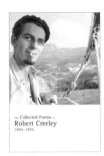

▲ 로버트 크릴리 시집 표지

블랙마운틴 운동(Black Mountain Movement)

호흡으로 시를 쓰다

블랙마운틴 운동은 1950년대 미국 시문학계에서 일어난 가장 영향력 있는 시운동이다. 1950년대 후반 '패배의 세대(beat generation)' 시인들이 이 시운동에 합류하면서 미국 사회 내에 큰 반향을 불러 일으켰다. 찰스 올슨(Charles Olson), 로버트 크릴리(Robert Creeley) 등이 대표적인 블랙마운틴 시인(Black Mountain poets)이다.

생성배경

20세기 초 미국의 시문학계에는 사상주의(寫像主義, imagism)라는 반反낭만주의 열풍이 한창이었다. 일상어의 사용과 새로운 리듬의

▲ 로버트 크릴리의 묘지

창조, 제재의 자유로운 선택, 명확한 이미지 전달 등을 중요하게 생각한 이 시운동은 프랑스의 상징주의를 계승했으며, 그리스·로마의 단시短詩와 중국·일본 시에서도 영향을 받았다.

추상적 이미지를 중시하는 사상주의 시풍은 20세기 상반기 시문학계를 주도하며 발전을 거듭했으나, 갈수록 지나치게 난해한 쪽으로 치우치면서 다수 시인들의 불만을 샀다. 블랙마운틴 시운동은 이 시기 사상주의에 대한 반동으로 나타났다.

형성과정

1950년, 찰스 올슨이 블랙마운틴 시운동의 선언문이라 할 수 있는 〈투사시(Projective Verse)〉를 발표했다. 그 후 얼마 지나지 않아 올슨은 노스캐롤라이나 주 블랙마운틴 대학(Black Mountain College)에서 함께 교수직을 맡고 있던 로버트 크릴리 등과 더불어 《블랙마운틴 평론(The Black Mountain Review)》을 창간하고 블랙마운틴 시운동을 본격적으로 시작했다.

블랙마운틴 시인들은 T. S. 엘리엇이 옹호한 시적 전통을 외면하고 좀 더 자유로운 시세계를 추구했다. 또한 시의 형식보다는 시인의 내면에서 흘러나오는 호흡과 리듬을 강조해서 새로운 시적 경향

▶ 로버트 크릴리

을 창조했다.

주요 관점

1. 시는 시인의 '에너지'를 독자에게 전달하는 도구라고 보았다. 그래서 블랙마운틴 시인들은 시를 '에너지의 구조물' 혹은 '에너지의 발산'이라고 불렀다. 또한 전통적인 시의 리듬보다는 호흡을 타고 자연스럽게 생기는 운율을 더욱 중시했다. 형식은 내용의 연장延長에 불과하다고 믿었기 때문에 닫힌 형식의 전통적인 시 구조를 부정했으며 시인의 호흡과 순간적으로 생기는 자연스런 리듬에 따라 자신만의 형식을 찾아내야 한다고 주장했다.

2. 한 가지 생각이 곧바로 또 다른 생각으로 이어질 수 있도록 시를 단시간 내에 빠르게 써내려 가야 한다고 보았다.

3. 일상생활에서 사용하는 언어와 단어로 시를 썼다.

시대에 미친 영향

블랙마운틴 시인들은 역사에 대한 의존에서 벗어나 철저한 실존의식을 갖고자 노력했다. 그리고 과거이든 현재이든 간에 시인은 어떠한 편견도 갖지 않은 상태로 사물을 대면해야 한다고 보았다. 블랙마운틴 시운동은 시문학계에 명실상부한 혁명을 일으켰고, 현대 영미문학 역사에 지워지지 않는 발자취를 남겼다.

특징

※ 낡은 것을 타파하고 새로운 것을 창조하는 면에서는 '패배의 세대' 시인들보다 훨씬 급진적이었으며, 또 훨씬 많은 성과를 거뒀다.
※ 자아와 비개성적인 자연을 융합시켰다. 올슨은 우리의 감각 속에서 현실은 우연하고 일관성이 없으며 계속해서 변화하기 때문에 이해하거나 예측할 수 없다고 보았다. 그렇기 때문에 이러한 현실을 반영하는 시의 형식 역시 미리 정할 수 없으며 끊임없이 변한다고 주장했다.

▶ 사무엘 베케트

▲ 아다모프

대표적 인물

사무엘 베케트(Samuel Barclay Beckett, 1906-1989)
아일랜드 출신 작가, 극작가, 평론가, 1969년 노벨문학상 수상자. 프랑스어와 영어로 작품 활동을 했으며, 대표작으로 〈고도를 기다리며〉가 있다.

아르튀르 아다모프
(Arthur Adamov, 1908-1970)
러시아 출신 프랑스 극작가, 부조리극의 기수. 그의 연극은 분해된 사상, 산만한 구조, 모호한 스토리 등의 특징을 보이며 등장인물의 심리에 대한 묘사도 없다. 그러나 사회속에서 인간이 처한 생존상황을 효과적으로 표현한 것으로 유명하다. 주요 작품으로는 《침입(L'Invasion)》, 《파로디(La Parodie)》 등이 있다.

부조리 문학(Literature of the Absurd)

형식이 곧 내용이다

20세기 현대문학의 주요 갈래 중 하나인 부조리 문학은 부조리한 작법으로 세계와 인류 생존의 부조리성을 드러냈으며, 주로 연극 분야에서 활발히 창작됐다. 1950년대 프랑스 파리에서 탄생한 부조리극은 미국과 유럽 각국의 연극계로 광범위하게 퍼져나갔다. 그 후 약 20여 년간 서구 연극계를 주름 잡다가 1970년대에 접어들면서 쇠락의 길을 걸었다.

부조리 문학을 대표하는 작가로는 베케트(Samuel Barclay Beckett), 이오네스코(Eugene Ionesco), 아다모프(Arthur Adamov), 핀터(Harold Pinter) 등을 들 수 있다. 비록 눈에 보이는 형식이나 이론, 모임 등은 없었지만 이들 작가들은 모두 실존주의 철학자 카뮈가 《시지프의 신화(Le Mythe de Sisyphe)》에서 밝힌 관점에 기본적으로 동의했다. 카뮈는 이 평론에서 인류가 근본적으로 부조리하고 아무런 의미도 찾을 수 없는 상황에 내몰려 있다고 했다. 또한 그렇기 때문에 아무리 존재와 생존의 의미를 찾으려 해도 찾을 수 없으며, 자신의 운명을 개척하려고 애쓰는 것 역시 헛수고일 뿐이라고 단언했다.

생성배경

삶의 부조리성에 대한 인식은 고대 그리스 희곡에서도 찾아볼 수 있다. 고대 그리스 비극의 대표 주자인 소포클레스(Sophocles)와 아이스킬로스(Aischulos)는 작품을 통해 인간이 얼마나 부조리한 운명과 생존 조건 아래 놓여 있는지를 여실히 드러냈다. 20세기 실존주의 철학자이자 극작가인 사르트르와 카뮈 역시 작품 속에서 이성적인 관점으로 인간 존재의 부조리성을 파헤쳤다. 하지만 이를 표현할 때에는 여전히 비교적 정리된 예술 형식을 선택했으며, 논리적인 이야기와 체계적인 언어로 자신들의 관점과 생각을 나타냈다. 고대 그리스의 비극, 실존주의 철학은 이후 부조리 문학 형성에 이론적 토대를 제공했다.

형성과정

1953년, 파리의 바빌론 극장에서 〈고도를 기다리며(En Attendant Godot)〉라는 연극이 초연됐다. 당시 이 연극을 본 관객들의 반응은 호평도 비평도 아닌, 당황과 어리둥절함이었다.

총 2막으로 구성된 〈고도를 기다리며〉는 내용도 등장인물도 단출했다. 별다른 무대장치가 없는 간소한 무대 위에는 떠돌이로 보이는 남자 두 명이 앉아 '고도'라는 인물을 기다리고 있다. 이들이 나누는 대화는 시종일관 허공을 맴돈다. 말 그대로 시간을 보내는 것 외에는 아무런 의미도 없는 동작과 말들을 나누다가 고도는 오지 않은 채 하루가 저문다. 그리고 그 다음날, 스스로 고도의 심부름꾼이라는 소년이 와서 고도는 오지 않을 것이라고 전한다. 그러나 두 남자는 여전히 아무 희망도 없이

특징

● 연극의 배경, 인물 등을 구체적으로 설정하는 전통적인 연극과 달리 부조리극은 배경과 인물 모두 모호하다. 특히 등장인물 간의 관계가 명확하지 않다.
● 배경 및 등장인물의 모호성으로 인해 논리적이고 유기적이며 인과관계가 확실한 플롯이 등장하기 어려웠다. 그래서 전체적으로 산만한 분위기에 우연과 임의적 상황이 자주 출현했다.
● 부조리극은 '형식이 곧 내용'이라는 전제 하에 직유적인 효과를 노렸다. 부조리극에서 자주 볼 수 있는 형식으로 전도적(顚倒的) 구조, 순환적 구조, 단편적 구조 등이 있다.
● 언어의 파괴를 통해 기존의 의미를 지워버리고 은연중에 새로운 의미를 창출해냈다.

▼ 부조리극 작가 이오네스코

고도를 기다린다. 그리고 고도가 누구인지, 이들은 왜 고도를 기다리고 있는지 끝까지 밝혀지지 않은 채 막이 내린다.

의미도, 나타나고자 하는 바도 전혀 종잡을 수 없는 이 연극은 놀랍게도 호기심 많은 프랑스인들의 주목을 받으면서 300회나 계속됐다. 얼마나 선풍적인 인기를 끌었던지, 당시 프랑스 사람들은 모이기만 하면 〈고도를 기다리며〉에 대해 열띤 토론을 벌였고, 심지어 '고도를 기다리고 있어'라는 말이 유행하기도 했다.

프랑스 연극계를 강타한 이 연극의 작가는 바로 부조리극의 대가로 불리는 사무엘 베케트이다. 그가 〈고도를 기다리며〉를 발표한 이후, 이와 비슷한 느낌의 연극이 속속 등장했다. 평론계에서는 이렇게 새롭게 나타난 연극 스타일을 과연 어떻게 불러야 할지 고민하기 시작했고, 그 결과 반연극(反演劇, antitheatre), 전위연극(avant-garde theatre) 등의 용어가 등장했다. 1961년, 영국의 연극평론가 마틴 에슬린(Martin Esslin)이 철학의 부조리 개념을 연극에 접목시키고 《부조리연극(The Theater of the Absurd)》이란 저서를 발표했다. 그는 이 저서에서 부조리극이라는 개념을 명쾌하게 제시했고, 그 이후부터 부조리극이라는 용어가 널리 통용됐다.

주요 관점

부조리극 작가들은 이미지나 연극적인 충돌을 창조하는 대신 흩어지고 황량한 무대와 기이한 무대소품, 서로 아귀가 맞지 않는 대사, 혼란스럽기 그지없는 사고의 흐름 등을 통해 현실의 추악함과 공포, 인생의 고통과 절망을 표현했다. 그리고 이를 통해 추상적인 부조리를 구체적으로 드러냈다.

시대에 미친 영향

부조리 문학은 전후 서구 사회를 비추는 만화경과 같은 존재로서, 전후 세대의 내면 깊은 곳에 자리 잡은 삶에 대한 두려움과 무력감을 보여주었다. 또한 부조리극은 서구의 사회적 의식을 무대라는 예술 형식을 통해 표현했으며, 연극의 새로운 길을 제시했다. 부조리 문학이 서구 문학계에 정식으로 받아들여지면서 베케트는 1969년 노벨문학상을 수상하기도 했다.

◀ 비틀즈는 '패배의 세대'의 우상이었다.

패배의 세대(Beat Generation)

궁극의 행복감을 추구하다

비트 제너레이션, 즉 '패배의 세대'는 1950년대 미국에서 나타난 보헤미안적 성향의 문학가, 예술가 그룹을 지칭하는 말이다. 이들은 사적인 관계로 묶여 있을 뿐, 문학적 관점과 사상이 모두 제각기였다. 또한 그 시대 사람들을 대표한다고 말하기에는 구성원 수가 지나치게 적었다. 그럼에도 불구하고 '패배의 세대'는 미국 문학계에 주목할 만한 자취를 남겼다. 잭 케루악(Jack Kerouac), 앨런 긴즈버그(Allen Ginsberg), 윌리엄 버로스(William Burroughs) 등이 대표적인 비트작가(beat writers)이다.

'패배의 세대'라는 용어는 케루악이 1948년에 처음으로 생각해냈다. 그는 동료 작가인 존 C. 홈스(John Clellon Holmes)와 대화하던 중에 자신을 '비트(beat)'라고 묘사했는데, 홈스가 이 말을 차용해 〈이것이 비트 제너레이션이다(This is Beat Generation)〉이라는 글을 쓰면서 하나의 용어로 자리 잡게 되었다. 비트작가들은 'Beat'라는 단어에 '굴복 당하다', '지쳐 나가떨어진' 등의 사전적 의미 외에도

대표적 인물

잭 케루악(Jack Kerouac, 1922~1969)
미국의 작가. 매사추세츠 주 로얼 출생. 모든 작품을 일인칭 시점으로 썼다. 첫 번째 소설인 《시골마을과 도시(The Town and the City)》는 그의 작품 중 유일하게 전통적인 기법에 따른 소설이다. '패배의 세대'를 대표하는 인물이지만 정치적으로는 매우 보수적이었다. 그는 1960년대 '패배의 세대'가 히피족에게 자리를 내어주게 되자, 히피족이 지나치게 쾌락주의적이라며 비난했다.

앨런 긴즈버그
(Allen Ginsberg, 1926~1997)
'패배의 세대'의 대표적 시인, 뉴저지 출생. 1948년 콜롬비아 대학교에서 문학학사 학위를 땄다. 1954년부터 대표작 《울부짖음(Howl)》을 쓰기 시작해 1955년 10월에 낭독회에서 발표했다. 이 시는 발표되자마자 엄청난 반향을 불러 일으켰다. 산만한 구성 속에 예언적 암시를 주는 그의 시풍은 활력과 신선함이 넘친다고 평가받았다.

윌리엄 버로스
(William Burroughs, 1914~1997)
'패배의 세대' 대표 인물. 케루악이나 긴즈버그보다 나이가 많았을 뿐만 아니라 이들과 상당히 다른 면을 보였다. 상류층 가정에서 태어나 하버드 대학교를 졸업한 그는 다양한 생활 방식을 체험해 보기 위해 보장된 미래를 포기했다. 그는 뉴욕에서 '패배의 세대'의 전신이라고 볼 수 있는 모임을 창시했고, 케루악과 긴즈버그에게 많은 영향을 주었다. 대표작으로 《벌거벗은 점심》이 있다.

▲ 앨런 긴즈버그

특징

● 문화와의 동화를 중시했다. '패배의 세대' 예술인들은 특히 비틀즈에게 열광했다.
● 진실성을 극도로 추구했다. 비트 작가들은 심지어 작품 창작에 필요한 진실한 감정을 얻기 위해 실제로 범죄를 저지르기도 했다.
● 후기 '패배의 세대' 중에는 뛰어난 여성 작가들이 대거 나타났다. 조앤 카이거(Joanne Kyger), 해리엇 즈월링(Harriet Sohmers Zwerling), 엘리스 코웬(Elise Cowen) 등이 대표적이다.

'행복에 겨운', '지복至福의 경지에 다다른' 등 자신들만의 의미를 덧붙였다. 그리고 비트 작가의 대표 주자 케루악은 사회의 가장 바닥에서 이단아와 패배자로 살면서 특별한 도취와 궁극의 행복감을 경험하고자 하는 것이 자신들이 추구하는 바라고 밝혔다.

생성배경

'패배의 세대'는 제2차 세계대전 직후 미국 문학계를 풍미했던 '잃어버린 세대'에서 아이디어를 얻어 탄생했다. 세계대전이 끝난 후 미국과 유럽에서는 비슷한 성향을 가진 새로운 세대가 나타났는데, 이들은 기존의 문화적·도덕적 가치에 반대하는 반체제적·반정치적·반지성적인 태도를 유지했다. 또한 자유주의 이념을 충실히 숭상하고 그 무엇에도 구애받지 않는 자아실현과 자기표현을 추구했으며, 물질적 빈곤을 감수하면서까지 개성을 해방시키고자 했다. 문학 창작에 있어서도 철저히 자유를 중시했기 때문에 종종 뼈대가 제대로 갖춰지지 않은 것 같이 혼란스러운 느낌을 야기하기도 했다. 그러나 한편으로는 인성에 대한 기본적인 이해가 부족했고, 궁극의 행복감을 추구한다는 이유로 마약이나 술에 빠지기도 했기 때문에 대중들에게 실망과 불만을 샀다.

그러나 '패배의 세대' 작가, 즉 비트 작가와 그들의 작품은 주제와 형식 면에서 이후 작가들에게 매우 심오한 영향을 끼쳤다. 그래서 문화연구가들은 이들을 '진정한 의미의 포스트모더니즘 서브컬처(subculture) 창조자'라고 불렀다.

비트 작가들은 수많은 작품을 남겼는데, 그중에서도 앨런 긴즈버그의 시 《울부짖음(Howl)》과 약물 중독을 다룬 윌리엄 버로스의 소설 《벌거벗은 점심(Naked Lunch)》이 유명하다. 이 작품들은 지나치게 외설적이라는 이유로 고발당하기도 했지만, 미국에서 비슷한 작품들이 합법적으로 출판될 수 있는 길을 열었다.

주요 관점

'패배의 세대'의 핵심 이념은 잭 케루악의 소설 《길 위에서(On the Road)》에 나오는 유명한 한 구절로 요약할 수 있다.

"우리는 가난했기 때문에 모든 것을 가질 수 있었다."

그러나 문학 이론의 관점에서 보면 비트 작가들은 뚜렷이 내세울

만한 관점을 갖고 있지 않았다.

시대에 미친 영향

'패배의 세대'는 미국 문화 역사상 첫 번째 서브컬처 문학으로 평가된다. 비트 작가들은 제2차 세계대전 이후의 사회상에 대해 심각한 의문을 던졌으며, 전통문화의 가치관을 부정했다. 또한 미국 지식 계층과 주류문화의 권위에 거리낌 없이 도전했다. 이들의 이러한 태도는 이후 사람들이 문화를 이해하는 방식에 무시할 수 없는 영향을 끼쳤다.

'패배의 세대'에 속하는 예술인들은 다양하고 극단적인 방법을 통해 새로운 느낌과 황홀경을 체험하는 데 많은 관심을 가졌다. 특히 동양 문화에 매우 큰 흥미를 보였으며 불교와 선禪문화를 서구 세계에 소개하기도 했다.

▶ 스탕달

비판적 사실주의(Critical Realism)

문학으로 사회의 이면을 파헤치다

비판적 사실주의는 사실주의를 계승하고 발전시킨 서구 문학 사조이다. 19세기 중엽 유럽 문학예술계에서 주도적 위치를 차지했으며, 자본주의 사회의 부정적인 면과 자산 계급의 발전 및 몰락상을 파헤치는 데 중점을 두었다.

생성배경

19세기 중엽의 유럽은 봉건제도의 잔재세력이 남아 자산 계급과 마찰을 일으키고 있었다. 그러나 그보다 더 심각한 문제는 무산 계급, 즉 프롤레타리아와 자산 계급 간의 갈등이었다. 또한 자산 계급 내부에서도 대자산 계급과 중소자산 계급이 대립하고 있었다. 통치권을 장악하고 있던 대자산 계급은 무산 계급과 중소자산 계급을 끊임없이 억압했다. 이 과정에서 중소자산 계급은 정치적으로도 배척당했을 뿐만 아니라 그나마 보유하고 있던 경제적 능력마저 잃어버리고 빈곤에 빠지기 일쑤였다.

◀ 고리키의 무덤

당시 유럽의 문화계에서는 공상적 사회주의 학설과 인도주의 사상이 영향력을 발휘하고 있었다. 그 밖에도 콩트의 실증주의 철학, 다윈의 진화론, 클로드 베르나르(Claude Bernard)의 《실험 의학 입문》 등이 출현하면서 사람들의 사상과 의식이 상당 부분 변화했다. 이와 동시에 인간의 생존과 발전 역시 여타 다른 생물과 마찬가지로 환경에 의해 결정된다는 관점이 점차 설득력을 얻기 시작했다.

특징

비판적 사실주의는 이전의 문학사조에 비해 사회의 모습을 비교적 사실적으로 광범위하게 그려냈으며, 현실의 갈등과 모순을 심도 있게 파헤쳤다.

당시 진보적 성향의 작가들은 비현실적인 이상 세계 묘사에 치중하는 낭만주의 문학에 대해 흥미를 잃은 지 오래였다. 이들은 냉정한 시선으로 자본주의 사회의 면면을 분석하고 평가했다. 비판적 사실주의는 이러한 경향에 발맞추어 낭만주의를 대체할 문학 사조로 떠올랐다.

형성과정

비판적 사실주의는 러시아 작가 막심 고리키(Maksim Gor'kii)가 만든 문학 용어이다. 고리키는 사회주의적 사실주의와 구별되는 개념으로 비판적 사실주의를 제시하고 이렇게 정의했다.

"비판적 사실주의는 사회의 악습을 고발하고 가족의 전통, 종교의 교조, 법규의 압제 아래 놓인 개인의 모습을 묘사한다."

이후 비판적 사실주의는 정식적인 문학 사조로서 인정받았으며, 유럽 문학에 많은 영향을 주었다. 1920년대부터 본격적으로 발전하기 시작한 비판적 사실주의는 1930년대에 이르러 낭만주의를 대체

▲ 모파상

하는 문학 사조로 떠오르면서 유럽 문학계의 주류 자리를 꿰찼다. 고리키는 비판적 사실주의의 한계를 인정하면서도 '19세기 문학 발전에 매우 중요하고도 유익한 문학사조'라고 평가했다.

주요 관점

비판적 사실주의는 문학을 사회를 분석하고 연구하는 수단으로 삼아 특정 시대 사회의 다양하고 화려한 모습들을 펼쳐보였다는 점에서 상당한 가치를 지닌다.

비판적 사실주의 문학은 인도주의 사상을 무기로 사회의 어두운 면을 고발하고 비판했으며, 하층민에게 따뜻한 시선을 보내면서 더 나은 사회를 만들어 가야 한다고 주장했다. 또한 사회문명의 발전 과정 속에서 인간이 처한 환경과 생존의 문제를 심도 있게 다루면서 인류의 운명과 앞날에 대한 깊은 관심을 표현했다.

시대에 미친 영향

비판적 사실주의 문학은 날카로운 비판 정신으로 봉건제도와 자본주의 사회의 추악한 일면을 폭로했으며, 귀족 계급의 필연적인 붕괴와 자산 계급의 성장 및 몰락 과정을 묘사했다. 또한 상대적으로 비참한 상황에 처해 있는 노동자들에게 동정과 관심을 보이고 사회적 약자 계층을 옹호했다. 그러나 실질적 행동 없이 말로만 서로 돕고 사랑할 것을 권하고, 도덕적 감화를 통해 사회를 바꾸고자 했던 점은 비판적 사실주의의 한계로 지적된다.

포스트모더니즘(Postmodernism)

파괴적인 문학

포스트모더니즘 문학은 제2차 세계대전 이후 서구 사회에서 나타난 영향력 있는 문학 사조이다. 문학계에서는 한동안 모더니즘과 포스트모더니즘을 따로 구별하지 않았지만, 종전 이후 포스트모더니즘이 모더니즘의 원래 개념에서 완전히 벗어난 문학 경향을 보이면서 독립적으로 보기 시작했다. 포스트모더니즘은 모더니즘의 연장선상에 있지만 모더니즘의 정신을 고스란히 계승하는 대신 이를 비판하고 더욱 발전시켰다. 이 같은 관점에서 포스트모더니즘을 고전주의, 낭만주의, 사실주의와 모더니즘의 뒤를 잇는 새로운 문학 사조로 보는 경향도 있다.

▲ 데이비드 로지

생성배경

제2차 세계대전은 과학과 질서의 가치에 대한 기존의 믿음을 뒤흔들어 놓았다. 사람들은 어느 새 인간이 사회적 질서의 노예이자 희생물로 전락해버렸다고 느꼈고, 질서에 도전하거나 반항하려는 모든 시도는 처참한 결과를 낳을 뿐이라는 자괴감에 깊이 빠졌다. 또한 운명은 비극적 색채로 가득하며, 삶 자체가 비극적인 희극이라고 생각했다. 그리고 인간은 더 이상 이성과 감성을 가진 고매한 존재가 아니며, 보잘 것 없고 나약한 부랑자와 같다고 여기게

대표적 인물

데이비드 로지
(David Lodge, 1935-)
영국의 소설가 겸 문학평론가. 수많은 작품과 저서를 남긴 것으로 유명하다. 주요 작품으로는 소설 《대영박물관이 무너진다(The British Museum Is Falling Down)》, 《얼마나 멀리 갈 수 있는가(How Far Can You Go?)》, 《작은 세계(Small World: An Academic Romance)》, 문예비평서 《소설의 언어(Language of Fiction)》, 《글쓰기 연습(The Practice of Writing)》 등이 있다.

T. S. 엘리엇
(Thomas Stearns Eliot, 1888-1965)
영국의 시인 겸 문학평론가. 하버드 대학교와 옥스퍼드 대학을 졸업했다. 1908년부터 창작 활동을 시작했으며 주요 작품으로는 《프루프록 및 그 밖의 관찰(Prufrock and Other Observation)》, 《성스러운 숲(The Sacred Wood)》, 《황무지(The Waste Land)》 등이 있다. 특히 《황무지》는 그의 대표작으로 서구 현대문학 역사에서 기념비적 의의를 갖는다. 1948년, '현대시의 혁신을 일으켰다'는 공로를 인정받아 노벨문학상을 수상했다.

◀ 제2차 세계대전은 서구 사회에 여러 가지 변화를 야기했다.

되었다. 이 같은 생각과 분위기는 문학 분야에도 전염되듯 퍼져나 갔고, 그 결과 새로운 문학 양식들이 나타났다.

형성과정

1964년, 영국의 저명한 소설가인 데이비드 로지(David Lodge)가 평론지인 《모던 랭귀지 리뷰(Modern Language Review)》에 〈콘라드 의 승리와 폭풍우(Conrad's Victory and The Tempest)〉라는 제목의 글을 발표했다. 이 글을 시작으로 로지는 1970년대 이후까지 수많은 글을 발표하면서 포스트모더니즘에 대한 자신의 의견을 대중에 알 렸다. 특히 《모더니즘, 반모더니즘, 포스트모더니즘(Modernism, antimodernism and postmodernism)》을 통해 모더니즘과 포스트모 더니즘의 상관관계 및 차이점을 명확히 제시했다.

로지는 포스트모더니즘 문학의 표현 방식을 연구하고 모순, 변 화, 분열, 임의, 과도, 단절 등 여섯 가지 원칙을 도출해내고 각각에 대해 다음과 같이 설명했다.

- 모순: 텍스트의 각종 요소가 서로 부딪히고 위배된다.
- 변화: 같은 텍스트 안에서도 이미 서술된 사건이 전혀 다른 내 용이나 플롯으로 변할 수 있다.
- 분열: 텍스트의 전후 서술 구조에서 필연성이나 인과관계를 찾 을 수 없다.
- 임의: 텍스트의 의미가 임의적으로 합쳐지거나 분해되면서 새 로운 의미를 만들어낸다.
- 과도: 모종의 수식을 일부러 과도하게 과장하여 사용한다.
- 단절: 플롯과 내용이 흘러가다가 갑자기 중단됨으로써 독자가 한동안 텍스트를 이해하거나 설명하기 어렵게 만든다.

이후 포스트모더니즘 문학은 새로운 문학 용어로서 정식으로 문 학계에 받아들여졌다.

주요 관점

1. 반전통 관점을 고수했다. 또한 포스트모더니즘 문학은 그 특유 의 '파괴성' 때문에 반문학이라 불리기도 했다.

2. 모든 종류의 '궁극적 가치'를 부정했다. 포스트모더니즘 작가 들은 전통적으로 숭배 받아온 가치와 신념은 모두 언어에서 파생

특징

포스트모더니즘 문학은 구체적으로 이를 표방한 작가 모임이나 비평가 단체가 없으며, 공식적으로 인정된 이론이나 선언문 역시 존재하지 않 는다. 사실 포스트모더니즘 문화는 구심점이 없는 다원화된 문화로서, 여러 가지 다양성을 받아들이고 서 로 간의 '다름'을 보호하고 지키는 것이 목적이다. 그래서 내부적으로 갈래가 많으며, 여러 가지 사상이 혼재하고 있다. 또한 같은 포스트 모더니즘으로 분류가 되면서도 서 로 모순된 관점을 내세우는 작가나 평론가들도 많다.

된 잠깐의 산물이므로 심각하거나 중요하게 대할 필요가 없다고
보았다.

3. 모더니즘의 지나치게 난해하고 현실과 괴리된 주제표현 방식
에 반기를 들었다. 그리고 문학적 의미의 중점을 작가가 아닌 독자
로 보고, 독자가 이해할 수 있는 평이함을 추구했다.

시대에 미친 영향

포스트모더니즘 문학은 전후 미국과 유럽에서 오랫동안 주요 문
학 사조로 주목을 받았다. 포스트모더니즘 문학 이론, 사고방식 등
은 오늘날까지도 수많은 작가의 창작 활동에 영향을 주고 있다.

제3장

역사

건가학파 乾嘉學派

고증학 위주의 사학

대표적 인물

혜동(惠棟, 1697-1758)
청나라의 한학자, 건가학파 중 오파를 대표하는 인물. 고염무의 제자이다. 평생 한학을 연구했으며 한학 발전에 크게 이바지했다. 특히 한대의 《역易》에 정통했다. 주요 저서로는 《역한학易漢學》, 《역례易例》, 《주역술周易述》 등이 있다.

대진(戴震, 1724-1777)
청나라 고증학자, 사상가, 건가학파 중 환파를 대표하는 인물. 물질의 기는 우주의 근본이며 음양, 오행, 도는 모두 물질적인 성질을 가진 기라고 보았다. 산학算學, 천문, 지리, 성운聲韻, 훈고, 고증, 철학 분야에서 수많은 저서를 남겼다. 주요 저서로는 《대진문집戴震文集》, 《대진집戴震集》 등이 있다.

건가학파는 청나라 건륭乾隆, 가경嘉慶 시기 사상학술 분야에서 나타난 학파로, 역사 고증을 학문의 목적으로 삼았다. 추상적인 논쟁에 치중했던 송명 시기 이학理學 대신, 고서의 자구字句 해석을 위주로 하던 한나라 훈고학의 방식을 받아들인 까닭에 한학漢學이라 불리기도 한다. 건가학파는 학풍이 소박하고 간결했으며 역사적 근거와 증거를 체계적으로 검증하고 정리하는 데 힘썼다. 대표적 인물로 혜동惠棟, 대진戴震, 전대흔錢大昕, 단옥재段玉裁, 왕염손王念孫, 왕인지王引之 등이 있다.

생성배경

1644년, 명나라가 멸망하고 청나라가 들어섰다. 만주족이 세운 청나라 왕조는 한족을 철저히 다스리기 위해 매우 엄격하고 강경한 정책을 시행했다. 특히 사상이나 학문 분야에서 한족을 능가할 수 없다는 점을 잘 알고 있었기에 한족 지식인들을 거세게 핍박했다.

이러한 지식인 탄압 정책은 옹정제, 건륭제 시기에 이르러 최고조에 달했다. 심지어 건륭제는 금서를 지정하고 이를 불에 태우는 등, 일명 문자옥文字獄을 일으키기도 했다.

상황이 이러하다보니 당시 지식인들은 감히 자신의 의견을 내세우거나 정치에 대해 논할 엄두조차 내지 못했다. 말 한 마디, 글 한 줄만 잘못 써도 멸문지화의 변을 당할 공산이 컸기 때문이다. 더 이상 새로운 학문을 논할 수 없는 환경 앞에 지식인들은 옛

▲ 대진

▶ 청 태조 누르하치(Nurhachi)

문헌을 정리하거나 문장을 연구하는 일에 관심을 쏟으며 현실을 도피했다. 청나라 왕조 역시 지식인들의 이러한 태도를 환영했으며 심지어 독려하기도 했다. 어느 새 학술계에서는 고서를 연구하고 검증하는 학풍이 유행처럼 번지기 시작했고, 그 결과 고증학이 유례 없이 발달하게 되었다.

▲ 청나라 고염무의 저작 《천하군 국이병서天下郡國利病書》

형성과정

황종희黃宗羲, 고염무顧炎武, 방이지方以智, 염약거閻若璩, 호위胡渭, 모기령毛奇齡 등 청나라 초기 학자들은 유가경전 연구를 매우 중시했으며, 그중 고염무의 공이 가장 컸다. 그는 '경학經學이 곧 이학理學이다'라고 주장했는데, 청대 고증학은 이 한 마디에서 시작되었다 해도 과언이 아니다. 청나라의 문화 탄압 정책이 강경해질수록 더 많은 학자들이 고증학에 눈을 돌렸고, 그 결과 건가학파라고 불리게 되는 고증학파가 형성되었다.

전성기 때 건가학파는 혜동으로 대표되는 오파吳派와 대진으로 대표되는 환파椀派로 나뉘었다. 그러나 분파와 상관없이 대부분 중국 고대의 학문, 학술을 연구하고 정리하는 데 평생을 바쳤다. 특히 경학, 사학, 문학, 음운, 지리학 등 분야의 교감(校勘: 수정이나 교정), 목록(目錄:목차 정리), 집일(輯佚: 유실된 옛 문헌을 수집), 변위(辨僞:위서 僞書나 위사僞史를 구별함)에서 무시할 수 없는 업적을 남겼다. 건가학파 학자들은 고대 문헌을 심사하고 진위를 분별하며 오류를 바로잡았으며, 문장을 해석하고 주를 달았다. 또한 고증의 규칙을 세우고 고증학 발전 역사를 정리했다. 이를 통해 후세 연구가들에게 매우 귀중한 자료를 남겼으며, 연구의 편의성을 제고시켜 주었다.

특징

● 오파의 학풍은 한나라 유학자들의 저서나 학설을 수집하고 이를 해석, 증명하는 것이었다. 이들은 한나라의 경학 연구를 숭상하고 이를 그대로 받아들였으며 유명인물 훈고訓詁, 경서의 고증, 해명, 주석 등을 통틀어 이르는 말–역주)나 전통적인 고증의 규칙을 중시했다.
● 환파는 《주례周禮》, 《의례儀禮》, 《예기禮記》 등 삼례의 고증에 힘썼다. 이들은 음운과 문자학을 기초로 고서의 내용과 뜻을 판단하고 이해했다. 이 밖에도 환파는 사상과 이론도 중요하게 생각했다.

주요 관점

건가학파는 무엇보다도 고증을 중요하게 생각했다. 고염무는 학문을 하는 최고의 방법으로 고증을 꼽을 정도였다. 그는 '세상을 이해하려면 먼저 경서에 통달해야 하며, 경서에 통달하려면 반드시 먼저 경서의 문자와 의미를 검증하고 이해해야 한다고 주장하면서,

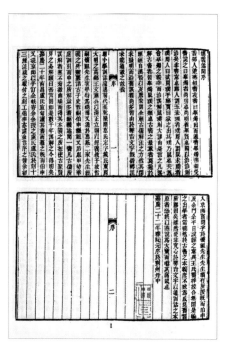

▶ 건가학파 학자 왕인지가 편찬
한 《경의술문經意述聞》

경서 연구와 고증학의 결
합을 강조했다. 고염무는
새로운 학풍의 창시자라고
불리며, 건가학파의 형성
에 직접적인 영향을 주었
다.

학문 방법으로의 고증학
은 매 시대마다 존재해 왔
다. 그러나 고증 자체를 학
문의 목적으로 삼고 심혈
을 기울인 것은 건가학파
가 처음이라고 볼 수 있다.
건가학파는 공허한 탁상공
론을 일삼던 송명 시대 이
학의 병폐를 비판하고, 책
속에서 의문점을 찾아 고
증을 통해 해결하는 실질적인 학문의 길을 선택했다.

시대에 미친 영향

건가학파 학자들은 정밀하고 세심한 교감을 통해 중요한 고서를
거의 대부분 고증하고 해석했다. 이 덕분에 후세 학자들은 고서 연
구에 드는 품을 상당 부분 줄일 수 있었으며, 읽기도 해석하기도 어
려운 옛 문헌을 쉽게 접하고 이해할 수 있었다. 이런 점만 보아도
건가학파가 얼마나 큰 공적을 남겼는지 알 수 있다. 건가학파의 소
박하고 근면한 학풍과 정밀하고 뛰어난 업적은 근현대 역사 연구에
많은 귀감이 되었다.

▲ 레오폴트 폰 랑케

독일 역사주의(Historismus)

역사적 세계는 자연적 세계와 다르다

독일 역사주의는 19세기 말부터 성행하기 시작한 역사학 사조이
다. 이탈리아 역사학자인 비코(Giambattista Vico)의 나선형적 순환
사관에서 영향을 받아 역사는 순환하면서 진화하며, 한 나라의 관
념, 제도, 가치관 등은 역사 발전에 따라 결정된다고 주장했다. 또
한 역사적 세계는 자연적 세계와 다르다고 강조했다. 독일 역사주
의는 18세기 말 서구 근대사학이 신학과 철학, 문학에서 분리된 후
고수해온 원칙들을 그대로 따랐으며, 사건의 묘사와 직관적인 사고
방식을 중시하는 학문적 경향을 가지고 있었다.

생성배경

역사주의라는 용어는 독일학자들이 비코의 《새로운 과학(La
Scienza Nuova)》을 평가하면서 처음 사용했다. 지암바티스타 비코
는 이탈리아의 역사학자 겸 사회학자로, 특히 법학 분야에 뛰어났
다. 1699년 나폴리 대학교에서 수사학 교수를 맡았으며 1735년에는
스페인 왕 찰스 3세(Charles Ⅲ of Spain)의 신임을 받아 나폴리 왕실

대표적 인물

레오폴트 폰 랑케
(Leopold von Ranke, 1795-1886)
독일 최초의 역사주의자. '서구 근
대 역사학의 아버지'라고 불린다.
라이프치히 대학에서 고전문학을
연구하면서부터 역사에 흥미를 갖
게 됐다. 1824년, 첫 번째 저서인
《라틴 및 게르만 제諸민족의 역사
1494-1514》를 발표한 이후 그 학술
적 가치를 인정받아 베를린 대학에
교수로 초빙되었다. 그 후 40여 년
간 베를린 대학 교수로 지내면서 영
국, 프랑스, 프로이센 역사를 주제
로 활발한 저술 활동을 했다. 역사
학자의 임무는 역사를 조금의 편견
과 선입견 없이 있는 그대로, 객관
적으로 기록하고 전달하는 것이라
고 보았다. 그리고 그렇게 하기 위
해서는 먼저 사료를 비판적으로 검
증하고 진위 여부를 가릴 줄 알아야
된다고 주장했다.

● 역사주의 사학은 역사를 주요 사건 위주로 나열하거나 단순한 인과관계에 따라 연결시켜서 서술형식으로 기록했다. 그 탓에 분석력이 떨어졌으며, 역사를 전체적으로 통찰하여 보는 시각이 부족했다.

● 역사사건, 인물, 국가의 특수성과 개성을 중시했으며 역사 속에서 일반적 혹은 보편적으로 존재하는 규칙을 찾으려 하지 않았다. 그래서 역사주의의 역사 해석은 개별적이며 상대주의적이다.

● 사료 연구에서 귀납법과 실증론을 사용했다. 또한 공리(公理)원칙을 무시하고 역사학자의 주관적 추리와 직관에 지나치게 의존하면서 과학적 방법론과 멀어졌다.

● 역사주의자들은 윤리와 도덕에 근거해서 옳고 그름, 인물의 선악을 판단했다. 또는 모든 것은 시간과 장소, 역사, 환경에 따라 결정되며 절대적인 선악은 없다고 주장했다.

● 역사 연구 시, 자연과학 및 사회과학의 방법론을 받아들이지 않았다. 그리고 역사학자의 유일한 목적은 과거를 충실히 재현하고 이해하는 것이라고 주장했다.

수사관修史官이 되었다. 1725년, 대표 저서인 《새로운 과학》을 발표했다. 총 5권으로 이뤄진 이 저서에서 비코는 나선형적 순환사관을 처음 제시했다.

'서구 근대 역사학의 아버지'라고 불리는 랑케(Leopold von Ranke)는 최초의 역사주의자이다. 그는 독일, 오스트리아, 프랑스, 영국 등 여러 나라의 역사를 중요한 사건 위주로 기록하고 논평했다. 그리고 각 나라마다 개성이 있고 나라의 대표적인 정신이 있을 뿐, 인류 공통의 역사라고 할 만한 것은 존재하지 않는다고 주장했다.

형성과정

독일의 저명한 역사학자 트뢸치(Ernst Troeltsch)와 마이네케(Friedrich Meinecke)는 독일 역사주의를 더욱 발전시킨 인물들이다. 이들의 관점에 따르면 역사는 중복되지 않으며 단일성과 상대성을 갖는다. 그렇기 때문에 역사학에서는 자연과학처럼 보편적인 법칙을 찾아내어 앞으로의 변화를 예측하거나 할 수 없다. 그래서 트뢸치는 직관적인 연구 방법을 강조했으며, 마이네케는 사상사 연구를 중시했다. 이들이 이룩한 학문적 성취는 독일 역사주의 발전에 밑거름이 되었다.

▶ 라이프치히 대학 전경

독일 역사주의는 19세기 말에서 20세기 초까지 유럽 각국의 역사학에 큰 영향을 미쳤다. 프랑스 역사학자 가브리엘 모노(Gabriel Monod)는 독일에서 공부한 뒤 1876년에 《사학평론(Revue historique)》을 창간했으며, 영국 역사학자인 윌리엄 스터브스(William Stubbs)도 독일 유학 이후 영국 중세시대 역사에 관한 저서를 썼다. 러시아 출신의 유명한 고고학자 로스톱체프(Michael Ivanovich Rostovtzeff) 역시 독일 상트페테르부르크 대학교에서 수학한 바 있다. 그 밖에도 랑글루와(Charles-Victor Langlois)와 세뇨보(Charles Seignobos)가 공동 집필한 《역사연구입문(Introduction aux 《tudes historiques)》은 독일 역사주의를 다른 나라에 전달하는 데 매우 중요한 도구 역할을 했다.

제1차 세계대전이 발발한 후 서구 역사학자들은 대부분 강경한 애국주의자로 변하여 자국의 특수성을 옹호하기 위해 애썼다. 덕분에 독일 역사주의는 서구 사회에서 빠르게 자리를 잡을 수 있었다.

시대에 미친 영향

독일 역사주의 학파는 민족주의 운동의 일환이라고도 볼 수 있다. 특히 독일 민족국가 건립과 성장에 매우 큰 공헌을 했으며, 자연히 외교 분야 및 국가정치에 큰 관심을 보였다. 그러나 관심이 지나친 나머지 극단적인 민족주의와 제국주의 사상을 조장했다는 부정적인 평가를 받기도 했다.

▶ 프린스턴 대학 전경

비교역사학(Comparative History)

비교가능성의 원칙에 따라 역사를 연구하다

비교역사학은 역사비교 연구를 중점으로 하는 학문이다. 여기서 역사비교 연구란 두 가지 혹은 두 가지 이상의 역사 현상을 서로 비교하여 역사에 대한 인식을 넓히고 검증하는 연구 방법을 말한다. 비교역사학은 20세기에 들어서면서부터 독립적이고 체계적인 틀을 갖추기 시작했으며 대표적 인물로는 마크 블로크(Marc Bloch), 베링턴 무어(Barrington Moore, Jr.) 등을 들 수 있다.

생성배경

비교연구법은 역사학이라는 학문이 생겼을 때부터 사용되던, 유서 깊은 역사 연구 방법론이다. 헤로도토스(Herodotus of Halicarnassus), 타키투스(Publius Cornelius Tacitus)와 같은 고대 역사학자들도 비교법을 연구 방법으로 적극 활용했다.

근현대로 접어들면서 역사학자들은 역사상 여러 민족들을 종적·횡적으로 비교하면서 방대한 사상 체계를 설명하고자 노력했다. 그 중 콩테는 비교 연구를 사회역사 발전의 법칙을 찾는 주요 수단으로 사용했다. 또한 비교 연구의 세 가지 방식을 제시하는 등, 비교

대표적 인물

마크 블로크(Marc Bloch, 1886~1944)
프랑스 역사학자, 아날학파의 창시자. '비교역사학의 아버지'로 불린다. 1920년 〈왕과 농노〉라는 논문으로 박사학위를 딴 뒤 스트라스부르 대학, 파리 대학 등 유명 학부에서 교수를 역임했다. 주요 저서로는 《프랑스 농촌사의 기본성격》, 《역사를 위한 변명》, 《봉건사회》 등이 있다.

C. E. 블랙(Cyril E. Black)
미국의 저명한 비교역사학자. 현재 프린스턴 대학에서 교수로 재임 중이다. 대표 저서인 《현대화의 동력: 비교역사학 연구》는 전 세계를 대상으로 각기 다른 현대화 과정을 비교 연구한 것이다. 그 밖에 주요 저서로는 《현대화 비교 논문집》, 《현대화 비교》 등이 있다.

를 통한 역사 연구의 이론적 탐색에도 힘을 썼다. 비교역사학은 이 같은 연구 결과와 노력에 힘입어 탄생했다.

형성과정

20세기 초 이후, 역사학자들은 비교 연구법을 효과적이고 체계적인 연구 방법으로 평가하고 이를 역사 연구에 도입했다.

1900년, 비교역사학은 네덜란드 헤이그에서 〈국제 비교역사학 대표대회〉가 개최됨과 동시에 정식 역사학 사조로서 주목받기 시작했다. 이 시기 역사비교 연구 분야에서 가장 이름을 날리던 사람은 아날학파(Annales School)의 창시자인 마크 블로크였다. 블로크는 1928년 발표한 《유럽사회의 역사비교 연구(Towards a Comparative History of European Society)》에서 체계적으로 완성된 비교역사학 이론을 제시했다.

제2차 세계대전 종전 이후, 비교역사학은 새로운 발전 단계에 접어들었다. 역사학자들은 역사비교 연구의 범위를 유럽에서 전 세계로 확대했으며, 타 학문의 개념과 방법을 역사 연구에 활용했다. 그 결과 유럽을 비롯한 서구 사회에서 비교역사학 열풍이 불기 시작했다. 1958년에는 몇몇 역사학자들이 의기투합하여 '사회역사비교연구회'를 창립하고 〈사회역사비교연구〉라는 계간지를 출판했다. 또한 비교역사학 분야에서의 국제 협력이 점차 강화되면서 1950년대 이후 열린 몇 차례의 국제역사학회의에서 주요 의제로 비교역사학이 채택되기도 했다.

1960년대 중반에 이르러 비교역사학의 중심은 유럽에서 미국으로 옮겨갔다. 미국이 비교역사학의 중심으로 자리 잡는 데 크게 공헌한 것은 1966년에 출판된 두 권의 비교역사학 저서이다. 하나는 프린스턴 대학 교수인 C. E. 블랙((Cyril E. Black)의 《현대화의 동력: 비교역사학 연구(The Dynamics of Modernization: A Study in Comparative History)》이며, 다른 하나는 베링턴 무어의 《독재와 민주주의의 사회적 기원(Social Origins of Dictatorship and Democracy)》이다.

주요 관점

비교역사학자들은 비교 연구의 전제로 대상 사이에 유사성을 꼽

특징

역사학자들은 비교역사학의 의미와 역할에 대해 많은 논의를 해왔다. 비교역사학자들 역시 저서를 통해 자신의 견해를 밝혔다.
베링턴 무어는 《독재와 민주주의의 사회적 기원》에서 역사비교 연구의 장점을 세 가지로 설명했다. 첫째, 유용한 문제를 제기할 수 있게 해준다. 둘째, 이미 정설로 받아들여지는 역사 해석을 뒤집어서 생각해 볼 수 있다. 셋째, 새로운 역사적 결론을 도출할 수 있다.
비교역사학의 역할에 대해서도 여러 가지 의견이 있다. ▲단일한 구조 속에서 명쾌하지 않은 문제들을 발견할 수 있다 ▲논쟁의 소지가 있는 역사 문제에 대해 더욱 정확한 정의를 내릴 수 있다 ▲어떤 역사문제에 적합한 사료나 방법을 쉽게 선택할 수 있다 ▲이론과 역사의 인과관계를 설명할 수 있다 등이 대표적이다.

▲ 마크 블로크

았다. 그리고 이 같은 원칙을 '비교가능성의 원칙'이라 불렀다. '비교역사학의 아버지'라고 불리는 블로크는 '비교 연구법은 지리적으로 가깝고 역사상 같은 시대 배경을 가진 사회 연구에 적용해야만 유용하다'며 비교 대상 사이의 유사성이 얼마나 중요한지를 재차 강조했다.

비교역사학의 비교 가능성 원칙은 세 가지로 정리해 볼 수 있다. 첫째, 비교 대상은 사회역사에서 확실히 존재했던 두 가지 이상의 사건, 혹은 사물이어야 한다. 또는 상이한 발전 단계를 두 단계 이상 거친 동일한 사건 혹은 사물이어야 한다. 둘째, 역사비교 연구법의 종류별 요구 사항에 부합해야 한다. 예를 들어 유형비교의 경우, 비교되는 사건 혹은 사물은 반드시 같은 유형이거나 같은 단계에 있어야 한다. 셋째, 비교 대상은 반드시 일정한 범위 내에서 구체적으로 비교해야 한다.

시대에 미친 영향

비교역사학은 근대 역사학 발전에 많은 공헌을 했다. 대부분의 역사학자들은 과거 역사학의 한계를 무너뜨리고 과학적이고 종합적인 연구 방법을 제시했다는 점에서 역사비교 연구법을 긍정적으로 평가한다. 그러나 한편으로 역사학자가 익숙한 사건이나 사물을 대상으로 단순한 방법을 통해 결론을 내리는 편협한 방법론이라고 비판받기도 했다. 실제로 지금까지의 비교역사학 저서들은 대부분 비교 대상을 순차적으로 나열하고 마지막에 간단한 방법으로 같은 점과 다른 점을 서술하는 데 그쳤다. 그러나 서구 역사학계는 여전히 비교역사학이 앞으로 더욱 발전할 것이라는 낙관적인 전망을 가지고 있다.

둔황학 敦煌學

중국 속의 둔황, 세계 속의 둔황학

둔황학은 중국 간쑤성甘肅省 서부의 둔황에서 발견된 문헌, 석굴, 사적을 연구하는 학문이다. 그 밖에 둔황과 관련된 종교, 예술, 역사, 언어, 문학, 민족, 지리, 철학, 사상, 기술, 건축 등을 비롯하여 동서무역 및 문화교류에 대한 연구까지도 둔황학에 포함된다. 둔황학은 과거 서역의 문화와 경제, 사회, 정치 발달상 연구를 목적으로 하며 휘주학, 티벳학과 더불어 중국 3대 지역학으로 불린다.

생성배경

1900년 음력 5월 26일, 둔황의 왕도사王道士는 사람들을 고용하여 제16호굴 토사 제거 작업을 하고 있었다. 그런데 한창 작업을 하다가 예상치 못한 곳에서 옛 경전과 문헌으로 가득 찬 또 다른 동굴을 발견했다. 제17호굴인 장경동藏經洞이었다.

그러나 둔황 지역 사람들 중 그 문헌들의 가치를 아는 사람은 아무도 없었고, 부패한 청나라 정부는 이를 보호해야겠다는 생각조차

대표적 인물

뤄전위(羅振玉, 1866-1940)
중국의 금석학자, 근현대 금석학 연구의 집대성자. 둔황학의 기틀을 세웠다. 수천 권의 고대 문헌이 여전히 장경동에 남아 있다는 사실을 전해 듣고, 곧바로 관련 부서에 건의해 석굴을 봉쇄하고 남은 문헌들을 모아 수도 경사도서관京師圖書館으로 옮겨 보관했다. 둔황문헌이 세계 곳곳으로 흩어져 버린 것을 늘 가슴 아파했으며, 둔황과 관련된 저술을 다수 남겼다.

폴 드미에빌
(Paul Demieville, 1894-1979)
프랑스의 둔황학자. 1914년 파리 대학에서 박사학위를 취득했다. 불교 문헌학, 중국의 불교사, 역사, 문학사 등을 연구했다. 특히 둔황 연구 분야에서 눈부신 업적을 많이 남겼다. 1930년대 왕종민과 함께 둔황 한문사본을 연구하고 1952년 《라싸종교회의拉薩宗教會議》와 《둔황학근작敦煌學近作》이라는 저서를 발표했다.

▲ 둔황박물관에 소장 중인 〈묘법
연화경妙法蓮華經〉

하지 못했다. 결국 오랜 세월 동안 장경동 속에 감춰져 있던 둔황문
헌은 영국, 프랑스 등 서방에서 온 '탐험대'에 의해 유출되어 세계
각지에 흩어졌다. 막고굴의 조각상과 벽화도 이 시기에 상당부분
절도당하거나 훼손됐다. 그나마 남아 있던 문헌들은 수도에 있는
도서관으로 옮겨졌지만, 이미 너무 늦은 뒤였다.

중화인민공화국이 세워진 후 자국의 문화와 역사에 대한 관심이
높아지면서 둔황문서 및 유물을 유실한 게 얼마나 큰 손실인지 자
각하는 학자들이 나타나기 시작했다. 이러한 학자들이 1930년대부
터 둔황을 직접 찾는 등 둔황 연구에 매진하면서부터 둔황학이 형
성되었다.

형성과정

둔황학의 발전 단계는 선사기, 성립기, 발전기, 부흥기 등 네 단
계로 나눌 수 있다.

둔황학의 기틀을 다진 사람은 중국 고증학자인 뤄전위羅振玉이다.
그는 1909년 둔황에서 발견된 문헌을 연구한 결과를 토대로 〈둔황
석굴문헌 목록 및 발견의 기원〉과 〈막고굴 석실비록〉 등을 발표하
여 둔황학 연구의 기초를 닦았다. 그 후 뤄전위를 비롯해 왕궈웨이
王國維, 장보푸蔣伯斧, 천위안陳垣 등 원로학자와 류푸劉復, 샹다向達, 왕
쭝민王重民 등 신예학자들이 둔황 연구에 심혈을 기울이면서 둔황학
의 기틀이 마련되었다.

1930년대 후반기는 둔황학 성립기라고 할 수 있다. '둔황학'이라
는 용어는 1925년 8월 일본학자 이시하마 준타로가 오사카대학 가
이토쿠도센터에서 진행한 강연에서 처음 사용했다. 그로부터 5년
뒤인 1930년, 저명한 중국학자 천인뤄陳寅洛는 천위안의 《둔황유물
유실록》에 서문을 써주면서 둔황학의 개념을 정리했다.

둔황학 연구는 중국뿐만 아니라 전 세계에서도 활발하게 진행 중
이다. 그래서 둔황은 중국에 있지만, 둔황학은 세계적인 학문으로
인정받고 있다.

주요 내용

초기 둔황학은 주로 둔황에서 발견된 문헌 자료를 정리하고 이해
하는 데 중점을 두었다. 이후 여러 차례 발전을 거듭하며 둔황학의

연구 범위와 내용은 아래 다섯 가지 분야로 확대됐다.

1. 둔황석굴 고고학 연구: 주로 각 석굴의 건축연대와 시기 등을 고증함으로써 석굴예술 및 관련 분야 연구의 기틀을 다진다.

2. 둔황예술: 둔황의 채색소조, 벽화, 서화, 음악, 춤, 건축 예술 등을 연구한다.

3. 둔황문헌: 장경동에서 발견된 각종 사본寫本 및 각인본刻印本을 연구한다. 둔황문헌 연구는 둔황학에서도 중요한 분야로, 천문, 지리, 정치, 철학, 종교 등 다방면에 걸쳐 있다.

4. 둔황석굴 및 유물 보호: 둔황 지역의 기후 관측, 유사流砂 통제, 석굴 내외부 온도 및 습도 조절, 벽화 및 조소 관리 등과 관련된 연구를 위주로 한다.

5. 둔황학 이론: 둔황학의 개념, 범위, 특징, 규칙 등을 연구한다.

▲ 둔황석굴 조소

시대에 미친 영향

둔황학은 여러 학문을 아우르는 종합적인 역사학이다. 둔황학의 발전과 더불어 역사, 종교, 문학 등 둔황문헌에 담긴 비밀들이 속속 밝혀지면서 수많은 논문과 관련 서적이 쏟아져 나오고 있다. 또한 둔황학은 소수민족의 역사와 언어, 전통문화, 기술, 종교와 관련된 연구에서도 큰 의미를 갖는다.

▲ 프랑스 국왕 루이 14세가 지은
베르사유 궁전

대표적 인물

뤼시엥 페브르
(Lucien Febvre, 1878–1956)
아날학파의 창시자. 블로크와 함께
아날학파의 핵심 저널인 〈사회경제
사연보(Annales d'histoire économique
et sociale)〉를 창간했다. 20세기 역
사학의 대가로 불린다. 주요 저서로
는 《대지大地와 인류의 진화》, 《어떤
운명—마르틴 루터(Martin Luther, A
Destiny)》, 《16세기에 있어서의 불신
앙의 문제—라블레의 종교(The
Problem of Unbelief in the Sixteenth
Century: The Religion of Rabelais)》
등이 있다.

페르난도 블로델
(Fernand Braudel, 1902–1985)
아날학파 대표학자. 1937년부터 〈아
날〉지의 편집위원으로 활동하다가
1956년부터 1968년까지는 편집장을
맡았다. 아날학파 제2세대 학자를
대표하는 인물이다. 역사 연구에서
시간이라는 요소를 매우 중시했다.
주요 저서로는 《15~18세기 물질문
명·경제·자본주의(Civilisation
materielle, economie, et capitalisme
15e~18e siede》 등이 있다.

자크 르 고프
(Jacques Le Goff, 1924~)
아날학파 제3세대 학자의 대표. 파
리고등사범학원을 졸업하고 체코,
이탈리아 및 영국에서 유학했다. 파
리 사회과학고등연구원 원장을 역
임했으며 〈아날〉지의 편집장을 맡
았다. 주요 연구 분야는 유럽 중세
역사이다.

아날학파(Annales School)

새로운 개념과 방법을 역사 연구에 도입하다

아날학파란 1929년에 〈사회경제사연보(Annales d'histoire économique et sociale)〉의 창간 및 편집을 주도했던 프랑스 학자들을 중심으로 형성된 학파이다. 아날학파의 성립은 현대 역사학의 출현을 알리는 분수령으로, 아날학파 학자들은 랑케로 대표되는 근대 역사학의 전통을 부정하고, 역사학 연구에 새로운 개념과 방법을 도입할 것을 주장했다. 이들의 주장은 당시 프랑스 역사학계뿐만 아니라 서구 역사학계 전체에 적지 않은 파장을 일으켰다.

생성배경

아날학파 이론의 뿌리는 18세기 프랑스 철학자 볼테르(Voltaire)에게서 찾을 수 있다. 볼테르는 역사가 군주나 위대한 인물의 전유물이 아닌, 모든 사람의 역사가 되어야 한다고 주장했다. 그가 쓴 《루이 14세의 세기(Le Siécle de Louis XIV)》는 서구 사회 최초의 문화사 저서로 평가된다. 19세기 초 프랑스의 역사학자 프랑수아 기조(Franois Pierre Guillaume Guizot) 역시 아날학파 탄생에 지대한 영향을 준 인물이다. 기조는 과거 인류가 이룩한 문명을 역사 연구의 대상이라고 주장했으며, 정치, 경제, 문화 및 사회생활 등을 모두 문명의 범위에 포함시켰다.

또한 역사학자 H. 베르(Henri Berr)는 1900년 〈역사종합평론 (Revue de synthèse historique)〉을 창간하고 과거 역사 연구가 전문화에 지나치게 관심을 기울인 나머지 편협해졌다며 비판했다. 그리고 철학, 사회학, 심리학 등 여러 학문과의 교류 및 협력을 통해서 역사를 보는 새로운 시각을 만들어야 한다고 주장했다. 아날학파는 베르의 주장을 자신들의 핵심 이론으로 채택했으며, 〈역사종합평론〉을 교과서처럼 받아들였다.

▲ 페르난도 블로델

형성과정

1929년, 프랑스 역사학자 뤼시엥 페브르(Lucien Febvre)와 마크 블로크는 1907년부터 1912년까지 〈역사종합평론〉지 편집에 참여한 경험을 바탕으로 범학문적인 역사 연구를 목적으로 한 〈사회경제사 연보〉를 창간했다. 페브르와 블로크는 역사비교 연구, 인류역사 발전과 지리환경 간의 관계 연구 등 분야에서 훌륭한 업적을 많이 남겼으며, 학술계에서 명망도 높았다. 이들은 아날학파의 제1세대 학

◀ 프랑스 국왕 루이 14세

특징

● 총체적인 역사학을 주장했으며, 인류 역사의 모든 부분을 파헤치고자 했다.
● 역사 연구를 할 때 범학문적인 방법을 활용할 것을 주장했다. 역사학적 방법 외에도 사회학, 심리학, 계량학, 비교학 등 여러 학문의 연구 방법을 활용해 역사 연구의 저변을 넓히고자 했다.
● 경제역사, 사회역사, 심리역사 등을 중시했다.
● 역사학과 현실의 연결을 중시했으며, 포기하지 않는 진취적 정신을 가진 역사학자가 될 것을 강조했다.
● 단순한 서술보다는 질문을 통해 역사를 기록했다. 언어 표현 형식도 묘사보다는 해석과 분석을 주로 선택했다.

자들로서 아날학파 성립을 주도했다.

1946년, 〈사회경제사연보〉는 〈아날. 경제, 사회, 문명(Annales, Economies Societes Civilisations)〉으로 제명을 변경했다. 또한 프랑스뿐만 아니라 유럽 각국의 학자들이 원고 작업에 참여할 정도로 국제화되었다. 창간인이자 편집장이던 페브르가 1956년 병으로 세상을 뜬 후, F. 브로델(Fernand Braudel)이 그 뒤를 이어 〈아날〉지의 편집장을 맡았다.

브로델은 아날학파 제2세대 학자를 대표하는 인물이다. 그는 역사의 흐름을 결정하는 요소를 장기적 · 중기적 · 단기적으로 나누어 설명했다. 브로델의 학설에 따르면 역사의 흐름에 가장 장기적인 영향을 미치는 요소는 자연환경과 사회조직, 인간의 사고 방식이다. 또한 경제의 흥망성쇠는 중기적인 영향을 주며, 전쟁이나 정치 사건 등은 단기적인 영향만을 끼칠 뿐 근본적으로 역사를 뒤바꾸지는 못한다고 보았다.

시대에 미친 영향

아날학파는 기존의 역사학적 전통을 타파하고 새로운 시각과 방법을 도입하여 프랑스 및 서구 역사학계의 발전을 이끌었다. 또한 사회적 현상 연구에만 치중했던 과거 역사학자들과 달리 사회적 의식과 대중심리가 역사에 미치는 영향을 연구했다. 그러나 역사의 거시적인 요소를 간과하고 미시적인 부분에만 치중한 것은 아날학파의 한계라고 할 수 있다.

미국의 정신분석학자인 에릭슨은 간디를 심도 있게 연구한 뒤 《비폭력의 기원: 간디의 정신분석 (Gandhi's Truth: On the Origin of Militant Nonviolence)》를 발표했다. 사진은 위대한 지도자 간디.

역사심리학(Psychohistory)

심리학의 세례를 받은 역사학

역사심리학이란 중대한 역사적 사건 배후에 감춰진 심리적 요인과 작용을 연구하는 학문이다. 정신분석학을 기초로 했으며, 사회학적 연구 방법을 활용하여 국가 및 집단이 과거와 현재에 행하는 사회적·정치적 행위의 배후 원인을 이해하고 발견하는 데 목적이 있다. 역사심리학은 역사학이나 심리학 모두와 어느 정도 거리가 있기 때문에 독립적인 학문으로 보는 것이 옳다.

생성배경

20세기 초, 서구 자본주의 사회는 제국주의 물결에 휩쓸리고 있었다. 1929년부터 1933년 사이에 경제 위기와 두 차례의 세계대전을 겪으면서 내부 갈등이 첨예해졌으며, 사회의 안정과 발전도 보장할 수 없는 상태에 처해 있었다. 또 한편으로는 세계대전과 반파시스트 전쟁에서 일반 대중이 적지 않은 위력을 발휘했으며, 사회적 혼란을 틈타 수많은 하층민들이 중간 계층으로 이동하면서 경

대표적 인물

에릭 에릭슨
(Erik Erikson, 1902~1994)
미국의 저명한 발달심리학 및 정신분석학자. 인간의 사회심리발달 이론 및 성격발달 이론을 창안했다. 심리 발전 단계를 8개로 나누고 각 단계별로 특수한 사회심리 임무를 제기하고, 매 단계마다 특수한 모순이 있다고 밝혔다. 그리고 이러한 모순을 순조롭게 해결해야만 인격이 건강하게 형성될 수 있다고 주장했다. 주요 저서로는 《청년 루터: 정신분석과 역사 연구》 등이 있다.

▲ 에릭 에릭슨

▲ 1914년 히틀러의 모습
(맨 오른쪽)

제, 정치, 문화에서 이들의 역할 또한 점점 커졌다. 이와 같은 변화는 여태껏 정치 현상에만 관심을 기울였던 역사학자들의 관심을 끌었고, 인류역사에서 민중의 역할을 연구하는 움직임이 나타나기 시작했다. 이렇듯 사회역사관이 변화하면서 19세기 전통 역사학과 다른 새로운 역사학인 '신사학(new history)'이 탄생했다.

신사학은 전 인류를 대상으로 인간의 존재, 활동, 삶의 방식 등을 포괄적으로 설명하려 했다. 그러나 역사 속의 평범한 개인들은 자신의 생각이나 감정, 가치관, 실제 삶의 모습 등을 담은 기록을 거의 남기지 않았기 때문에 이에 관한 연구가 어려웠다. 이러한 어려움을 타파할 묘안으로 신사학자들은 인류가 창조해낸 모든 학문을 활용하기로 결정하고 지리학, 경제학, 사회학, 심리학 등 여러 학문의 성과 및 방법을 역사 연구에 도입하기 시작했다. 이는 역사심리학 형성에 필요한 바탕을 다져주었다.

형성과정

역사심리학은 제2차 세계대전 이후부터 두각을 드러내기 시작했으며, 이를 주도한 국가는 미국이었다. 1935년, 미국 역사학자인 윌리엄 랭거(William L. Langer)는 《제국주의의 외교(The Diplomacy of Imperialism)》라는 저서에서 처음으로 심리학 방법을 활용해 19세기 말 영국의 대외확장을 분석했다. 1957년, 미국역사협회의 의장을 맡은 랭거는 12월 29일 한 취임 연설에서 역사 연구 분야에 심리학 방법을 도입해야 한다고 주장해, 새로운 학문인 역사심리학을 제시했다. 그로부터 1년 뒤인 1958년, 미국의 정신분석학자 에릭슨(Erik Erikson)이 역사심리학의 경전이라고 불리는 저서 《청년 루터: 정신분석과 역사 연구(Young Man Luther. A Study in Psychoanalysis and History)》를 발표했다.

1960년대 이후, 미국의 역사 심리학은 랭거와 에릭슨의 활발한 연구에 힘입어 빠른 발전을 거듭했다. 특히 젊은 피들이 역사심리학 연구에 뛰어들었는데, 이들은 대부분 심리학과 역사학 학위를 모두 취득했다. 그 밖에도 〈역사심리학저널〉과 〈신사학평론〉 등 역사심리학 전문잡지도 창간되었다. 물론 신사학, 즉 역사심리학의 열기는 비단 미국에만 머물지 않았다. 역사심리학은 주변국인 캐나다를 넘어 서유럽 여러 국가에까지 널리 퍼지면서 주류 역사학으로서의 지위를 굳혔다. 또한 독일에서는 히틀러 시대의 심리 연구에 활용되기도 했다.

주요 관점

1. 자아의 독립성을 강조했다. 또한 자아는 자기 자신을 위해 발전하며 필요와 기능, 내용 등을 형성해 간다고 보았다.

2. 인격의 가변성을 강조하고 탄생부터 죽음에 이르기까지 인간의 심리 상태를 8단계로 나누었다. 그리고 인간은 각 심리 단계에서 만나게 되는 위기를 극복하면서 발전한다고 주장했다.

3. 외부환경이 인간의 내부심리 세계에 미치는 영향에 주목했다.

▲ 수석집정관 의복을 갖춰 입은 나폴레옹

4. 심리학적 관점에서 지도자와 대중의 관계를 설명했다. 지도자가 지도자일 수 있는 것은 그가 내면의 여러 가지 장애물을 극복했기 때문이라고 보았다. 그러나 또 한편으로 지도자는 대중을 벗어날 수 없기 때문에 대중의 심리는 지도자의 심리에 중요한 영향을 준다고 주장했다.

시대에 미친 영향

역사심리학은 여전히 각광받는 학문이지만, 분명히 한계도 가지고 있다. 역사심리학은 기본적으로 프로이트의 정신분석학 이론에 기초를 두고 있는데, 프로이트의 이론은 의학 및 심리학 분야, 특히 정신질병 치료 분야에서 독보적인 가치를 가지고 있지만 역사 연구에 그대로 적용하기에는 무리가 있다. 또한 역사심리학은 심리학 용어를 대량으로 도입한 탓에 지나치게 현학적 느낌도 준다.

대표적 인물

더글라스 노스
(Douglass C. North, 1920-)
미국의 저명한 신경제사학자. 캘리포니아의 버클리 대학(University of California, Berkeley)에서 학사 및 박사 학위를 취득했다. 재산권 이론, 국가 이론, 이데올로기 이론 등을 모두 포함한 제도변화 이론을 제시한 공로를 인정받아 1993년 노벨경제학상을 수상했다. 주요 저서로는 《미국의 경제성장(The Economic Growth of the United States)》, 《제도적 변화와 미국의 경제성장(Institutional Change and American Economic Growth)》, 《경제사의 구조와 변화(Structure and Change in Economic History)》 등이 있다.

시어도어 슐츠
(Theodore Schultz, 1902-1998)
미국의 경제학자. 1930년 위스콘신 대학에서 박사학위를 받았다. 1934년부터 1972년까지 아이오와 주립대학 농업경제학 교수, 시카고 대학교 교수, 농무성·상무성의 고문, 경제개발위원회 위원, 유엔 미개발국 조사위원, 세계문제연구소 연구원 등을 겸임하였다 1979년에는 개발도상국 문제를 통한 경제발전이론 연구에서의 공로를 인정받아 노벨경제학상을 수상했다. 주요 저서로 《교육의 경제적 가치(Economic Value of Education)》, 《경제성장과 농업 (Economic Growth and Agriculture)》, 《인적 자본에 대한 투자(Investment in Human Capital)》, 《인적 투자(Investment in People: Economics of Population Quality)》 등이 있다.

신경제사학(New Economic History)

제도변화 이론을 중심으로 한 경제사학

신경제사학은 20세기 상반기에 크게 유행한 역사학파로, 주요 인물로는 더글라스 노스(Douglass C. North), 스탠리 엥겔만(Stanley Engerman), 랜스 데이비스(Lance Davis), 로버트 포겔(Robert William Fogel) 등이 있다. 그 중 더글라스 노스는 신경제사학 연구의 신기원을 열었다고 평가받는다.

생성배경

20세기 초, 경제사학經濟史學은 신흥 학문으로서 학계의 관심을 한몸에 받았다. 그러나 상당 기간 동안 경제사학 연구는 사료 수집과 정리, 고증 수준에만 머물러 있었다. 또한 저서 역시 연도별로 정리한 것이든 주제별로 서술한 것이든 간에 여러 가지 사실을 단순히 나열하는 데 그쳤다.

그 밖에 전통적 역사학파는 역사 연구 시 고전경제학 이론을 받아들이지 않고, 대신 역사에 통계 방법을 접목하여 한 나라의 경제 발전 특수성을 연구했다. 또한 제임스 갤브레이스(James K. Galbraith)로 대표되는 신제도학파는 정태적 사회의 내부 상황 분석에 치중한 나머지 이론과 역사적 사실을 결합하는 데는 소홀했다. 이처럼 경제사학 연구가 실질적인 진전 없이 지지부진하고 있을 때, 이런 상황을 타파할 새로운 경제사학이 등장했다. 바로 신경제사학이다.

▲ 시어도어 슐츠

형성과정

더글라스 노스는 미국의 저명한 경제학자이다. 경제학 연구 현황에 줄곧 불만을 느끼고 있었던 그는 새로운 경제사학을 위한 연구와 실험을 시작했다. 이윽고 그와 뜻을 같이하는 학자들이 그의 주변에 모여들었고, 이들은 경제사학 분야의 낡은 연구 방법을 개혁하고 자신들만의 새로운 경제이론 체계를 세우고자 노력했다. 그 노력의 결과로 나타난 것이 신경제사학이다.

노스는 연구 결과를 바탕으로 랜스 데이비스와 함께 《제도 변화와 미국 경제 성장(Institutional Change and American Economic Growth)》라는 저서를 발표했다. 이 책에서 노스와 데이비스는 제도의 원칙 및 과정과 관련된 기본원리들을 제시했다. 이를 통해 제도 혁신을 향해 한 걸음 더 내딛었을 뿐만 아니라 미국 경제학자인 시어도어 슐츠(Theodore Schultz)가 제시한 제도의 의미 및 범위에 관한 질문에 명쾌한 해답을 내놓았다. 또한 이 저서의 성공으로 신경제사학을 옹호하고 지지하는 학자들 역시 갈수록 늘어났다.

주요 관점

제도변화는 신경제사학의 주요 골자이다. 신경제사학자들은 '제도란 인간의 행위를 규제하는 일련의 규칙들'이라는 정의를 내렸다. 또한 제도는 공공 서비스를 제공하는 제공자이며, 그렇기 때문에 사회의 경제성장에 따라 변화하거나 새로 생겨나야 한다고 주장했다. 그리고 제도가 제공하는 서비스를 다음과 같이 정리했다.

▲ 워싱턴 대학 휘장

- 시장의 거래비용을 감소시키는 제도(예: 화폐 시장, 선물 시장)
- 생산요소 소유자들 간의 분배 위험에 영향을 주는 제도(예: 계약 제도, 분배제도, 회사, 보험 등)
- 공공재와 서비스의 생산 및 분배에 관한 제도(예: 학교, 의료보험

　　제도 등)

　그 밖에도 신경제사학자들은 현대경제성장에 관심을 가지고 주의 깊게 연구했다. 그리고 인간의 경제가치가 높아지면 자연히 새로운 제도를 요구하게 되며, 새로운 제도가 출현하면 반드시 사회경제성 장률이 높아진다는 결론을 내렸다.

시대에 미친 영향

　노스를 비롯한 신경제사학자들은 이론과 역사의 교류를 매우 중 요하게 생각했으며, 경제학의 우수한 학술전통을 되살렸다. 이들 은 케인스의 거시경제학 및 경제성장 이론, 경제계량학 등을 받아 들여 경제사학 연구 방법으로 활용해서 경제사학 분야의 신기원을 열었다.

서구 마르크스주의 역사학

아래로부터의 역사

    19세기 중엽 처음 모습을 드러낸 서구의 마르크스주의 역사학은 근 한 세기반 동안 발전에 발전을 거듭하면서 국제 역사학계의 주목을 받는 역사학 사조로 자리 잡았다. 특히 제2차 세계대전 이후 영국, 프랑스, 독일, 이탈리아 등 나라에서는 우수한 마르크스주의 역사학자들이 대거 등장하여 마르크스주의 역사학 이론 분야에서 눈부신 성과를 이루었다.

▲ 장 조레스

생성배경

    마르크스주의는 매우 광범위하며 포괄적인 철학 사조이다. 마르크스주의 중에서도 인류에게 결정적 영향을 준 것은 변증법적 유물사관이다. 유물사관에 따르면 역사는 인민의 것이며, 인민이 현실적인 관계에 기초해서 창조해 나가는 것이다. 그렇기 때문에 역사에서 개인은 일정한 역할이 있고, 매 시대마다 역사를 창조할 수 있는 위대한 인물이 필요하다.

    마르크스주의 역사학은 세상에 등장하자마자 광범위하게 영향을 미쳤으며, 수많은 학자들의 지지를 받았다. 특히 소련과 중국 등 사회주의 국가들은 마르크스주의 역사학을 전폭적으로 지원했다.

    그러나 유럽을 비롯한 서구 국가의 역사학자들은 사회주의 국가 마르크스주의 역사학자들과 다른 관점을 가지고 독자적으로 역사와 마르크스주의의 관계를 연구했다. 그 결과 탄생한 것이 바로 서구 마르크스주의 역사학이다.

형성과정

    1930년, 독일에 프랑크푸르트 사회연구소가 문을 열었다. 그리고 이 연구소에 참가한 학자들을 중심으로 프랑크푸르트학파(Frankfurter Schule)가 형성됐다. 호르크하이머(Max Horkheimer), 마르쿠제(Herbert Marcuse), 아도르노(Theodor Adorno), 하버마스(Jürgen Habermas) 등이 중심이 된 프랑크푸르트학파는 사회비판이론을 제기하면서 세상의 주목을 받았다. 이들은 마르크스가 초기에

대표적 인물

장 조레스(Jean Jaures, 1859-1914) 프랑스 사회주의 지도자, 정치가, 철학자, 역사학자. 사회주의자와 급진적 자산 계급 간의 연합을 제창했으며 평화로운 방법으로 자본주의를 소멸시켜야 한다고 주장했다. 또한 현존하는 제도 하에서 정치투쟁을 통해 계급 간 세력 대비와 국가성격을 변화시켜서 무산 계급 및 인류의 해방을 실현해야 한다고 역설했다. 이후 반전운동을 하다가 그에게 불만을 품은 민족주의자들에 의해 암살당했다.

에릭 홉스봄(Eric Hobsbawm, 1917-) 저명한 현대 역사학자. 1917년 이집트 알렉산드리아에서 태어났다. 1947년부터 런던 대학교 버벡칼리지에서 강사로 활동했으며, 1978년에는 동 대학 경제 및 사회사 명예교수로 임명됐다. 19세기를 위주로 17, 18세기와 20세기까지 연구 대상으로 삼았다. 주 연구 대상 지역은 영국, 유럽, 남미 등이다. 주요 저서로는 《노동의 전환점(Labour's Turning Point: Extracts from Contemporary Sources)》, 《원초적 반란자들(Primitive Rebels: Studies in Archaic Forms of Social Movement in the 19th and 20th Centuries)》, 《혁명의 시대(The Age of Revolution: Europe 1789-1848)》, 《자본의 시대(The Age of Capital: 1848-1875)》, 《제국의 시대(The Age of Empire: 1875-1914)》, 《극단의 시대(The Age of Extremes: The Short Twentieth Century, 1914-1991)》 등이 있다.

▲ 마르크스의 생가

주장한 인도주의와 소외론을 바탕으로 프로이트의 정신분석 이론과 여타 다른 철학 이론들을 통합한 사회비판 이론을 구성했다. 그리고 선진자본주의사회를 인간의 노예화 및 소외를 조장한 주범이라고 비판하면서 인간의 본성에 적합하고 자유를 보장할 수 있는 사회제도를 세워야 한다고 주장했다. 또한 사회비판 이론의 타당성을 증명하기 위해 역사 연구에도 힘을 쏟았다. 서구 마르크스주의 역사학의 중요한 분파로서 프랑크푸르트학파는 서구 마르크스주의자들의 뜨거운 환영을 받았다.

프랑크푸르트학파 이후 서구 마르크스주의 역사학의 계보는 르페브르(Georges Lefebvre) 등에게로 이어졌다. 이들은 의식의 역할을 강조한 것 외에는 경제결정론과 계급관계, 계급분석틀 등의 마르크스주의 기본 개념을 거의 그대로 받아들이고 따랐다.

주요 관점

1. 폐쇄적인 연구 방법에 반대하고 개방적인 태도를 유지하고자 했으며 학문 간 경계를 무너뜨리고 범학문적이고 종합적인 연구를 했다. 또한 마르크스주의가 아닌 다른 역사학파의 학자들과도 지속적으로 교류했다.

▶ 마르크스와 엥겔스 조각상

2. '아래로부터의 역사'라는 연구 관점을 유지했다. '아래로부터의 역사'란 개념을 맨 처음 제시한 사람은 영국 봉건사회사 및 농민운동사 전문가인 로드니 힐튼(Rodney Hilton)이었다. 그는 문제를 보는 각도를 바꾸고, 여태껏 역사에서 소홀히 다뤄졌던 피지배 계층의 동기 및 요구에 초점을 맞춤으로써 기존 역사학의 결점을 보완할 수 있다고 주장했다.

3. 거시적 분석 및 전체적 역사관을 제창했다. 서구 마르크스주의 역사학자들은 사회를 복잡한 유기체로 인식했다. 그래서 과거의 사회를 연구 대상으로 할 때에는 반드시 전체를 볼 수 있는 시각이 있어야 하며 다방면, 다분야에 걸친 연구를 통해 사회의 전체적 면모를 완벽하게 재구성해야 한다고 주장했다.

시대에 미친 영향

서구 마르크스주의 역사학의 이론은 매우 합리적이다. 또한 전후 서구 역사학의 전체 발전상을 잘 반영하고 있다. 그러나 비마르크스주의 역사학자들과 교류를 하면서 마르크스주의적 색채가 약해지기도 했다.

특징

서구 마르크스주의 역사학에서 가장 두드러지는 경향은 반교조주의이다. 이들은 늘 새로운 이론을 추구하는 열린 정신을 가지고 있었다. 또한 마르크스주의를 마치 세계의 미래를 알려주는 예언처럼 생각했던 사회주의 역사학자들과 달리, 마르크스주의를 역사 연구의 나침반으로 생각했다. 마르크스와 엥겔스가 위대한 사상가라는 점을 인정하면서도 그들을 선지자나 예언가처럼 생각하는 당시의 풍조에는 거부감을 표했다.

신사회사 학파(New Social History)

정치적 요소를 배제한 역사

대표적 인물

모리스 도브(Maurice Herbert Dobb, 1900-1976)
마르크스주의 경제학자, 영국 마르크스주의 역사학의 대표 인물. 1924년, 자본주의 기업의 역사와 이론을 다룬 논문으로 런던 정경대학(London School of Economics)에서 철학박사 학위를 취득했다. 1973년 《아담 스미스 이후의 가치이론과 분배 이론(Theories of Value and Distribution Since Adam Smith)》을 발표, 마르크스주의 경제학 개념을 활용해 경제사상사의 가치 이론과 분배 이론의 변화과정을 새롭게 고찰했다.

로드니 힐튼
(Rodney Hilton, 1916-2002)
영국 마르크스주의 역사학의 대표인물. 맨체스터에서 태어났다. 1935년부터 1939년까지 옥스퍼드 대학에서 역사학을 전공했다. 저명한 중세역사 전문가로, 중세 말기의 영국 농촌 및 농민의 역사를 주로 연구했다. 1966년 발표한 《중세시대의 사회(A Medieval Society : The West Midlands at the End of the Thirteenth Century)》는 지금까지도 가장 뛰어난 지역역사 연구서로 평가된다. 주요 저서로는 《중세 말기의 영국 농민(The English Peasantry in the Later Middle Ages)》 등이 있다.

영국 마르크스주의 역사학과 맥락을 같이 하는 신사회사新社會史학파는 제2차 세계대전 이후 나타난 새로운 역사학이자 국제 마르크스주의 역사학의 한 갈래이다. 대표적인 학자로는 영국 마르크스주의 역사학자인 모리스 도브(Maurice Herbert Dobb), 로드니 힐튼, 크리스토퍼 힐(Christopher Hill), 에릭 홉스봄 등을 들 수 있다. 유럽 역사 전문가이자 미국 뉴욕주립대학 교수인 조지 이거스(Georg G. Iggers)는 신사회사를 '최근 15년에서 20년 사이 역사 편찬 분야에서 가장 눈부신 발전을 이룬 역사학'이라고 평가했다. 이 같은 평가에서 알 수 있듯이 신사회사는 유럽뿐만 아니라 국제 역사학계에도 상당한 영향력을 미쳤다.

생성배경

1960,70년대 미국 사회는 엄청난 불안과 혼란에 직면해 있었다. 소위 '통일된 가치체계'는 무너지기 일보 직전이었고, 사회적 갈등과 충돌 역시 나날이 거세지고 있었다. 이제껏 미국을 지탱해 오던 가치관은 흔들리고 있었으며 내부적 모순이 격렬해지면서 민권운동, 반전운동, 페미니즘운동, 신좌파운동 등이 동시다발적으로 일어나고 있었다.

이 같은 상황에서 미국의 역사학자들은 미국의 발전과정을 다시 한 번 자세히 고찰하고 연구하기 시작했다. 그리고 오랜 세월 동안 미국 역사학계에 군림했던 '통일성'에 도전하는 신사회사가 등장했다.

형성과정

미국의 사회사 연구는 1960년대를 기점으로 60년대 이전은 구舊사회사, 이후는 신사회사로 구분할 수 있다. 구사회사 학파는 주로 개인의 삶, 부녀자와 아동의 일상생활, 식민지 시대의 귀부인에 대한 제한, 기본적인 노동습관 등을 주요 연구 대상으로 삼았기 때문에 연구 범위가 비교적 좁았다. 그러나 1960년대 이후 나타난 신사

회사 학파는 새로운 역사 연구 방법들을 받아들이고, 일반 민중을 연구 대상으로 선택하면서 역사학 연구의 저변을 넓혔다. 이들은 역사 연구의 방향을 새롭게 제시했으며, 더 나아가 역사의 본질에 대한 이해를 바꿔놓았다. 또한 정치적 요소를 배제하고 미국의 역사를 새롭게 기록했다. 몇몇 정치 엘리트 위주로 기록되어 있던 역사를 일반 민중의 시각에서 다시 관찰하고 해석한 뒤 민중이 주인공인 역사를 쓴 것이다.

주요 관점

신사회사 학파의 대표학자들은 대부분 1920년대 전후 태생으로, 옥스퍼드 대학이나 케임브리지 대학을 졸업했으며 반파시스트 전쟁인 제2차 세계대전에 참전한 경험이 있었다. 또한 영국 공산당원이었던 이도 다수였다. 이처럼 공통된 경험이 많은 까닭에 신사회사 학자들의 저서는 다른 학파와 구별되는 공통적 특징을 보인다.

특징

신사회사 학자들은 모두 마르크스주의를 신봉하고 마르크스 및 엥겔스의 저작을 심도 있게 연구했다는 공통점이 있다. 그래서 이들의 이론에는 마르크스주의의 색채가 짙게 녹아 있다. 또한 신사회사 학자들은 역사 과정에 대한 조사를 매우 중시했으며, 이론성과 서사성을 결합해 역사를 기록했다.

첫째, 종합적이고 전체적인 사회사 연구를 강조한다. 신사회사 학자들의 주장에 따르면 사회사는 경제, 정치, 문화 등 여러 분야를 아우르는 전체사全體史가 되어야 한다. 또한 역사학자는 여러 학문과의 협력을 통해 사회의 각종 현상을 포괄적이고 전체적으로 연구해야 한다.

둘째, 몇몇 엘리트나 영웅적 인물의 역사 대신 사회 하층민과 일반 민중의 역사에 관심을 기울였다. 신사회사 학자들은 교회나 병원의 자료, 토지등기대장, 민간에 전해 오는 그림이나 전설을 1차 자료로 삼아 민중의 일상 사회생활과 관련된 사료를 발굴했다. 그리고 이러한 사료들을 바탕으로 보통 민중의 사회생활의 역사를 재구성하려고 노력했다.

시대에 미친 영향

신사회사는 하나의 학파이며, 연구 방법이자 철학 사조이다. 신사회사가 역사학계에서 주도적 위치를 점하고 있던 구사회사 학파에 대한 반발로 처음 등장했을 때, 학계는 신사회사 학파의 신선함과 창의성에 상당한 충격을 받았다. 그러나 이후 신사회사 학파의 관점이나 연구 방법이 보편적으로 받아들여지면서 신사회사 학파는 자연히 사라졌다.

계량사학(Quantitative History)

숫자로 역사를 풀다

　계량사학은 1960, 70년대 미국과 유럽 각국을 휩쓸며 전 세계로 파급된 새로운 개념의 역사학이다. 계량사학의 가장 큰 특징은 자연과학인 수학적 방법을 활용하여 역사 자료를 정량분석定量分析했다는 점이다. 정량분석은 사물의 수량 관계를 연구하는 것이다. 이에 반해 또 다른 연구 방법인 정성분석定性分析은 주로 사물의 성질을 연구한다. 전통적인 역사학이 주로 정성분석 방법을 활용했다는 점을 고려해 볼 때, 계량사학은 전통적 역사학에 대한 반대급부로 나타났음을 알 수 있다.

생성배경

　19세기 말에 접어들면서 유럽에서는 통계학이 눈부신 발전을 거듭했다. 1851년에는 제1차 국제통계학회의가 열렸으며, 1890년대에는 국제통계학회가 세워졌다. 또한 경제 연구 분야에서도 통계학이 광범위하게 응용되기 시작하면서 경제학 역시 새로운 발전의 기

대표적 인물

로버트 포겔
(Robert William Fogel, 1926-)
계량사학의 대표적 인물. 1948년 코넬 대학교(Cornell University)에서 학사학위를 취득했다. 1993년에는 경제 계량학 분야에서 세운 공로를 인정받아 노벨경제학상을 수상했다. 그의 저서 《철도와 미국의 경제 성장 (Railroads and American Economic Growth: Essays in Econometric History)》의 출판은 역사계량학 혹은 신정량경제사학의 탄생을 알리는 신호탄이었다. 경제 문제 연구는 방법이 중요하며 통계자료를 통해 검증되어야 한다고 강조했다. 특히 노예제도가 비인간적 생산 방법이기는 하지만 당시에는 경제적으로 효율적이었으며, 그럼에도 불구하고 정치적 이유로 붕괴되었다고 주장해서 큰 파문을 일으키기도 했다. 그러나 그의 주장은 학자로서 통계자료에 의한 객관적 연구 결과라는 평가를 받았다.

▲ 1890년대, 경제연구 분야에서도 통계학이 광범위하게 응용되기 시작하면서 경제학 역시 새로운 발전의 기회를 맞이하게 되었다. 마르크스의 《자본론》은 통계를 경제학에 응용한 결과로 탄생한 역작이다.

회를 맞이하게 되었다. 이후 통계학의 영향력이 역사 연구 분야에까지 확산되면서 계량사학이 탄생했다.

형성배경

역사의 계량적 연구에 관심을 갖는 역사학자들이 많아지면서 이와 관련된 학문적 시도도 빈번히 이뤄졌다. 특히 프랑스의 아날학파는 역사의 계량적 연구 발전에 크게 이바지했다

1950년대 이후 계량사학 연구의 중심은 유럽에서 북미 지역으로 옮겨 갔으며, 활용 범위 역시 경제사 및 인구사에서 정치사, 사회사, 문화사 등으로 확대됐다. 최근 몇 십 년 동안 계량사학 발전이 가장 두드러졌던 나라는 미국이다. 1958년, 경제학자인 알프레드 콘래드(Alfred Conrad)와 존 메이어(John Meyer)가 공동 저술한 《남북전쟁 이전 남부노예제도의 경제학(The Economics of Slavery in the Antebellum South)》은 미국 최초의 계량사학 저서로 평가된다. 이후 수많은 계량사학자들이 나타나 과학적인 역사학을 표방하며 활발한 활동을 벌였다. 이들은 스스로를 '사회과학역사학자'라고

▶ 로버트 포겔(오른쪽)

칭했으며, '사회과학역사학회'를 창립하기도 했다.

영국의 계량사학은 주로 미국의 영향을 많이 받았으며, 1964년에는 계량적 연구를 핵심으로 하는 '케임브리지 인구 및 사회구조 역사 연구팀'이 세워졌다. 1975년에는 영국 경제역사학자인 로데릭 플루(Roderick Floud)가 계량사학의 바이블이라고도 할 수 있는 《역사학자를 위한 계량학 방법 입문서(An Introduction to Quantitative Methods for Historians)》를 출판했다.

1980년대 초, 미국, 러시아, 프랑스 등 국가의 계량사학자들은 국제적 협력모임을 결성하고 본격적인 교류를 통해 계량사학의 수준을 한 단계 끌어올렸다. 최근 계량사학은 컴퓨터의 개발과 발전에 힘입어 보편적인 역사학으로 각광받고 있다.

주요 관점

1. 다양한 방법을 활용하여 자료를 분류하고 대상을 분석하여 통계 및 수열을 작성했다. 예를 들어 계량사학자들은 어느 지역의 일정기간 동안 사회 각 계층 인구 수와 연수입, 의회 내 각 당파의 의석점유율 등을 정리하고 이를 묘사, 비교, 분석했다. 그리고 이를 비율이나 백분율, 도표나 그래프 등으로 표시해서 역사의 실질적인 변화를 질이 아닌 양적 개념으로 파악했다.

2. 집중 경향치, 분산 경향치, 편차 등 통계학에서 사용하는 개념과 용어를 역사 연구에 적극적으로 도입했다.

시대에 미친 영향

전통적인 역사학은 모호하고 추상적인 언어로 역사를 설명했다. 또한 역사학자들은 종종 자신의 결론을 뒷받침할 수 있는 사료만 골라 근거 자료로 활용함으로써 한쪽 방향으로 쏠리는 오류를 범했다. 계량사학은 이러한 전통 역사학의 결점을 보완하고 과학적인 연구 방법을 통해 더욱 체계적이고 정밀하게 역사 연구를 했다. 그러나 계량적 방법과 전통적인 서사 방법의 유기적 결합을 어떻게 실현할 것인가는 여전히 계량사학의 과제로 남아 있다.

특징

컴퓨터 등 최신 현대화 기기를 적극적으로 활용했다. 20세기 이후 컴퓨터는 역시 계량적 연구에 없어서는 안 될 중요한 연구 수단이 되었다. 또한 계량수학의 발달과 함께 신경제사, 신정치사, 신인구사, 신사회사 등 계량사학의 새로운 갈래들이 생겨났다.

제4장

예술

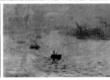

▶ 장다첸의 중국화

▲ 장다첸

중국화 中國畵

먹의 농담으로 그려낸 아름다운 세계

중국화는 붓과 수묵, 염료를 사용해 오랜 세월 동안 형성되어 온 중국 고유의 표현 형식과 예술 법칙에 따라 그린 전통회화이다. 보통 선지(동양식 서화에 쓰는 고급 종이-역주)나 비단, 면과 같은 천 위에 그린 후 뒷면에 다른 종이나 천을 덧대어 만든 두루마리 그림을 가리킨다. 원래 구체적인 명칭이 없었지만 근현대 이후 서양에서 들어온 유화 등과 구별하기 위해 중국화라고 부르기 시작했다. 미술적 관점에서 1912년 이전까지의 중국화는 고화라고 한다.

형성과정

중국화의 역사는 약 이천년 전까지 거슬러 올라간다. 전국 시기 비단 위에 그린 그림이 시초라고 알려져 있으며, 그 이전에는 원시 암석화와 채색도기화가 있다. 면이 아닌 선을 위주로 하는 초기 중국화의 화법은 이후 중국화 고유의 표현 양식이 되었다.

통일과 분열이 어지러이 교차했던 양한兩漢과 위진남북조 시대는

대표적 인물

장다첸(張大千, 1899-1983)
쓰촨성 출생. 20세기 중국 화단에서 가장 영향력 있는 중국화의 대가. 회화, 서예, 전각篆刻 등 다양한 분야에서 뛰어난 작품을 남겼다. 고대 서화를 주로 연구했으며, 특히 산수화 분야에서 상당한 업적을 이루었다. 홍콩, 타이완, 인도, 아르헨티나, 브라질 등지에서 살았으며 파리와 뉴욕을 비롯하여 태국·독일 등 세계 여러 나라에서 개인전을 개최했다. 주요 작품으로는 《묵하도》, 《여산도》, 《장강산수도》 등이 있다.

치바이스(齊白石, 1864-1957)
후난성 출생. 20세기 중국화의 대가, 십대 서예가 중 하나. 1926년 북경중국화연구회 회장 및 전국미술가협회 의장을 역임했다. 1953년 1월 중국 정부 문화부에서 '인민예술가'라는 칭호를 수여받았다. 중국화의 정신과 시대정신을 조화시켜서 중국화를 세계적 경지에 올려놓았다. 주요 작품으로는 《화훼화책花卉畵册》, 《하엽도荷葉圖》, 《남과도南瓜圖》 등이 있다.

188

외부에서 유입된 문화와 본토 문화가 서로 부딪치고 융합되는 시기였다. 이 시기 중국화는 주로 종교화 위주로 발달했으며, 그 외에 역사인물이나 문학작품을 소재로 한 그림이 일정 비율을 차지하고 있었다. 산수화와 화조화花鳥畫가 처음 등장한 것도 이 때이다.

이후 경제적·문화적으로 고도로 발달한 수당시대로 접어들면서 중국화 역시 화려하게 꽃피웠다. 산수화와 화조화는 하나의 회화 양식으로 자리를 잡았으며, 종교화는 최고의 전성기를 맞이했다. 또한 세속화 경향이 점차 나타나기 시작하면서 귀족의 생활을 주제로 한 인물화가 등장했으며 시대적 특징을 지닌 인물 이미지가 생겨났다.

송나라 시기는 중국화가 성숙기에 접어든 때이다. 종교화는 점차 쇠퇴하고 세속적인 생활을 주제로 한 인물화가 인기를 끌었으며 산수화와 화조화가 회화계의 주류로 도약했다. 또한 문인화가 등장하면서 중국화의 세계는 더욱 풍성해졌다.

원, 명, 청 시기에는 수묵산수화와 사의화조화寫意花鳥畫가 눈부시게 발전했으며 문인화가 주류로 떠올랐다. 그러나 후기로 갈수록 화가들이 과거 화풍을 그대로 답습하는 경향을 보이면서 시대의 조류에 발맞추지 못하고 실생활에서 점차 멀어졌다.

19세기 말 이후, 중국화는 서구 미술의 표현 양식 및 예술 개념을 받아들이는 동시에 전통회화 양식을 계승하면서 더욱 다양하고 풍부해졌다.

현대 중국의 화가들은 중국화를 지키고자 하는 마음을 가지고 전통회화 방식에 따라 창작 활동을 하고 있다. 그러나 또 한편으로는 전통적 방식을 계승하면서도 그 안에서 자

특징

붓과 먹을 자유자재로 활용하여 대상의 모습과 화가의 주관적 감상을 효과적으로 표현하는 것이 특징이다. 초기 중국화에는 먹과 염료를 모두 사용했는데, 후기로 갈수록 먹의 사용 빈도가 높아지면서 먹의 농담과 선의 굵기, 길이만으로 대상을 표현하는 수묵화가 주류를 이루게 되었다.

▲ 치바이스

◀ 치바이스의 작품

기 자신만의 풍격을 새롭게 창조해냄으로써 새로운 예술 세계를 개척하고 있다.

주요 관점

1. 대상을 관찰, 인식하고 이를 표현하는 과정에서 중국 민족 전통의 철학과 심미관을 사실적으로 구현했다. 또한 대상을 단순히 객관적으로 관찰하는 것에 그치지 않고 직접 그 안에 녹아들어서 화가와 대상 사물이 하나로 어우러지는 중국화 특유의 세계를 창조해냈다.

2. 작품 창작에서 구상을 매우 중요하게 생각했으며 예술적 이미지의 주관적·객관적 통일을 중시했다.

3. 대상을 보이는 그대로 묘사하는 데 그치지 않고 대상의 내적 상태와 화가의 주관적 감정을 담아내는 데 주력했다.

4. 시간 및 공간적 제약에 구속받지 않았다. 오히려 시공간의 제약을 깨뜨리고 각기 다른 시공간에 있는 대상을 하나의 화폭 위에 배치해서 화가의 주관적인 감정과 예술 세계를 표현했다.

시대에 미친 영향

동양과 서양의 문화는 서로 많이 다르다. 예술적 표현에서도 이러한 차이점은 두드러진다. 동양예술은 주관을 중시하는 반면 서양예술은 객관을 중시한다. 동양예술이 시와 같다면, 서양예술은 연극과 같다. 중국화는 동양예술 특유의 매력으로 세계 예술 무대에서 중요한 위치를 차지했으며, 서양회화 발전에 많은 영감을 던져주고 있다.

◀ 보티첼리(Sandro Botticelli)의 작품 〈봄(Primavera)〉

르네상스(Renaissance)

인본주의 예술

르네상스는 14세기에 이탈리아에서 발원한 문예부흥 운동이다. 르네상스란 단어는 재생, 부활 등을 뜻하는 이탈리아어 'Rinascimento' 에서 유래했다. 15세기 후반부터 서유럽 전체로 퍼지기 시작한 르네상스는 16세기에 절정기를 맞이했다.

1550년, 이탈리아의 화가 겸 미술사가인 바사리(Giorgio Vasari)는 예술가 200명의 삶과 예술 세계를 조명한 저서 《미술가 열전》에서 처음으로 르네상스라는 표현을 사용했다. 17세기 이후에 르네상스는 전 유럽의 곳곳에서 일상적으로 사용되는 단어가 되었다. 19세기 학자들은 14세기부터 16세기까지 서유럽 문화를 가리키는 용어로 르네상스를 선택했으며, '고대 그리스 로마 문화예술의 부흥' 이라고 정의했다.

예술, 과학 등 분야에 혁명을 가져온 르네상스는 근현대 유럽 역사의 서막을 열었다. 그런 까닭에 르네상스 운동은 중세 유럽과 근현대 유럽을 나누는 분수령으로 평가된다.

대표적 인물

레오나르도 다빈치
(Leonardo da Vinci, 1452-1519)
르네상스 시대 이탈리아의 저명한 화가이자 조각가, 건축가, 과학자, 문예이론가, 철학자, 시인, 음악가, 발명가. 르네상스 시대를 가장 완벽하게 대표하는 예술가라고 칭송받는다. 피렌체에서 태어났으며 프랑스에서 죽었다. 〈최후의 만찬〉, 〈암굴의 성모〉, 〈모나리자〉는 그의 3대 걸작으로 불린다. 레오나르도 다빈치는 이 세 작품으로 세계 예술 역사에 지워지지 않을 발자취를 남겼다.

라파엘로 산치오
(Raffaello Sanzio, 1483-1520)
이탈리아의 화가. 이탈리아 우르비노에서 태어났으며 로마에서 죽었다. 그는 작품 속 인물들을 모성의 따뜻함과 젊음의 건강미를 모두 갖춘 완벽한 존재로 표현함으로써 인문주의 사상을 구현했다. 주요 작품으로는 〈삼미신〉, 〈기사의 꿈〉, 〈그리스도의 매장〉, 〈아테네 학당〉, 〈폴리뇨의 성모〉 등이 있다.

미켈란젤로 부오나로티
(Michelangelo Buonarroti, 1475-1564)
이탈리아 르네상스 시대의 화가, 조각가, 건축가. 르네상스 시기 조각예술을 대표하는 인물이다. 1496년 로마로 간 그는 첫 번째 작품인 〈바쿠스〉를 완성했으며 1499년에는 프랑스 추기경의 의뢰를 받아 〈피에타〉를 완성했다. 1501년 피렌체로 돌아온 후 4년여의 시간을 들여 일생의 걸작인 〈다비드〉를 창조했다.

▲ 레오나르도 다빈치의 작품 〈모나리자〉

형성과정

14세기의 유럽에는 공장수공업과 상품경제가 발달하면서 자본주의가 싹트고 있었다. 또한 봉건제도에 대한 피지배층의 불만이 커지고 각 나라별로 민족의 통일을 요구하는 목소리도 점차 높아졌다. 이런 상황에서 막대한 경제력을 지닌 신흥자산 계층은 억압적이고 경직된 중세 문화 대신 고대 그리스 및 로마의 인간 중심 문화에 크나큰 매력을 느끼고, 고전문화를 다시금 되살리기 위해 애썼다. 이에 부응해 문화 및 예술 분야에서는 신흥자산 계층의 이익과 욕구를 반영하고자 하는 움직임이 나타났다.

당시 이탈리아를 이루고 있는 각 도시들은 독립적, 혹은 반+독립적인 국가나 다름없었다. 14세기 후반에 접어들면서 도시국가들은 점점 공화제에서 독재체제로 변해갔고, 각 도시국가의 독재자들은 신플라톤주의를 신봉했으며, 금욕주의적인 종교의 속박에서 완전히 벗어나 향락을 즐기고자 했다. 그리고 세속적 생활을 주제로 한 예술창작 활동을 전폭적으로 지지했다. 한편 종교 분야에서는 급진적 사상을 가진 단체들이 나타나 정통종교에 반기를 들고, 자연의 아름다움과 인간의 정신적 가치를 칭송했다. 더 주목할 만한 사실은 예술가들의 활동을 지지했던 계층 중에 로마 교황청이 있었다는 점이다. 사실 당시 로마 교황청은 심각하게 부패해 있었으며, 성직자들은 세속의 귀족들이나 독재자보다 더욱 호화롭고 자극적인 삶을 즐기고 있었다. 이들은 예술가가 전통적인 종교와 상관없는 소재로도 창작 활동을 할 수 있는 길을 열어 주었다. 이후 예술뿐만 아니라 철학, 과학 등 제반 분야도 비교적 자유로운 분위기 속에 발전하기 시작하면서 종교개혁의 발판이 마련됐다.

주요 관점

1. 르네상스 시기 예술가들은 인체의 아름다움을 최고로 꼽았으

며, 인체의 비율이 세상에서 가장 조화로운 비율이라고 주장했다. 그래서 건축을 할 때에도 인체 비율을 활용했다. 회화 및 조각 분야의 경우, 주제는 여전히 종교적 소재를 벗어나지 못했지만 작품 속 등장인물을 보통 사람의 모습으로 표현함으로써 신神을 인간의 수준으로 끌어내렸다.

2. 르네상스 시기 인문주의자들은 고전문학 연구 방법을 성경 연구에도 적용해야 한다고 주장했다. 그리고 성경을 각 나라의 언어로 번역했는데, 이는 이후 종교개혁의 도화선이 되었다.

3. 세속적인 가치를 칭송하고 사후 세계를 경시했으며 이성으로 신의 계시를 대신할 것을 표방했다. 또한 인간이야말로 현세를 창조하고 누릴 유일한 존재라고 주장했다. 그리고 르네상스의 예술은 인간의 사상과 감정을 표현하고, 과학은 인간의 행복과 이익을 도모하며, 교육은 인간의 개성을 발달시키는 것이 목적이라고 역설했다. 르네상스 인문주의자들은 이러한 주장을 통해 인간의 사상과 감정을 신학의 속박으로부터 해방시키고자 했다.

시대에 미친 영향

르네상스 운동은 눈에 띄는 결정적 사건이나 인물을 계기로 시작된 것이 아니다. 그러나 당시 사람들의 사고 방식을 완전히 바꿔놓았으며, 유럽 전체를 휩쓴 종교개혁과 종교전쟁의 직접적 원인이 되었다. 19세기 역사학자들은 르네상스를 과학 발전, 지리적 대 발견, 민족국가 탄생 등을 이끈 원동력이며 '문화적 암흑기'였던 중세시대와 근대를 구분 짓는 분수령이라고 평가했다. 실제로 유럽은 르네상스를 거치면서 부패했던 봉건제도와 종교의 속박에서 벗어나 더 큰 세계로 나아갈 수 있었다.

특징

르네상스 시기의 예술가들은 작품을 통해 인문주의 사상을 표현했다. 이들은 중세의 종교관과 금욕주의에 반대하고 개인의 개성 해방을 주장했다. 또한 무지몽매한 상태에서 깨어나 과학적이고 자유로운 사고 방식을 가져야 한다고 독려했으며, 신권보다 인권을 옹호했다. 중앙집권체제를 지지한 것 역시 인문주의의 주요 사상이다.

◀ 라파엘로의 작품 〈작은 의자의 성모 (Madonna della Seggiola)〉

▶ 폰토르모의 작품 〈이집트에서의 요셉〉

마니에리스모(Manierismo)

반反르네상스 예술

매너리즘(mannerism)이라고도 불리는 마니에리스모는 르네상스 다음 시기인 16세기에 잠시 나타났던 예술 사조이다. 마니에리스모라는 말은 '수법, 형型, 작품' 등을 뜻하는 이탈리아어 '마니에라(maniera)'에서 비롯되었다.

생성배경

1527년, 교황은 카를 5세가 이끄는 신성로마제국 군대의 남하를 막기 위해 프랑스, 베니스 등 여러 나라와 손을 잡았다. 그러나 이러한 시도는 결국 실패로 돌아갔고, 로마는 신성로마제국 군대의 말발굽 아래 철저히 유린당했다. '로마의 약탈(Sacco di Roma)'이라고 불리는 이 사건으로 인해 르네상스 시대의 수많은 걸작품들이 훼손되거나 소실됐으며, 르네상스 운동의 기본정신인 인문주의와 이성, 심지어 신앙도 뿌리째 흔들렸다. '로마의 약탈'로 이탈리아 르네상스 운동은 완전한 종말을 맞이했다.

19세기 독일의 미술사가 하인리히 뵐플린(Heinrich Wolfflin)은 16세기 이탈리아에서 나타난 과도기적 예술 양식을 통칭하기 위해 처음으로 마니에리스모라는 용어를 사용했다. 그 후 마니에리스모는 르네상스 양식에서 바로크 양식으로 넘어가는 과도기에 유행한 특정 미술 양식을 지칭하는 말로 널리 쓰였다.

▲ 폰토르모의 작품 〈십자가에서 내려지는 예수〉

르네상스 후기에 나타난 마니에리스모는 딱히 분류하기가 어려울 정도로 다양하고 모호한 성향을 보인다. 그러나 마니에리스모 시기 작품들에서 공통적으로 발견할 수 있는 특징이 있으니, 바로 불균형하고 부자연스러운 인체 표현이다. 인체 비율을 최고의 황금비율로 생각하고 이를 충실히 표현하고자 했던 르네상스 예술과 달리, 마니에리스모는 고의적으로 신체의 일부를 과장하거나 왜곡함으로써 강렬하고 드라마틱한 효과를 얻어냈다. 미켈란젤로의 후기 작품 중에도 말과 인간의 신체를 매우 불균형하게 표현한 것을 찾아볼 수 있는데, 이런 점에서 보면 미켈란젤로도 마니에리스모 화가에 속한다고 볼 수 있다. 인간의 희로애락을 더욱 극대화시켜 표현하는 마니에리스모 양식은 당시 혼란했던 이탈리아 예술계를 휩쓸었으며, 수많은 예술가들에게 큰 영향을 주었다.

주요 관점

1. 마니에리스모 예술가들은 작품 창작에서 화가의 우아하고 풍부한 창조력을 가장 중요하게 생각했다. 또한 화가의 재능과 지혜, 감상자로서의 감상 능력도 강조했다.

2. 마니에리스모 건축가들은 질서와 형식미를 중시했던 르네상스 건축과 달리 고도의 세련미와 복합성, 고귀함을 추구했다. 또한 로마식 장식을 다량으로 도입했으며 다양하고 의도적 조작을 통해 독창적이고 개성적인 건축을 추구했다.

▶ 조반니 다 볼로냐가 프랑소아 1세(Francois I)를 위해 만든 장식함

시대에 미친 영향

　마니에리스모 양식은 고대 그리스 로마 문화를 계승한 르네상스 양식에서 한 걸음 더 나아가 회화 및 조각과 사물의 기능을 융합시켰으며, 장식적 요소를 강화했다. 마니에리스모 예술가들은 자기의 머릿속에서 구축한 미의 이념을 의도적으로 표현하고자 노력했다. 그 결과 부자연스런 인물 표현이나 극단적 장식 경향 등이 나타났다. 당시 매우 혼란했던 이탈리아에서 마니에리스모는 회화, 건축 등 다양한 예술 분야에 매우 큰 영향을 주었으나 한편으로는 지나치게 난해하고 추상적이라는 비난을 면치 못했다.

196

아카데미즘(Academism)

'정석'에 충실한 예술

아카데미즘, 혹은 아카데미즘 미술은 아카데미에서 엄격한 교육과 기초훈련을 받고 고전적 규범에 충실한 보수적 성향의 화가들이 창조한 작품을 통틀어 일컫는다.

'학원'이라는 뜻의 아카데미에서 유래한 아카데미즘은 미술 분야뿐만 아니라 여타 인문사회 과학 분야에서 폭넓게 사용되는 용어이다. 일반적으로 아카데미에서 정규교육 과정을 수료하고 스승의 사상 및 연구 성과를 계승하는 학자들을 아카데미파(Academy 派)라고 한다. 미술 분야에서 아카데미파는 미술 아카데미에서 정식 미술교육을 받고 고전주의 표현 양식을 충실히 따르는 화가들을 가리킨다.

생성배경

이탈리아 르네상스 후기로 접어들면서 고전주의 미술은 뚜렷한 쇠락의 조짐을 보였다. 게다가 르네상스에 대한 반발로 일어난 바로크 예술의 공세도 날이 갈수록 거세졌다. 그러자 바로크 예술의 세속화 경향 반대, 르네상스의 예술적 성과 수호를 목적으로 하는 아카데미들이 유럽 곳곳에 세워졌다.

형성과정

이 시기의 아카데미 중에서 가장 영향력 있었던 곳은 1580년 이탈리아의 미술 명가 카라치(Carracci) 일가가 볼로냐에 세운 카라치 미술 아카데미였다. 카라치 미술 아카데미는 이후 이를 중심으로 볼로냐 화파(Bolognese school)가 생겨날 정도로 명성이 드높았다.

카라치 미술 아카데미는 그 명성만큼이나 학생 선발 기준도 매우 까다로웠다. 기본적인 회화 기술과 재능은 물론, 고전주의 작품 및 르네상스 예술의 형식과 규칙에 대해 얼마나 이해하고 있는지도 선발 기준의 하나였다. 아카데미에 선발된 학생들은 고전주의와 르네상스 예술의 가치와 중요성에 대해 배웠으며, 이를 충실히 구현하고 전승하는 훈련을 받았다. 미술 아카데미는 이전까지의 주먹구구식 회화교육이나 도제 방식을 체계적이고 공식화된 교육 방식으로 바

● 소재나 작화기법, 기교 등에서 규칙과 규범을 중시했다. 후반기에는 규범을 지나치게 중시한 나머지 형식화되는 모습을 보였다.
● 고상함과 우아함을 중시했으며, 격렬한 감정표현이나 지나친 개성 표현 등을 지양했다.
● 전통을 중시했다. 아카데미즘 미술가들은 정석을 지키고 정도正道를 걷고자 했다. 그리고 그렇게 하기 위해서는 무엇보다도 전통을 준수하고 따르며 배우는 것이 중요하다고 여겼기 때문에 전통을 중시했으며 모든 종류의 개혁에 반대했다.
● 회화적 표현기법과 기교를 중시했다. 특히 기본기인 데생을 중요하게 생각했다.

꾸고 미술교육의 발전을 이끌었다는 점에서 긍정적 의미를 갖는다.

16세기 말 이탈리아에서 나타난 아카데미즘은 17,18세기에 영국, 프랑스, 러시아까지 퍼져 나갔다. 그중 프랑스의 아카데미즘은 왕실의 적극적인 후원을 등에 업고 엄청난 세력을 확장했다.

주요 관점

아카데미즘 미술의 중심이라 할 수 있는 볼로냐 화파는 르네상스 미술을 계승한 '이상적인' 예술가 육성을 목표로 내세웠다. 그리고 아카데미를 통해 미켈란젤로, 다빈치, 라파엘로 등 르네상스 미술 거장들의 예술정신과 작화 방식을 젊은 화가들에게 가르쳤다. 자연히 선배 예술가들의 업적을 종합하고 정리하는 데 심혈을 기울였으며, 이를 효율적으로 가르칠 수 있는 규범화된 교육 방식을 개발해 냈다. 그러나 한편으로는 지나치게 경직되고 형식화되는 모습을 보이기도 했다.

시대에 미친 영향

아카데미즘 미술은 르네상스 대가들의 서로 다른 장점을 종합적으로 수용하고 고전주의적 원칙을 충실히 따라 아름다운 작품들을 다수 배출했다. 또한 고전주의 예술 원칙을 아카데미 교육에 적용하고 학생들의 심미관과 표현 기법을 부단히 훈련시켜 뛰어난 수준의 화가들을 길러냈다. 이 뿐만 아니라 시각예술을 규칙적이고 이상적이며 전승 가능한 형태의 예술로 만드는 데 크게 이바지했다.

▲ 〈수태고지(The Annunciation)〉

바로크 예술(Baroque Art)

일그러진 진주

바로크 예술은 음악, 건축, 문학, 미술 등 다방면에 걸쳐 16세기 후반 유럽에서 유행한 예술 양식이다. 고전주의를 표방하며 균형적이고 차분한 예술세계를 추구했던 르네상스 예술과 달리 바로크 예술은 화려함과 기백, 강렬한 감정 표현, 역동적인 구도 등을 통해 자극적이고 드라마틱한 효과를 추구했다.

생성배경

'바로크'라는 말의 어원에 대해서는 두 가지 설이 있다. 하나는 논리학에서 3단계 논법을 가리키는 전문용어인 'Baroco'에서 유래했다는 설, 다른 하나는 일그러진 진주를 뜻하는 포르투갈어 'barroco'에서 왔다는 설이다. 17세기 말부터 바로크라는 단어는 예술비평에서 비정상적이거나 기괴하고 과장된 경향을 띠는 사물, 작품 등을 가리키는 말로 사용됐다. 일반적으로 고전주의 르네상스 이후에 나타난 예술 사조에 대한 경멸의 뜻을 나타내기 위해 쓰였으나 19세기 중엽에는 부정적 의미가 사라지면서 르네상스와 구별

되는 독자적인 예술 양식의 명칭으로 자리 잡았다.

형성과정

1888년, 하인리히 뷜플린은 〈르네상스와 바로크(Renaissance und Barock)〉라는 저서에서 바로크 스타일을 체계적으로 정리한 뒤, 이를 독립된 풍격과 가치를 가진 예술 양식으로 규정함으로써 바로크 예술의 격조를 한 단계 끌어올렸다.

16세기 후반부터 나타나기 시작한 바로크 예술은 17세기에 절정을 이뤘다. 그리고 북유럽과 동유럽 일부를 제외한 나머지 지역에서는 18세기경부터 점차 사그라졌다.

이탈리아에서 처음 발원한 바로크 예술은 반反종교개혁 성격이 매우 강했다. 그러니 로마 교황청이 바로크 예술을 적극적으로 지원한 것도 이상한 일이 아니다. 바로크 예술은 반종교개혁을 선전하고 표현하는 유력한 수단으로서 교황청의 전폭적인 지지를 받으며 대중적 선호를 얻기 시작했다. 또한 그 특유의 과장된 장식성과 극적인 감정 표현으로 화려함과 호화로움에 길들여진 귀족들의 사랑을 한 몸에 받기도 했다.

주요 관점

1. 건축 분야: 대규모의 기둥과 수많은 조각으로 장식된 상단 및 지붕을 통해 통치자의 절대 권력을 표현했다. 루이 14세 시대의 베르사유 궁전이 대표적인 바로크 양식 건축물이다.

2. 조각 분야: 주름과 음영의 활용에 치중했으며, 주로 과장되고 역동적인 움직임을 표현했다.

3. 회화 분야: 세련된 작화 기법을 강조했다. 장엄하고 웅장한 구도, 화려하고 다채로운 색감, 강렬한 명암 대비, 역동적인 선을 통해 극적이고 과장된 감정을 전달했다.

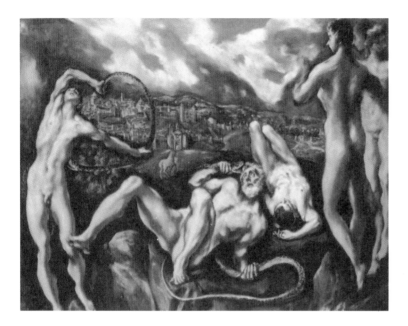

시대에 미친 영향

바로크 예술은 후기 르네상스 고전주의자들이 정해놓은 각종 금기와 법칙의 속박에서 벗어나 자유를 갈망하는 세속적 욕망을 작품 속에 적극 반영한 새로운 예술 양식이었다. 또한 화려함과 신비로움을 모두 갖춘 바로크 건축 양식은 교회 건축을 통해 재력 과시와 신비감 부여라는 두 마리 토끼를 쫓던 구교 지도자들의 입맛에 딱 들어맞았다. 그 덕에 바로크 건축 양식은 로마를 기점으로 유럽 전역에 퍼져 나갈 수 있었다.

특징

● 종교적 특색과 향락주의적 색채를 모두 지니고 있었다.
● 바로크 예술은 매우 격정적이며, 낭만주의 경향이 가득하다. 그래서 냉철한 이성과 조화의 미가 아닌, 예술가의 풍부한 상상력과 거침없는 감정 표현을 더 중시했다.
● 역동성과 변화, 움직임 등을 강조했다.
● 작품의 공간감과 입체감을 중시했다.
● 실생활과 시대에서 멀어지는 경향을 보였다.

▶ 조지 스터브스의 작품 〈마차〉

신고전주의 예술(Neoclassicism Art)

고전주의의 혁명

신고전주의 예술은 17,18세기에 바로크 예술 및 로코코 예술에 대한 반작용으로 나타나 온 유럽을 풍미한 예술 양식이다. '고대 그리스 로마 예술로의 회귀'를 표방한 신고전주의는 감정 대신 사상을, 화려하고 유약한 여성미 대신 강인하고 애국적인 영웅의 이미지를 표방하며 바로크 및 로코코 예술과 확실하게 선을 그었다. 마침 바로크와 로코코 예술 양식에 염증을 느끼던 유럽인들은 신고전주의 예술에 적극적인 지지와 호감을 보였고, 신고전주의 예술은 한 시대를 대표하는 예술 양식으로 자리 잡았다.

생성배경

고대 그리스 로마 예술의 부흥을 모토로 하는 신고전주의 예술은 17세기 프랑스에서부터 시작됐다. 당시 프랑스는 절대왕권 통치와 시민계급의 의식 성장, 초기 계몽주의 사상이 혼재한 가운데 정치적 위기감과 혁명의 기운이 높아지고 있었다. 그러나 가장 먼저 혁

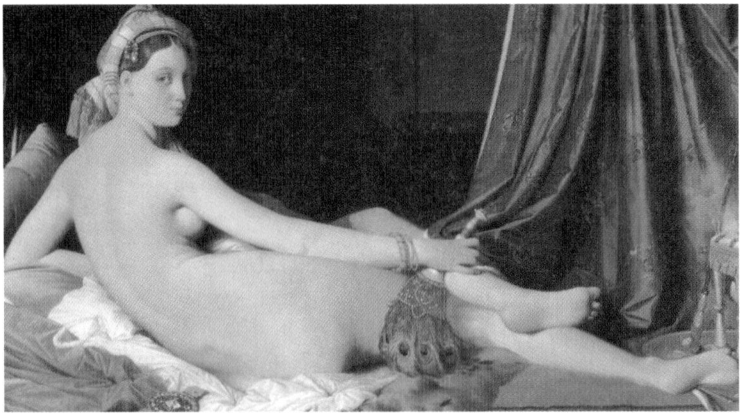

◀ 신고전주의 화가 앵그르(Jean Auguste Dominique Ingres)의 〈그랑드 오달리스크(The Grand Odalisque)〉

명이 일어난 분야는 정치도 사회도 아닌, 바로 순수 예술 분야였다.

프랑스의 순수 예술 분야에서 일어난 혁명, 신고전주의 미술운동은 고대 그리스 로마 예술의 단순한 재현이 아니었으며, 17세기 프랑스 고전주의의 반복도 아니었다. 이 시기 신고전주의 미술 운동은 혁명을 바라는 자본 계급의 열망이 예술 분야에 반영되어 나타난 움직임으로서 옛 것을 바탕으로 새 것을 창조하고자 했다. 이후 프랑스 대혁명이 일어나는 데 크게 일조를 했기 때문에 신고전주의를 '고전주의의 혁명'이라고 부르기도 했다.

▲ 루이 자크 다비드

형성과정

당시 프랑스의 신고전주의 예술가들은 새로운 사회와 시대에 대한 바람과 열망을 예술을 통해 구현하고자 했다. 그러다 보니 귀족들의 화려하고 사치스러운 삶을 상징하는 바로크나 로코코 예술과 전혀 다른 특징을 추구하게 되었고, 간결하면서도 장엄한 고대 그리스 로마 예술에 관심을 갖게 되었다.

신고전주의 예술의 발전을 이끈 사람은 프랑스 화가 자크 루이 다비드(Jacques Louis David)이다. 프랑스 혁명이 일어나기 얼마 전 로마 유학에서 돌아온 다비드는 로마 고대사를 주제로 다양한 창작 활동에 몰입했다. 그는 귀국 후 첫 작품인 〈자비를 기원하는 벨리사리우스(Bélisaire demandant l'aumône)〉로 대중에게 자신의 존재를 각인시켰으며, 1785년에는 〈호라티우스 형제의 맹세(Oath of the Horatii)〉로 파리 살롱에 입성했다. 고대 로마 역사의 한 장면을 비

특징

- 신고전주의 예술은 고전주의를 새로운 감각으로 재해석하여 당시 사람들의 물질적·정신적 욕구를 모두 만족시키는 작품을 탄생시켰다.
- 고전주의적 풍격을 중시했다. 고대의 작품을 그대로 모방하는 것보다는 고전주의적 정신과 풍격을 작품 속에 되살리는 데 중점을 두었다.
- 단순한 화법, 현대적 미술재료 및 기법을 활용하여 고대 예술의 전체적 특징을 되살리고자 했다.

▲ 다비드의 작품 〈마라의 죽음 (Death of Marat)〉

▲ 신고전주의 화가 다비드(Jacques Louis David)의 〈호라티우스 형제의 맹세(Oath of the Horatii)〉

극적이면서도 장엄한 필치로 그려낸 〈호라티우스 형제의 맹세〉는 영웅주의와 애국주의를 고취시키는 작품으로, 당시 프랑스인들에게 신선한 충격을 주었다. 다비드의 작품은 주제나 표현 양식 면에서 바로크나 로코코와 전혀 다른 양상을 보였고, 그 덕에 혁명과 변화를 갈망하던 자산계층 및 시민에게서 뜨거운 호응과 지지를 받을 수 있었다. 다비드 역시 작품을 통해서 혁명을 지지하는 자신의 입장을 숨김없이 드러냈다. 특히 1789년 제작한 〈브루투스 앞으로 자식들의 유해를 옮겨오는 호위병들(The Lictors Bring to Brutus the Bodies of His Sons)〉을 통해 무능하고 부패한 루이 16세를 향한 비난의 뜻을 여실히 나타냄으로써 '혁명과 격변의 시기를 대표하는 화가'라는 위치를 굳건히 다졌다.

주요 관점

신고전주의 예술가들은 고대 역사나 현재의 중요한 사건 등을 소재로 장엄하고 심각한 주제의식을 나타냈다. 또한 감성보다 이성의 표현을 중시했으며, 안정된 구도를 선호했다. 정확한 데생과 윤곽 표현으로 인물을 마치 조각상 같은 느낌으로 그려냈으며 색채는 그다지 중요하게 생각하지 않았다.

시대에 미친 영향

신고전주의 예술은 유럽 각국의 예술에 매우 심오한 영향을 주었다. 특히 영국 미술계에서는 신고전주의 예술의 영향 아래 뛰어난 화가들이 대거 등장했다. 풍경화가 스카티 윌슨(Scottie Wilson)이나 폴 샌드비(Paul Sandby), 동물화가 조지 스터브스(George Stubbs) 등이 모두 신고전주의에서 영향을 받은 영국 화가들이다.

◀ 우키요에 미인도

우키요에 浮世繪

일본 전통의 풍속화

우키요에는 에도 시대에 나타난 일본 전통의 풍속화이다. 풍속화인 만큼 민족적 색채가 농후했으며 서민들의 일상생활이나 풍경, 가부키 배우, 공연 모습, 유곽의 기생 등을 주제로 담았다. 일반적으로 우키요에라고 하면 여러 가지 색상을 입혀 찍은 목판화를 가리키지만, 손으로 직접 그린 육필화도 우키요에의 범주에 속한다.

생성배경

우키요에의 초기 형태는 목판화가 아닌, 화가들이 붓으로 종이 위에 직접 선을 그리고 색을 입힌 육필화肉筆畵였다. 특히 도쿄와 오사카 등지에서 유행한 육필 우키요에는 장식품의 성격이 강했다. 그러다 뛰어난 화가들이 대거 등장하고, 작화 기술도 눈부시게 발달하면서 우키요에는 점차 대중적인 예술로 변모하기 시작했다.

일본 봉건사회의 마지막 시기인 에도 시대에는 상인들을 중심으

대표적 인물

가츠시카 호쿠사이
(葛飾北斎, 1760~1849)
일본 에도 시대의 우키요에 화가. 가츠시카파葛飾派의 시조. 가노파, 스미요시파, 린파, 셋슈파부터 중국화와 서양화까지 섭렵하며 늘 새로운 예술적 시도를 그치지 않았다. 형식미와 주관 표현을 중시했으며, 산수풍경과 일반 서민의 풍부한 생활상을 절묘하게 조합해서 일본 풍경화 창작의 신기원을 개척했다. 주요 작품으로 〈후가쿠 36경富嶽三十六景〉, 〈붉은 후지산〉 등이 있다.

도리이 기요나가
(鳥居清長, 1752~1815)
일본 우키요에 화가. 초기에는 가부키 배우의 초상을 주로 그렸으나, 곧 스승인 도리이 기요미쓰의 뒤를 이어 미인도 제작에 전념했다. 사실주의적 양식으로 키가 크고 당당하며 선이 아름답고 단아한 여인들을 화폭에 그려냈다.

▲ 호쿠사이의 작품 〈후가쿠 36경〉

특징

우키요에의 가장 중요한 특징은 주제의 다양성이다. 주제에 따라 다음과 같이 분류되기도 한다.
1. 미인화(美人畵, 미진가): 젊은 여성을 그린 그림. 인기 있는 가게 간판 아가씨나 유곽의 여인들이 주된 대상이었다.
2. 배우 그림(役者繪, 야쿠샤에): 인기 있는 가부키의 배우 등을 그린 그림. 초상화, 광고 전단지 등 다양한 형태가 있었다.
3. 희화(戱畵, 키가): 재미와 익살이 담긴 그림. 사람의 우스꽝스러운 모습이나 사물을 의인화시킨 주인공이 등장한다. 풍자적인 요소도 포함하고 있으나, 어디까지나 오락성이 강했다.
4. 명소 그림(名所繪, 메이쇼에): 명승지나 관광명소 등을 담은 그림. 자유롭게 여행을 다닐 수 없었던 당시 서민들에게 간접적인 체험을 제공해 주었다. 여행 안내서로 활용되기도 했다.
이 밖에도 춘화(春畵, 슌가), 무사 그림(武者繪, 무사에), 역사화(歷史畵, 레키시가), 장난감 그림(玩具繪, 간구에) 등이 있었다.

로 경제가 급성장했다. 그리고 윤택해진 경제력을 바탕으로 도시에서는 초닌문화町人文化, 즉 서민문화가 발달하기 시작했다. 당시 서민들은 좀 더 높은 수준의 문화와 예술을 누릴 수 있기를 바랐고, 여기에 목판인쇄 기술의 발달과 우수한 화가집단의 출현 등의 요소가 더해지면서 우키요에에 목판화가 등장했다.

형성과정

초기에는 단색 목판화인 스미즈리에墨摺繪가 우키요에의 주종을 이뤘으나, 목판인쇄술의 발달과 함께 붉은 색을 가미한 단에丹繪, 먹에 아교를 섞어 광택을 낸 우루시에漆繪 등이 등장했다. 그리고 마침내 여러 가지 색채가 화려하게 조합된 니시키에錦繪가 탄생했고, 우키요에 판화는 절정기를 맞이했다. 이후 화려한 색감과 정교한 필치를 자랑하는 판화 작품이 대량으로 쏟아지면서 우키요에는 일본문화를 대표하는 미술 양식으로서의 입지를 다지게 되었다.

우키요에는 주제가 다양하기로도 유명하다. 사회적인 사건이나 민간에 전해 내려오는 전설, 역사 이야기를 비롯하여 유명한 가부키 배우, 연극 장면, 일생생활 모습도 모두 주제로 선택됐다. 유곽의 어여쁜 기생들도 우키요에 화가들의 단골 소재였다. 워낙 다양한 주제와 소재를 화폭에 담은 까닭에 '에도 시대 생활상의 백과사전'이라고 불리기도 한다.

우키요에 목판화는 크게 두 종류로 나눠볼 수 있다. 하나는 그림책 형식으로 만들어진 에혼繪本이며, 다른 하나는 한 장짜리 그림인 이치마이에一枚繪이다. 일반적으로 이치마이에는 에혼에 비해 훨씬 더 정교하며 예술성도 뛰어나다.

주요 관점

1. 목판화를 제작할 때 나무 자체의 결을 살리는 데 주력했으며, 선을 부드럽고 유연하게 표현하는 것을 매우 중요하게 생각했다. 우키요에 목판화는 우키요에를 그리는 에시(繪師, 화공), 에시가 그린 디자인을 목판에 새기는 호리시彫師, 목판에 색을 칠해 종이에 찍는 스리시摺り師의 공동작업으로 만들어졌다. 이들은 선과 색채가 자연스럽게 어우러지는 최고의 작품을 만들기 위해 여러 가지 제작기술을 연구, 개발하기도 했다.

2. 우키요에 목판화는 스미즈리에–단에–베니에紅繪–우루시에–니시키에 순으로 발전에 발전을 거듭했다. 베니에는 붉은 색을 주조로 네다섯 가지 색을 더한 것이며, 우루시에는 베니에의 검은 색을 표현하는 먹에 아교를 섞어 광택을 낸 것이다.

시대에 미친 영향

19세기 중엽 유럽으로 전해진 우키요에는 인상파 화가들에게 깊은 인상을 주었다. 특히 인상파의 대표 주자인 반 고흐는 우키요에의 대가 호쿠사이葛飾北斎의 작품을 보고 큰 충격을 받았으며, 우키요에가 배경에 들어간 작품을 그리기도 했다. 클로드 모네, 에두아르 마네, 에드가르 드가, 르누아르 등도 우키요에의 영향을 받은 작품을 남겼다. 또한 우키요에는 인상주의가 후기인상주의로 나아갈 수 있는 원동력을 제공함으로써 서양 미술사에 커다란 발자취를 남겼다.

▶ 부그로의 작품 〈님프와 사티로스(Nymphs and Satyr)〉

대표적 인물

자크 루이 다비드
(Jacques Louis David, 1748-1825)
프랑스의 저명한 화가, 신고전주의의 창시자. 사실 그의 작품은 여러 가지 풍격을 모두 담고 있다. 젊은 시절에는 신고전주의 성향이 강했으나 나폴레옹 시기에 접어든 이후로는 베네치아 화파의 색채나 광선 표현 방식을 받아들여 전기와는 다른 양상의 작품을 그리기도 했다. 그러나 고대사를 주제로 한 작품에서는 여전히 데생과 틀에 박힌 듯한 고전주의 원칙을 중시하는 모습을 보였다.

장 오귀스트 도미니크 앵그르(Jean Auguste Dominique Ingres, 1780-1867)
신고전주의 중에서도 아카데미파를 대표하는 화가. 보수적인 아카데미파를 대표하여 당시 새롭게 득세하던 낭만주의자들과 대립각을 세웠다. 그는 15세기 이탈리아 미술과 고대 그리스의 토기장식 미술에서 많은 영감을 얻었으며, 정교하며 완벽에 가까운 화풍을 자랑했다.

윌리엄 부그로(William Adolphe Bouguereau, 1825-1905)
19세기 초 프랑스의 아카데미파 미술의 대표 인물. 신화 및 우화를 소재로 한 그림을 많이 그렸다. 엄격한 형식과 기법, 완벽주의 정신으로 작품을 그렸으며 인물 표현 시 최고의 아름다움을 창조하기 위해 전통적인 방식을 그대로 따랐다. 새로운 기법을 받아들이지 않고, 인상주의를 비롯한 여타 예술 양식을 배척했기 때문에 지나치게 보수적인 화가라는 비판을 받기도 했다.

고전주의 예술(Classicism Art)

과거를 모방한 예술

고전주의는 17세기부터 19세기까지 유럽 각국에서 유행했던 문화 사조 및 예술 경향을 일컫는다. 17세기 프랑스에서 발원한 고전주의는 고대 그리스 로마의 고전작품과 예술 스타일을 추앙하고 모방하는 데 주력했다. 니콜라스 푸생(Nicolas Poussin), 클로드 로랭(Claude Lorrain) 등이 대표적인 고전주의 화가이다. 넓은 의미에서 보면 18,19세기 프랑스 대혁명 전후로 나타난 신고전주의도 고전주의에 속한다. 신고전주의를 대표하는 화가로는 자크 루이 다비드, 장 오귀스트 앵그르, 윌리엄 부그로(William Adolphe Bouguereau) 등이 있다.

생성배경

17세기의 프랑스는 절대왕정의 독재정치가 최고조에 달해 있었고, 이후 프랑스 혁명을 주도한 자산 계급은 아직 정치적 역량을 충분히 갖추지 못한 상태였다. 당시 자산 계급은 절대왕정과 봉건제도에 상당한 불만을 느끼고 있었지만, 정권을 빼앗을 수 있을 만큼 세력이 크지 않았다. 그러나 사상적인 면에서는 이미 혁명에 대한 열망이 나타나기 시작했으며, 왕권을 제한해야 한다는 요구를 제시하기도 했다. 이 때문에 한때 자산 계급과 봉건귀족 사이에 심각한 긴장 국면이 형성되기도 했다. 이 시기, 데카르트를 중심으로 한 합리론자들은 전통적인 편견을 배척하고 이성을 지식의 유일한 원천으로 보아야 한다고 주장했다. 이들의 주장은 고전주의의 탄생에 큰 영향을 주었고, 고전주의 예술 역시 이를 배경으로 나타났다.

형성과정

1630년대에 처음 나타난 고전주의는 1660, 1670년대에 절정기를 맞이했으며, 그 후 이백여 년간 유럽의 각종 예술 사조에 영향을 미쳤다.

1630년대는 프랑스의 위대한 화가 니콜라스 푸생에게 있어 최고의 전성기였다. 대표작인 〈포세이돈의 승리(Triumph of Neptune and Amphitrite)〉와 〈아르카디아의 목자들(Les Bergers d'Arcadie: Et in Arcadia ego)〉도 이 시기 작품이다. 이 두 작품에서 푸생은 고전 예술의 이성과 형식미를 훌륭히 표현해냈다. 그는 작품을 창작할 때 그림 속의 인물이 감정에 의해 요동치지 않도록 자신의 감정을 최대한 억제하였으며 화면 전체의 통일성과 조화로움, 장엄함, 고아함, 완벽함을 추구했다.

푸생의 작품은 당시 프랑스인들에게 고전 예술의 가치를 재평가하는 기회를 제공했다. 그뿐만 아니라 그의 화풍을 그대로 모사하는 화가들이 대거 등장하면서 푸생은 고전주의 예술의 창시자로 추앙받게 되었다.

17세기부터 19세기까지 프랑스의 고전주의 미술은 세 종류의 흐름을 보였다. 푸생을 중심으로 일어난 고전주의는 영원함과 자연, 이성을 추앙했다. 그러나 그 이후에 일어난 신고전주의는 혁명과 투쟁의 정신을 옹호했으며, 자크 루이 다비드가 대표적 인물이다. 그 외에 앵그르를 중심으로 완벽한 형식미와 고전적 풍격을 추구했던 아카데미파 고전주의가 있다.

18세기 후반에 접어들면서 고전주의는 본래의 정신을 잃고 하나의 형식으로만 존재하게 되었다. 그래서 이 시기의 고전주의를 의고전주의擬古典主義라고 부르기도 한다. 의고전주의는 예술을 갖가지 미의 법칙으로 규제하고, 규칙에서 벗어나는 것을 엄중히 금지하면서 오히려 예술과 문화의 발전을 저해하는 방해물로 전락했고, 결국 계몽사상가와 낭만주의자들에게 집중적인 공격을 받았다.

주요 관점

고전주의 예술의 특징과 심미관 등은 고대 그리스 로마 예술과 르네상스 예술의 결과물을 기반으로 형성된 것이다. 고전주의 예술은 우아하고 고상한 소재와 장엄하고 정결한 형식을 추구했으며 감성보다는 이성을 따를 것을 강조했다. 또한 균형 잡히고 안정된 구도, 완벽한 데생을 바탕으로 한 군더더기 없는 인물 표현을 중시했으며 작품에 고대의 단아하고 엄격한 아름다움을 부여하고자 노력했다.

시대에 미친 영향

고전주의는 유럽에서 약 이백여 년간 유행했다. 비록 국가마다 시대나 정도의 차이는 있었지만, 유럽에서 고전주의의 영향을 받지 않은 나라는 찾아보기 힘들다. 영국은 17세기 후반부터 고전주의 경향이 나타났으며, 러시아에서는 18세기 초부터 고전주의가 유행했다. 러시아의 경우, 특히 문학 분야에서 고전주의의 영향이 두드러진다.

로코코 예술(Rococo Art)

경쾌하고 가벼운 예술

로코코 예술은 바로크 예술과 신고전주의 예술 사이에 나타난 예술 양식이다. 로코코라는 명칭은 돌, 산호, 조가비 모양의 장식 모티브를 가리키는 프랑스어 '로카유(rocaille)'에서 유래했다. 로카유는 S형, 나선형 등 유려한 곡선이 주를 이루며 화려하고 복잡하다. 로코코 예술도 로카유와 마찬가지로 화려하고 세련되며 우아한 것이 특징이다. 프랑스를 중심으로 태동한 로코코 예술 양식은 조각이나 회화부터 실내장식, 가구, 건축에 이르기까지 다양한 분야에서 나타났으며, 영국과 이탈리아에서도 큰 인기를 끌었다.

생성배경

18세기는 '이성의 시대'이자 '계몽주의의 시대'였다. 당시 철학자들은 신의 존재에 모든 것을 의지하던 전통적 사상에서 벗어나 실험과 관찰 등 이성적인 방법을 통해 세상만물을 해석하고 설명하고자 했다. 또한 철학에서 신학적 요소들을 배제하면서 세속화되는 경향을 보였다. 취향 역시 정신적인 감흥과 교화를 중시하던 쪽에서 좀 더 가볍고 자유로우며 쾌감을 추구하는 쪽으로 변화했다. 특히 취향의 변화는 당시 예술 경향에 많은 영향을 끼쳤는데 그 결과 음악 분야에서는 모차르

◀ 프랑수아 부셰의 작품 〈퐁파두르 부인(Marquise de Pompadour)〉

▲ 루이 14세의 어머니

트와 하이든이, 미술 분야에서는 와토(Jean-Antoine Watteau)와 게인즈버러(Thomas Gainsborough), 부셰(Francis Boucher) 등이 나타났다. 이 시기 예술가들은 분야를 막론하고 모두 공통된 주제를 다뤘는데, 바로 이성과 아름다움을 서로 조화시키는 것이었다.

당시 프랑스에서 예술에 가장 큰 영향력을 미쳤던 계층은 왕실 귀족들이었다. 루이 14세는 베르사유 궁전을 안락하고 화려한 공간으로 꾸미고, 성대한 파티를 비롯해 다채로운 오락거리를 귀족들에게 제공했다. 그가 이렇게 한 이유는 단 하나, 귀족들이 반역을 생각하지 못하도록 하기 위해서였다. 동기야 어쨌든 그 덕분에 궁전은 나날이 호화롭게 변했고, 귀족들은 복잡한 예법과 자극적인 향락에 빠져 퇴폐적인 생활을 이어갔다. 이러한 분위기를 반영하여 새롭게 나타난 예술 양식이 바로 로코코 예술이다.

형성과정

로코코 예술은 1715년 루이 14세의 서거를 기점으로 본격적인 전성기에 접어들었다. 바로크 예술에서 로코코 예술로의 변화는 식기류에서 가장 먼저 나타났다. 바로크 시대에는 주로 크고 둔중해 보이는 은기류를 사용했지만, 로코코 시대로 넘어오면서 얇고 가벼우며 깨지기 쉬운 도자기 식기가 은기류의 자리를 대신했다. 또한 커다란 돌을 깎아 만든 장엄하고 육중한 바로크 조각품 대신 작고 정교한 도자기 공예품이 사람들의 사랑을 받았다.

로코코 예술의 가장 큰 후원자는 루이 15세의 정부였던 퐁파두르 후작부인(Marquise de Pompadour)이었다. 그녀는 루이 15세의 권력을 등에 업고 문화의 보호자를 자처하며 당시의 예술 경향을 좌지우지했다. 퐁파두르 부인의 비호 아래 로코코 예술은 조각, 회화, 실내장식, 가구, 건축 등 다양한 분야에서 나타나면서 왕성한 생명력을 자랑했다.

그러나 1764년 강력한 후원자였던 퐁파두르 부인이 사망하고 루이 15세의 또 다른 정부인 뒤바리 백작부인(Comtesse du Barry)이 신고전주의 예술을 지지하면서 로코코 예술은 쇠락의 길을 걸었다.

◀ 와토의 작품 〈코메디아 델라르
테(Commedia dell'arte)〉

주요 관점

1. S형, C형, 나선형 등 다양한 곡선을 활용하여 장식적 효과를
극대화시켰다.

2. 비대칭 구조를 선호했으며, 작품에 가볍고 우아한 운동감을 부
여해서 경쾌하고 화려한 느낌을 살렸다.

3. 따뜻하고 화려한 색채를 주로 사용했다.

4. 자연을 숭상하고 형식주의적 장식과 설계에 반대했다.

5. 인물을 표현할 때 엄숙하고 장중한 느낌보다는 조화롭고 가벼
운 느낌을 선호했으며 낭만적인 사랑, 에로스적 사랑, 모성애와 같
이 다양한 형태의 사랑을 표현했다.

시대에 미친 영향

로코코 예술은 시대를 초월하는 생명력을 가지고 19세기 후반 신
예술 운동에까지 영향을 주었다. 또한 여전히 매력적인 광채를 발
하는 로코코 예술의 걸작품들은 화려했던 절대왕정 시대의 흔적을
엿볼 수 있게 해준다.

▶ 테오도르 제리코의 작품 〈메두사
호의 뗏목(The Raft of Medusa)〉

대표적 인물

테오도르 제리코(Jean Louis Andre
Theodore Gericault, 1792~1824)
프랑스의 유명한 화가, 낭만주의 회
화 창시자. 프랑스 루앙에서 태어났
으며 온 가족이 파리로 옮겨간 이후
1808년 베르네(Claude Joseph
Vernet)의 문하로 들어가 그림을 배
웠다. 1819년 프랑스 미술대전에
서 발표한 〈메두사호의 뗏목〉은 낭
만주의 회화의 대표작으로 평가된
다. 그 밖에 주요 작품으로는 〈엡
솜의 경마〉, 〈돌격하는 샤쇠르〉 등
이 있다.

외젠 들라크루아(Ferdinand Victor
Eugéne Delacroix, 1798~1863)
프랑스의 유명한 화가. 대표적인 신
고전주의 화가인 자크 루이 다비드
에게 사사했으나 그가 정작 좋아했
던 화풍은 색감이 화려한 폴 루벤스
의 것이었다. 동 시대 화가인 제리
코에게도 많은 영향을 받은 들라크
루아는 결국 가장 대표적인 낭만주
의 화가가 되었다. 주요 작품으로
〈카오스섬의 학살〉, 〈사르다나팔루
스의 죽음〉, 〈민중을 이끄는 자유의
여신〉 등이 있다.

로베르트 알렉산더 슈만(Robert
Alexander Schumann, 1810~1856)
독일의 유명한 작곡가이자 음악평
론가. 서적상인의 집에서 태어난 덕
에 어려서부터 음악과 문학을 가까
이 하며 자랐다. 슈만은 19세기 독
일 음악사에서 가장 두드러지는 음
악가이며, 그의 작품에서는 독일 낭
만주의의 장점과 단점을 모두 찾아
볼 수 있다. 성숙기 낭만주의 음악
의 대표 주자이기도 하다. 주요 작
품으로는 〈나비〉, 〈사육제〉, 〈교향
연습곡〉, 〈환상소곡집〉 등이 있다.

낭만주의 예술(Romantic Art)

열정, 자유분방, 역동성

낭만주의 예술은 자유와 혁명에 대한 열망이 한창 뜨거워지던 19
세기 프랑스에서 나타났다. 낭만주의 예술가들은 대혁명 전후에 걸
쳐 나타난 아카데미즘과 신고전주의의 딱딱하고 까다로운 규범에
반기를 들고 예술가 자신의 상상력과 창조력의 발휘를 강조했다.
이들은 현실생활, 중세 전설 및 유명한 문학작품 등 신고전주의보
다 훨씬 다양한 분야에서 작품의 소재를 찾았으며 강렬한 색채, 자
유분방한 필치, 화폭에 가득 넘치는 역동성이 특징인 낭만주의 예
술을 창조했다.

생성배경

낭만주의 예술을 논하려면 먼저 사상계의 낭만주의 사조를 언급
하지 않을 수 없다. 낭만주의 사조는 계몽운동이 세운 '이성의 왕
국'에 대한 실망감, 자산 계급 혁명이 표방한 '자유 평등 박애'라는
구호에 대한 환멸, 자본주의 사회 질서에 대한 불만을 바탕으로 나
타났다. 엥겔스는 당시 프랑스의 현실에 대해 '이성의 승리로 세워

◀ 테오도르 제리코 자화상

진 사회제도와 정치제도는 계몽주의자들의 미사여구와 달리 지극히 실망스러운 풍자화 같았다'고 말했는데, 실제로 당시 프랑스인들은 기대했던 것과 너무 다른 현실에 실망할 대로 실망한 상태였다. 낭만주의 사조는 이러한 상황에서 이성주의 및 계몽주의에 대한 반발로 나타났다.

형성과정

낭만주의(Romanticism)라는 용어는 '낭만적인' 이라는 뜻의 프랑스어 로맨틱(romatic)에서 비롯되었다. 처음 사용될 당시만 해도 로맨틱이라는 단어는 '진실하지 않은', '환상적인', '허황된' 등의 부정적 의미가 더 강했다. 로맨틱이 긍정적 어감을 가진 단어로 사용되기 시작한 것은 18세기 이후로, 특히 예술작품을 평가할 때 '매력적인 우울함' 이라는 뜻으로 자주 쓰였다.

낭만주의는 18세기에서 19세기까지 유럽 전역을 휩쓴 매우 중요한 문예 사조이다. 낭만주의 경향은 거의 모든 예술 분야에서 나타났으며 그 영향력은 20세기 초까지 지속됐다. 국가별로 낭만주의가 두드러진 분야가 달랐다는 점도 주의할 만하다. 프랑스는 조각과 회화, 영국은 역사화와 풍경화, 독일은 음악 분야에서 낭만주의 사조를 화려하게 꽃피웠다.

낭만주의 예술에서 회화 못지않게 중요한 분야는 바로 음악이다. 낭만주의 음악가들은 자신의 취향을 작품에 그대로 반영하여 형식에 철저히 지배받던 기존의 음악과 완전히 다른 음악 세계를 선보였다. 낭만주의 음악은 대부분 매우 감정적이며 주관적·공상적 요소가 다분하다. 낭만주의 음악만의 독특한 특징이 형성될 수 있었던 또 다른 이유로 음악가의 지위가 달라진 점을 들 수 있다. 낭만주의 시대 음악가들은 이전 음악가들처럼 도시나 궁전, 혹은 교회에 속하지 않았으며 대부분 자유롭게 음악 활동을 했다.

주요 관점

낭만주의 예술의 가장 큰 목적은 '이성'과 거리를 두는 것이었으며, 개인의 감정 표현과 자유분방한 형식을 가장 중요하게 생각했다. 또한 인간의 희로애락을 숨김없이 드러냈으며 현실을 초월하는 작품을 만들기 위해 상상력과 창의력을 최대한 발휘했다.

시대에 미친 영향

낭만주의 예술은 음악 분야에서도 그 진가를 발휘했다. 낭만주의 이전까지만 해도 음악은 '신의 은혜를 찬송하기 위하여 존재하는 것'이었다. 그러나 낭만주의가 음악 분야에 녹아들면서 '인간의 언어'로 쓰인 '인간을 위한 음악'이 나타났으며, 교회와 궁전에 집중되어 있던 음악 문화의 중심도 점차 서민층으로 이동하기 시작했다. 모든 사람이 음악을 듣고 즐길 수 있는 시대가 열린 것이다. 그런가 하면 자유 분방하고 풍성한 표현 방식이 두드러지는 낭만주의 회화는 후세 화가들이 자신의 개성을 마음껏 발휘할 수 있는 길을 열어주었다.

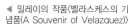
◀ 밀레이의 작품〈벨라스케스의 기념품(A Souvenir of Velazquez)〉

▲ 존 에버렛 밀레이

라파엘전파(Pre-Raphaelite Brotherhood)

라파엘 이전으로 돌아가자

　라파엘전파는 19세기 중엽 영국의 왕립예술아카데미에 다니던 젊은 화가들이 결성한 단체이다. 윌리엄 헌트(William Holman Hunt), 존 에버렛 밀레이(John Everett Millais), 단테 가브리엘 로세티(Dante Gabriel Rossetti) 등이 중심이 된 라파엘전파는 영국 예술의 상황에 대한 불만과 역사화의 전통을 되살리고자 하는 강한 열망을 바탕으로 탄생했다. 이들은 초기 르네상스 예술을 모델로 삼아 도덕적·종교적인 주제를 선택했으며, 진실한 사상과 자연에 대한 배움을 통해 예술 창작에 새로운 기준을 제시하고자 했다. 그러나 명확하게 통일된 사상이나 체계가 없던데다가 내부에서 여러 가지 성향 차이와 각기 다른 목표들이 불거지면서 1853년 이후에 해체되고 말았다.

생성배경

　19세기 중후반, 빅토리아 여왕 시대의 영국은 산업자본주의 경제

▲ 로세티

발전이 절정에 달해 있었다.

이 시기 영국의 예술계는 왕립예술아카데미의 예술 사상과 규범에 의해 좌우되고 있었다. 이들은 라파엘의 예술 세계를 가장 완벽한 것으로 추앙하며 아카데미파의 고전주의를 따랐다. 이와 동시에 사회 전반적으로 빅토리아 시대 특유의 화려하고 세속적이며 천박한 매너리즘 예술이 유행하고 있었다. 당시 의식 있는 예술가들은 이러한 현실에 불만을 느꼈고, 답보 상태에 빠져 있는 예술계를 혁신할 방안을 모색했다. 라파엘전파는 이러한 배경에서 탄생했다.

형성과정

19세기 중엽, 영국의 권위 있는 미술평론가 존 러스킨(John Ruskin)은 르네상스 전성기의 예술을 평가하면서 '육욕(肉慾)에 치우친 주제가 지나치게 많다'고 비판했다. 당시 청년화가였던 헌트, 밀레이, 로세티도 러스킨과 비슷한 생각을 가지고 있었다. 그래서 이들은 르네상스의 전성기 작품이 아닌 초기의 예술 작품에 더 많은 관심을 기울였다. 화려하고 향락적인 당시 풍조에 염증을 느낀 이 젊은 화가들은 초기 르네상스 예술의 진실한 감정 표현과 소박하고 생동감 넘치는 이미지에 매료되었으며, 이를 자신들의 화풍에 구현하기 위해 노력했다.

1848년, 초기 르네상스 예술에 대한 동경을 공유하는 젊은 화가들이 런던에 있는 밀레이의 집에 모였다. 이 자리에서 이들은 '라파엘 이전으로 돌아가 자연을 닮은 순수한 예술을 되살리자'는 구호를 내세우고 라파엘전파라는 이름으로 뭉쳤다.

라파엘전파의 존재와 그들의 독창적인 작품은 세상에 등장하자마자 논란의 중심에 서게 되었다. 예술계와 사회는 주류에서 너무나 동떨어진 라파엘전파의 예술을 쉽게 받아들이지 못했으며, 이를 '할 일 없는 젊은 야심가'들이 '기괴한 행동으로 세상의 관심을 끌어보려는 수작' 정도로 폄하했다. 당시 라파엘전파를 옹호하고 높이 평가한 평론가는 존 러스킨이 유일했다.

주요 관점

라파엘전파는 명칭처럼 라파엘 이전의 예술로 돌아갈 것을 주장했다. 그리고 라파엘 시기 이전에 존재했던 진정한 예술을 부활시

켜서 영국 미술을 구하고자 했다. 그
러나 당시 사람들은 라파엘전파의
자유로운 풍격과 개성 넘치는 기법
을 이해하지 못했을 뿐더러 불편함
마저 느꼈다. 심지어 저명한 소설가
디킨즈는 라파엘전파 화가가 그린
성모상을 보고 '영국의 싸구려 술집
에 앉아 있는 추녀도 이 성모보다는
매력적일 것이다'라고 혹평했다.

라파엘전파 화가들은 자유와 개
성을 숭배했으며, 예술 이론 면에서
도 자신의 관점을 굳건히 고수했다.
그렇다보니 종종 다른 성향의 화가
나 평론가들과 논쟁이 붙었으며, 심
지어 내부에서도 쟁론이 벌어졌다.
결국 한 차례의 격렬한 논쟁을 계기
로 라파엘전파는 거의 해체됐다. 어
떤 면에서 보면 해체는 자유와 개성
을 그토록 추앙하고 존중했던 라파

▲ 단테 가브리엘 로세티의 작품
〈비너스(Venus Verticordia)〉

엘전파 화가들의 마지막 작품이라고 해석할 수도 있다.

시대에 미친 영향

라파엘전파가 활동한 기간은 그리 길지 않지만, 영국 미술계에
미친 영향은 결코 무시할 수 없을 정도이다. 탄생과 동시에 논쟁을
불러 일으켰던 라파엘전파는 '중세 화풍으로의 퇴보'라는 비평과
함께 '묘사가 지나치게 세밀하여 오히려 추한 느낌을 준다'는 지적
을 받았다. 그러나 자연에 대한 감각적인 묘사와 경직된 회화 전통
에 대한 반발을 통해 당시 미술계에 신선한 충격을 던졌으며, 많은
자취를 남겼다.

▶ 제르망 뒬라크가 감독한 전위
  영화의 한 장면

대표적 인물

르네 끌레어(Rene Clair, 1898~1981)
프랑스의 전위영화 감독 겸 작가.
학생시절부터 문예 창작 활동을 시
작했다. 1920년 배우로 은막에 데뷔
했으며 1924년에는 감독으로서 첫
번째 작품인 〈파리는 잠들어(Paris
qui dort)〉를 발표했다. 두 번째 작
품인 〈앙트락트(Entr'acte)〉는 대표
적인 다다이즘 영화로, 논리적 서사
방식이 완전히 사라진 영화이다.

제르망 뒬라크
(Germaine Dulac, 1882~1942)
프랑스의 전위영화 감독. 1915년부
터 영화 창작 활동을 시작했으며 전
위영화계에서도 인상주의파의 주도
적 인물이었다. 대표작은 〈미소 짓
는 뵈데 부인(La Souriante Madame
Beudet)〉이다. 유성영화가 등장한
이후 뉴스영화(Newsreel) 제작으로
전향했다.

▲ 제르망 뒬라크

전위예술(Avant-garde Art)

반反전통 예술

전위예술파는 원래 19세기 중엽 프랑스와 러시아 일대에서 나타
난 급진적 정치 성향의 예술가들을 일컫는 말이었으나, 이후에는
시대와 상관없이 혁신적이고 실천적인 정신을 가진 예술가들을 가
리키는 칭호가 되었다.

전위예술은 연극, 음악, 오페라, 영화 등 다양한 예술 분야에서
나타났는데 특히 영화 쪽의 발전이 두드러졌다. 전위예술에 속하는
전위영화(avant-garde cinema)는 1920년대부터 나타났으며, 프랑스
와 독일에서 활발하게 제작됐다. 전위영화는 영화의 전통적인 서사
구조를 버리고 순수한 시각성만을 강조했으며, 초현실주의와 다다
이즘의 영향으로 추상적이고 비현실적인 내용을 주로 다뤘다.

생성배경

제1차 세계대전에서 패배한 독일은 내부적으로 정치적·사상적
혼란을 겪고 있었다. 예술계에서도 변혁의 물결이 일어나면서 전통
적인 가치관과 미학 원칙에 대해 의구심을 품는 예술가와 지식인들

이 점점 많아졌다. 이들은 과거의 낡은 형식과 개념에서 가장 먼저 탈피해야 할 예술 형식으로 영화를 선택했다. 그리고 영화 자체의 특성을 기초로 삼아 영화를 독립된 예술로 승격시켜야 한다고 주장했다. 이들이 주목한 영화의 특성은 바로 정적인 화면을 동적인 움직임으로 바꿀 수 있다는 점이었다.

실제로 몇몇 화가들은 영화의 이 같은 특성에 착안하여 새로운 작품 창작을 시도했다. 입체파 화가였던 한스 리히터(Hans Richter)는 검은색, 흰색, 회색의 정사각형과 직사각형이 리드미컬하게 교차되는 모습을 담은 영화 〈리듬 21(Rhythm 21)〉, 〈리듬 23(Rhythm 23)〉 등을 제작했다. 또한 스웨덴의 다다이즘 화가인 에겔링(Viking Eggeling)은 1921년 독일에서 두 개의 빗살무늬가 기계적으로 움직이는 〈대각선 교향곡(Diagonale Symphonie)〉을 찍었다. 이러한 전위영화들은 보통 15분을 넘기지 않는 단편이며, 인물의 구체적 이미지나 명확한 플롯 대신 선이나 면의 규칙적인 변화와 움직임 등을 통해 시각적 이미지를 보여 주었다.

형성과정

전위영화는 독일에서 태동했지만, 프랑스에서 화려한 전성기를 맞이했다. 영화감독이자 평론가인 루이 들뤼크(Louis Delluc)는 프랑스 전위영화의 발전의 기틀을 마련한 인물로 손꼽힌다. 그는 당시의 상업적 영화의 제작 풍토에 반대하고 영화를 인간과 사물의 특정한 아름다움을 발견하는 수단으로 활용해야 한다고 주장했다.

프랑스 전위영화는 크게 세 단계의 발전과정을 거쳤다. 첫 번째 단계는 입체파 화가인 페르낭 레제(Fernand Leger), 영화감독 르네 끌레어(Rene Clair) 등의 실험적 영화가 등장한 시기이다. 이들은 독일의 전위예술파와 마찬가지로 운동성을 영화의 본성으로 보았지만, 손으로 그린 도형 대신 일상생활에서 흔히 볼 수 있는 사물이나 영향을 합성하여 새로운 형태의 전위영화를 창작했다. 그래서 이 시기의 작품을 일컬어 '다다이즘 영화', 혹은 '추상영화'라고 부른다.

두 번째 단계는 여류감독 제르망 뒬라크(Germaine Dulac)와 스페인 출신 영화감독 루이 브뉘엘(Luis Bunuel), 극작가 겸 시인인 앙토냉 아르토(Antonin Artaud) 등의 실험적 영화가 주를 이루는 시기이다. 이들은 초현실주의 문학의 영향을 많이 받았으며, 꿈이나 환상

특징

전위예술은 전통적인 예술 문화에 반기를 들고 기존의 창작원칙이나 감상 기준에 완전히 위배된 작품을 만들었다. 또한 독특한 형식과 스타일을 추구했으며 예술을 최고의 가치로 삼았다. 이들의 주장에 따르면 예술은 그 자체로 가치 있는 것이기 때문에 도덕적 의무나 사회적 책임을 따로 부여할 필요가 없었다. 전위 예술가들은 내면세계 발굴 및 꿈과 환상, 추상과 순간의 세계를 묘사하는 데 관심을 기울였으며 암시, 은유, 상징, 연상, 지각화 등 다양한 표현기법을 활용했다. 그리고 이를 통해 인물 내면의 신비와 의식의 흐름을 찾아내고자 했다. 한편으로 전위예술은 전혀 상관없는 사물을 연계시키거나 결합시켜서 일반 대중이 이해하기 힘든 예술 세계를 구축했다.

▲ 중국의 전위예술가 멍징후이孟
京輝가 연출한 전위연극 〈연애
하는 코뿔소〉

등을 통해 인간의 잠재의식을 나타냈다. 그래서 이 시기 작품을 초현실주의 영화라고 부른다.

1929년, 프랑스 영화계의 전위예술 운동은 다큐멘터리 영화에까지 파고들었는데 이 시기를 마지막 단계로 구분한다.

주요 관점

1. 연극: 연극 전통의 자연주의적 특징에 반대했으며, 극작가나 배우의 상상력을 최대한 발휘하여 관객의 상상력을 자극해야 한다고 주장했다. 또한 배우의 대사 소화 능력을 매우 중시했다.

2. 음악: 전자음악, 우연성 및 불확정성 음악 등 소위 '전위음악 기법'을 내세웠다. 또한 이전의 모든 것을 잊고 선례에 전혀 구애받지 않는 지각력을 발휘해야 하며, 과거의 음악적 유산을 버림으로써 아무도 꿈꾸지 못한 새로운 세계를 발견해야 한다고 주장했다.

3. 오페라: 전통적인 창작법에서 벗어나 우연성과 불확정성이 가득한 음악을 활용하는 등 반전통적 성향을 보였다.

시대에 미친 영향

전위예술 운동의 주요 목적은 영화의 이미지성과 운동성을 적극 활용하여 영화의 가능성을 발굴하고 독립적인 예술 분야로 발전시키는 것이었다. 그러나 실제로 전위예술 운동의 대표적 인물들은 대부분 자아 성취를 목적으로 삼았기 때문에, 사회적 효과는 그다지 크지 않았다.

전위영화의 실험적인 기법이나 독특한 카메라 기술 등은 영화예술 발전에 긍정적인 역할을 했으며, 다른 분야에서 일어난 전위예술 운동 역시 새로운 사고 방식과 귀중한 경험을 제공하면서 예술의 발전을 도왔다.

▲ 앙리 루소의 자화상

사실주의 예술(Realism Art)

천사를 본 적이 없기 때문에 천사를 그리지 않는다

사실주의는 일반적으로 이상주의理想主義를 배격하고 현실과 실제에 집중하는 경향을 뜻한다. 그러나 미술이나 문학, 철학 등 인문 및 예술 분야에서 사실주의는 이보다 훨씬 다양하고 풍부한 의미를 갖는다. 시각 예술 분야에서 사실주의는 르네상스 시대부터 19세기까지 특정한 기간 동안 형성된 예술 사조 및 창작 방식을 가리킨다.

생성배경

사실주의를 전문적인 예술 용어로 처음 사용한 사람은 18세기 독일의 극작가 요한 실러(Johann Christoph Friedrich von Schiller)였다. 그러나 사실주의가 하나의 문예 사조나 문학 유파, 또는 창작 방식의 명칭으로 자리 잡은 곳은 독일이 아닌 프랑스였다.

사실주의의 프랑스어 단어인 'Realisme'은 현실적·실제적이라는 의미의 라틴어 'Realistas'에서 비롯됐다. 프랑스에서 사실주의라는 용어를 정식으로 제시한 사람은 소설가이자 언론인인 샹플뢰리(Champfleury)이다. 그는 사실주의를 새로운 예술 양식의 명칭이

대표적 인물

귀스타브 쿠르베
(Gustave Courbet, 1819–1877)
프랑스의 화가. 사실주의 미술의 대가. 1839년 파리에 온 이후 몇몇 화가에게 잠시 그림을 배운 것 외에는 대부분 실제 사람들의 삶을 관찰하거나 미술관의 명화들을 연구하는 데 대부분의 시간과 노력을 쏟았다. 좌파 혁명가의 경향이 짙었던 그는 파리 코뮌에 깊이 관여했다가 옥살이를 하기도 했다. 주요 작품으로는 〈오르낭의 매장〉, 〈돌 깨는 사람들〉, 〈센 강변의 처녀들〉 등이 있다.

앙리 루소
(Henri Rousseau, 1844–1910)
프랑스의 화가. 1885년 살롱 드 샹젤리제에 처음 작품을 출품했으며, 1886년부터는 앙데팡당전(Independant展: 독립예술가협회가 개최한 작품전)에 참가했다. 세관원으로 근무하면서 작품 활동을 한 그는 매년 다섯 편 이상의 작품을 창작했다. 사실과 환상을 교차시킨 독특한 화풍으로 초현실주의 화가들에게 많은 영감을 주었다. 주요 작품으로는 〈꿈〉, 〈잠자는 집시〉, 〈뱀을 부리는 여인〉 등이 있다.

특징

사실주의 예술은 사회주의 국가에서 특히 환영을 받았다. 사실주의 예술의 지극히 현실적인 면모가 사회주의의 유물론적 이데올로기에 부합했기 때문이다. 실제로 구소련의 화가들은 모두 스스로를 사실주의 화가라고 불렀다.

라고 규정했으며, 1857년에는 사실주의 이론 분석서인 《사실주의(Le réalisme)》를 발표했다. 당초 사실주의는 자연과 현실생활을 그대로 정확하게 묘사하려는 문학의 경향을 낮잡아 평가하는 의미로 쓰였으나, 프랑스의 화가 귀스타브 쿠르베(Gustave Courbet)가 미술 분야에서 사실주의를 제창하면서 사실주의 예술이 싹트기 시작했다.

형성과정

1855년, 쿠르베는 살롱에서 주목받지 못한 작품들을 모아 개인전시회를 열었다. 이 전시회는 '사실주의 논쟁'의 기폭제가 되었고, 쿠르베는 앵그르와 천사 논쟁을 벌였다. 이 논쟁에서 앵그르는 쿠르베가 천사와 같이 고상하고 교훈적인 대상이 아닌, 노동자처럼 평범한 사람을 그림으로써 미적 규범에서 벗어났다고 비판했다. 그러나 쿠르베는 이에 맞서 '내게 천사를 보여 주면 그것을 그리겠다'고 대답했다. 자신이 실제로 보고 경험한 것이 아니면 그리지 않겠다는 입장을 분명히 한 것이다. 이후 1857년에 쿠르베의 열성적 지지자였던 샹플뢰리가 《사실주의》를 써서 사실주의 이론을 한층 견고하게 세웠다. 쿠르베와 샹플뢰리의 노력에 힘입어 사실주의는 하나의 예술 이론이자 양식으로 주목받기 시작했다.

사실주의 회화의 대표적 화가로는 쿠르베 외에도 바르비종파(Barbizon school)의 '바르비종의 일곱 별'을 들 수 있다. '바르비종의 일곱 별'이란 파리 교외의 퐁텐블로 숲 어귀에 있는 작은 마을 바르비종에 기거하며 창작 활동을 한 일곱 명의 풍경 화가를 말한다. 이들은 위대한 자연의 풍경과 소박한 농촌생활을 주제로 삼아 사실적 기법으로 그려냈는데, 특히 밀레(Jean-Francois Millet)와 루소(Theodore Rousseau)가 유명하다. 밀레는 농민들의 소박한 삶을 따뜻하게 그려냈으며, 루소는 자연 풍광을 묘사하는 데 주력했다.

주요 관점

사실주의 예술은 회화, 조각 등 다양한 분야에서 나타났다. 사실주의 예술은 실제로 존재하는 것이든, 상상 속의 대상이든 간에 추상적인 부호가 아닌 현실 속에서 볼 수 있는 존재들로 표현했다. 어떤 주제라도 현실적이고 사실적으로 표현하는 것이야말로 사실주의의 원칙이자 기법이었기 때문이다.

시대에 미친 영향

사실주의 예술은 이전에 존재한 예술 양식의 경험들을 종합적으로 계승했으며, 새롭게 혁신을 이루었다. 또한 르네상스 시대 사실주의 예술의 부족한 점을 보완하고 고전주의의 이성적 속박과 규칙에서 탈피했으며, 계몽시대 예술의 교훈적 요소나 낭만주의 예술의 주관성을 극복했다. 현실에 주목하고 진실에 대한 관찰을 중시하는 사실주의 예술은 지금도 왕성한 생명력으로 예술계에 많은 영향을 주고 있다.

▶ 샤반의 작품 〈희망(The Hope)〉

대표적 인물

퓌뷔 드 샤반
(Puvis de Chavannes, 1824-1898)
프랑스의 저명한 벽화가. 신화나 성서에서 따온 소재를 은유와 암시 등 다양한 상징적 기법으로 그려냈다. 한때 낭만주의 미술의 대가 들라크루아의 화실에서 일했으며, 색채와 기법, 구성면에서 반 고흐나 모리스 드니를 포함한 후기 인상파 화가들에게 찬사와 존경을 받았다. 주요 작품으로는 소르본 대학, 보스턴의 공공도서관, 판테온의 벽화를 비롯해 〈희망〉, 〈가난한 어부〉, 〈하얀 바위〉 등의 유화 작품이 있다.

귀스타브 모로
(Gustave Moreau, 1826-1898)
프랑스의 화가. 파리의 한 건축사의 아들로 태어났다. 1846년 파리미술학교에서 미술을 배웠으며 들라크루아의 화풍에서 많은 영향을 받았다. 1870년대 인상주의 화풍이 한창 유행하고 있을 때, 사변적이고 철학적인 사상을 예술에 담아야 한다고 주장했다. 대표작인 〈살로메〉 시리즈는 전형적인 상징주의 작품으로 분류된다. 그 밖에 주요 작품으로는 〈오이디푸스와 스핑크스〉, 〈오르페우스〉 등이 있다.

오딜롱 르동
(Odilon Redon, 1840-1916)
프랑스의 상징주의 화가. 미학적으로 시각이 아닌 상상력에 의지해 창작할 것을 주장했다. 1870년대 후반부터 석판화를 창작하기 시작했으며 그 후 200여 점이 넘는 석판화를 엮은 석판화집 《꿈속에서(In the Dream)》를 발표했다. 초기에서 중기까지는 판화와 소묘를 위주로 흑백의 세계를 표현했으나 50세 무렵부터는 파스텔이나 유채를 사용한 화려한 색채 표현으로 옮겨갔다.

상징주의 예술(Symbolisme Art)

주관의 객관화

  상징주의 예술은 19세기 후반 현실생활과 살롱 위주 예술 문화에 불만을 가진 예술가와 지식인들을 중심으로 형성된 예술 사조이다. 상징주의 예술가들은 자신의 감정과 바람을 직접적으로 드러내지 않고, 상징과 은유, 우의적인 방법을 통해 표현했다. 그래서 이들의 작품 세계는 허구적이며 환상적이다.

생성배경

  19세기 말 유럽 예술계에서는 시와 미술이 서로 영향을 주며 발전하는 독특한 흐름이 나타났다. 프랑스의 상징주의 시인 귀스타브 칸(Gustave Kahn)은 1886년 발표한 평론에서 이 독특한 흐름을 이렇게 설명했다.

  "우리가 추구하는 예술의 근본적인 목적은 객관적 사물을 주관화 시키는 것(개성적인 관점으로 자연을 보는 것)이 아니라 주관적 사물을 객관화 시키는 것(이념, 생각을 작품에 구현하는 것)이다."

이 시기 유럽 미술계에서는 인상주의 회화 및 인상주의 예술가들이 현대적 미술의 선구자로 주목받으며 굉장한 영향력을 끼치고 있었다. 그러나 여전히 자연을 모방하는 수준에 머물러 있는 인상주의의 화풍은 더욱 새롭고 현대적인 예술 철학을 갈망하는 이들에게 비판을 받았다. 그리고 마침내 인상주의의 한계를 넘어선 새로운 예술 사조에 대한 열망을 바탕으로 상징주의 예술이 탄생했다.

형성과정

상징주의 예술의 탄생을 논하려면 퓌비 드 샤반(Puvis de Chavannes)을 언급하지 않을 수 없다. 프랑스의 가장 뛰어난 벽화가 중 한 명인 샤반은 작품에서 상징적 기법을 적극 활용했으며, 당시 주요 미술 사조와 전혀 다른 새로운 화풍을 창조하여 수많은 화가들과 비평가들의 존경을 한 몸에 받았다. 특히 리옹 미술관을 위해 그린 〈예술과 뮤즈의 성스러운 숲〉 등 상징과 은유로 가득한 그의 벽화 작품은 이후 상징주의 예술 형성에 결정적인 역할을 했다.

샤반과 동 시대에 활동했던 주요 상징주의 화가로는 귀스타브 모로(Gustave Moreau)가 있다. 그가 1876년 살롱에 출품한 〈살로메의 춤(Salomé dansant devant Hérode)〉은 보석처럼 빛나는 색채와 몽환적인 분위기, 곳곳에 숨겨진 상징적 표현들로 가득한 걸작이다. 당시 수많은 관중들을 불러 모았던 이 작품은 지금까지도 상징주의 예술의 대표작으로 칭송받는다.

모로는 샤반보다 훨씬 더 대담하고 적극적으로 상징적 기호들을 사용했으며, 신비하고 기괴한 소재들을 거리낌 없이 선택했다. 그는 주로 신화나 성서에서 소재를 선택해 환상적이며 탐미적인 작품을 만들어냈다. 모로의 붓 아래에서 팜므파탈의 원형이라 할 수 있는 요사스럽고 사악한 매력의 여성들이 탄생했으며, 삶과 죽음, 선과 악을 의미하는 상징물들로 가득한 세계가 창조됐다. 당시 예술가들은 모로의 작품과 화풍에 거부할 수 없는 매력을 느꼈고, 그의 창작 방식을 따르는 일군의 화가들이 나타나면서 상징주의 미술이 본격화됐다.

주요 관점

1. 상징주의 예술가들은 새로운 상징적 언어, 상징적 표현들을 창

특징

정신과 내면의 주관적인 세계를 다양한 상징과 은유, 기호로 형상화시켜 표현했다. 또한 작품에 표현된 대상 역시 대상 그 자체로서의 의미가 아니라 화가의 주관적 세계를 나타낼 기호로서 의미를 부여했다.

▲ 모로의 1864년 작품 〈오이디푸스와 스핑크스(Oedipus and the Sphinx)〉

조해내야 한다고 주장했다. 또한 형상화할 수 없는 초자연적인 세계, 내면, 관념 등을 상징과 우의, 표징 등의 수법을 통해 이미지로 전달하고자 했다.

2. 상징주의 경향은 미술뿐만 아니라 문학과 조형 예술 분야에서도 나타났다. 이상주의에 대한 반발로 상징주의를 선택한 화가와 작가들은 외부 세계를 충실히 묘사하는 대신 상징과 은유, 장식성이 강한 화면 등을 통해 환상적이고 허구적이며 초자연적인 세계를 표현했다.

시대에 미친 영향

상징주의는 유럽 전역에 골고루 영향을 미쳤으며 수많은 상징주의 예술가들을 탄생시켰다. 스위스 화가 아르놀트 뵈클린(Arnold Bocklin), 이탈리아의 지오반니 세간티니(Giovani Segantini), 벨기에의 제임스 앙소르(James Ensor) 등은 모두 상징주의 화가로 분류된다.

상징주의 예술은 신비주의적 경향이 강했기 때문에 추상적이고 불안정한 이미지, 주관적 색채와 함축적이고 은유적인 느낌이 넘쳐났다. 그러나 종종 이런 경향이 지나쳐서 후세 평론가들의 비판을 받기도 했다.

228

인상주의 예술(Impressionism Art)

〈인상 · 일출〉에서 시작된 새로운 예술

인상주의 예술은 1860,70년대 고전주의와 낭만주의에 대한 반작용으로 나타난 새로운 형태의 예술 사조이다. 인상주의는 프랑스 풍경화가인 카미유 코로(Jean-Baptiste-Camille Corot)와 바르비종파, 쿠르베 등의 사실주의 예술을 모델로 삼고 광학 이론 등의 현대과학기술에 힘입어 인상주의만의 독특한 화풍을 완성했다. 인상주의 화가들이 작품 창작에서 가장 관심을 기울였던 부분은 외광外光, 즉 빛을 표현하는 방법이었다. 그래서 대부분 야외에서 작업을 했으며, 햇빛 아래 나타난 사물들을 보이는 그대로 묘사하려고 했다. 또한 자신의 느낌과 관찰을 근거로 빛에 따라 미묘하게 변하는 색채를 표현해서 종래의 화가들이 그린 정적인 자연이 아닌, 빛과 대기의 움직임에 따라 눈부시게 빛나는 자연을 화폭에 담아냈다.

생성배경

1860년대 프랑스 파리, 살롱의 딱딱한 아카데미즘 미술에 염증을

대표적 인물

클로드 모네
(Claude Monet, 1840~1926)
프랑스의 대표적인 인상주의 화가. 창작 초기부터 인상주의 특유의 기법과 화풍을 보였다. 팔레트 위에서 물감을 섞지 않는 인상파 기법의 한 전형을 개척했다. 주요 작품으로는 〈인상 · 일출〉, 〈수련〉, 〈루앙대성당〉, 〈정원의 여인들〉 등이 있다.

에드가르 드가
(Edgar Degas, 1834~1917)
인상주의 화가이자 사실주의의 거장. 청년 시기에 그린 초상화를 보면 그의 소묘 능력과 작화 기술이 얼마나 정확하고 뛰어났는지 알 수 있다. 파리의 근대적 생활 모습에 자극을 받은 이후 더욱 재능을 발휘하여 정확한 소묘 위에 신선하고 화려한 색채감을 덧입혀서 근대적 감각을 표현했다. 인물의 순간적 동작을 포착하여 새로운 각도로 강조했다. 노년에 접어들면서 시력이 급격이 나빠진 이후에는 조각 등으로 창작 방향을 바꿨는데 이 분야에서도 수많은 걸작을 남겼다.

느낀 일군의 젊은 화가들이 혁신적 사고와 패기를 가지고 새로운 예술 세계를 창조하기 위해 머리를 맞댔다. 이들은 〈풀밭 위의 점심〉으로 혹평을 받고, 〈올랭피아〉로 격렬한 비난의 대상이 되었던 혁신화가 마네(Edouard Manet)를 중심으로 모였으며, 아카데미즘 미술에 반대했던 쿠르베의 정신을 받아들였다. 또한 매주 한 번 파리의 카페 게르부아(Cafe Guerbois)에 모여 새로운 회화 양식에 대해 열띤 토론을 벌였다. 당시 이 모임에는 모네(Claude Monet), 르누아르(Auguste Renoir), 피사로(Camille Pissarro), 바질(Frederic Bazille), 세잔(Paul Cezanne)을 비롯하여 수많은 시인과 평론가들이 참여했다. 그리고 이들의 이론과 탐구, 창작 기법과 경험이 조금씩 쌓여가고 발달하면서 인상주의가 탄생할 수 있는 여건이 마련되었다.

형성과정

1874년 4월, 파리에 위치한 나달(Felix Nadar)의 사진관에서 제1회 '화가 · 조각가 · 판화가 무명예술가협회' 전시회가 열렸다. 모네, 르누아르, 피사로, 시슬레(Alfred Sisley), 드가(Edgar De Gas), 세잔, 모리조(Berthe Morisot), 기요맹(Armand Guillaumin) 등 초기 인상파 화가들 대부분이 전시회에 참여했다. 이 때 르루아(Louis Leroy)라는 보수적 성향의 기자가 출품된 작품 중 모네의 〈인상 · 일출〉에서 명칭을 빌려와 '인상주의화가 전시회'라는 제목의 다소 조롱 섞인 기사를 썼다. 아이러니하게도 화가들은 이 비웃음 섞인 호칭을 마음에 들어 했고, 스스로 인상파라고 일컫기 시작했다. 인상주의전시회는 1874년부터 1886년까지 총 여덟 차례 열렸는데 제1회, 제4회, 제8회를 제외한 모든 전시회에 '인상주의'라는 이름이 붙었다.

인상주의 전시회가 처음 열렸을 당시만 해도 평론계는 인상파 화가들에게 거침없는 혹평을 쏟아냈다. 그러나 이후 이들을 바라보는 세상의 시각이 조금씩 바뀌고, 이들의 작품에 대한 평가도 호전되면서 인상주의는 미술 외에 다른 예술 분야에도 영향을 미치기 시작했다.

주요 관점

인상주의 화가들은 전통적인 아카데미즘이나 갈수록 진부해지는 낭만주의 미술을 거부했다. 그리고 현대과학, 특히 광학에서 영감을 얻어 빛과 색채 표현에 주력했다. 이들은 외부에서 그림을 그리면서 자연계의 모든 색은 빛과 대기의 변화에 따라 달라지기 때문에 고유의 색깔이라는 것은 없다는 결론을 내렸다. 그래서 햇빛 프리즘 분해에서 얻을 수 있는 일곱 가지 색만 활용해서 빛에 따른 색채의 미묘한 변화를 눈에 보이는 대로 표현하고자 했다.

같은 인상파 화가도 각자의 재능, 관심, 흥미의 차이에 따라 빛과 색채를 중시하는 쪽과 조형과 소묘를 중시하는 쪽으로 나뉜다. 모네, 르누아르 등은 전자에 속하고 드가 등은 후자에 속하며, 피사로는 양쪽의 특징을 모두 가지고 있었다.

시대에 미친 영향

미술 분야에서 시작된 인상주의 예술은 유럽 각국의 예술 발전에 크게 이바지했다. 또한 인상주의의 혁신적인 창작 기법과 예술 관념은 시대와 국경을 뛰어넘어 오늘날까지 미국, 일본, 유럽 등 세계 각국의 미술에 영향을 주고 있다.

▲ 르누아르의 작품 〈물랭 드 라 갈레트의 무도회〉

▶ 고흐의 작품 〈별이 빛나는 밤
(The Starry Night)〉

대표적 인물

폴 세잔(Paul Cezanne, 1839~1906)
프랑스의 저명한 화가. 후기인상주
의 미술의 대표 인물이며, 입체파
창시에 직접적인 영향을 주었다. 자
신만의 독특한 화풍을 개척했으며
'자연은 구형 · 원통형 · 원추형에서
비롯되는 것이다' 라는 견해를 밝히
며 화폭 안에 자연을 단순한 기본적
인 형체로 재구성했다. 사물의 질감
이나 정확한 조형성보다는 두텁고
육중한 무게감, 사물의 전체적인 어
울림 등을 중시했다. 주요 작품으로
는 〈목맨 사람의 집〉, 〈카드놀이하
는 사람들〉, 〈목욕하는 여인들〉,
〈생트빅투아르산〉 등이 있다.

빈센트 반 고흐
(Vincent van Gogh, 1853~1890)
네덜란드의 저명한 화가. 후기인상
주의 미술의 대표 인물. 감정을 진
실하게 재현하는 데 치중했다. 19세
기 최고의 위대한 화가로 평가되지
만, 생전에는 미술계의 인정을 받지
못했으며 일생을 궁핍하게 살다가
결국 자살로 생을 마감했다. 그의
작품은 광기에 가까운 열정과 놀라
운 상상력으로 보는 이를 끌어들이
는 매력이 있다. 주요 작품으로는 〈
해바라기〉, 〈감자 먹는 사람들〉, 〈
까마귀가 나는 밀밭〉 등이 있다.

폴 고갱(Paul Gauguin, 1848~1903)
세잔, 고흐와 함께 대표적인 후기인
상파로 분류되는 화가. 초기에는 단
순한 형태와 색채의 장식적 효과를
추구했으나 브르타뉴의 퐁타방으로
이사한 이후에는 현지의 풍습이나
민간 판화, 동양 미술에 관심을 가
지면서 자신만의 개성 있는 화풍을
만들어갔다. 만년에는 남태평양의
타히티섬에 머물면서 원주민의 건
강미와 열대의 밝고 강렬한 색채로
상징되는 고갱만의 예술 세계를 완
성했다. 주요 작품으로는 〈타히티의
여인들〉, 〈네버모어〉 등이 있다.

후기인상주의 미술

강렬한 내면세계와 개성의 표현

19세기 후반, 프랑스 미술계에서는 인상주의에 영향을 받았으면
서도 동시에 인상주의를 수정하려는 경향을 띤 화가들이 나타났다.
이들은 외광과 색채의 객관적인 표현만을 중시하는 인상주의의 편
협함을 비판했으며, 화가의 주관적인 관점과 내면 세계를 표현해야
한다고 주장했다. 또한 예술적 이미지는 화가의 감정과 정서를 투
영해서 객관적인 사물의 모습과 다르게 표현해야 한다고 강조했다.
이들을 일컬어 후기인상파라고 한다.

생성배경

1880년대 이후, 미술계의 인정을 받으며 어느 정도 자리를 잡은
인상파는 분열과 재조합을 거치며 새로운 발전의 길을 모색하기 시
작했다.

인상주의는 아카데미즘에 대한 반발로 일어났지만, 사실 근본적
으로 보면 추구하는 바는 아카데미즘과 같았다. 둘 다 모두 자연을

보이는 그대로 화폭에 옮기는 것을 추구했던 것이다. 이는 르네상스 이후로 계속되어 온 예술 전통이기도 했다. 그래서 인상파 화가들과 아카데미즘 화가들의 분쟁 역시 표현 방식에 관한 것이었지, 나타내고자 하는 목표 그 자체에 대한 것은 아니었다.

인상파 화가들은 자연을 표현하는 방식에서 이전에 상상할 수도 없었던 혁신적인 성과를 이루어냈다. 특히 빛과 색채에 대한 연구, 변화무쌍한 자연의 모습을 생생히 나타낸 자유 분방한 붓놀림 등을 통해 미술 표현의 새로운 장을 열었다고 해도 과언이 아니다. 그러나 인상파 자체의 특징이 계속 강해지고 굳어지면서, 인상주의의 맹점을 지적하는 화가들이 나타나기 시작했다. 이들은 뛰어난 색채 표현에 비해 형태 표현이 지나치게 흐트러진 것을 지적하면서 색과 형태 표현의 적절한 조화를 추구했다. 세잔부터 시작된 이러한 노력은 곧 하나의 흐름을 형성했고, 여기서 후기인상주의가 탄생했다.

형성과정

후기인상주의라는 명칭은 1910년 영국의 미술평론가 로저 프라이(Roger Fry)가 기획하고 개최한 '마네와 후기인상주의전'이라는 전시회의 이름에서 유래했다. 당시 전시회 표제를 놓고 고민하던 로저 프라이는 무심결에 '후기인상주의'라는 말을 떠올렸고, 막연한 의미로 이를 사용했다. 그러나 '후기인상주의'는 의외로 전시회에 출품된 작품들의 공통된 성향을 나타내기에 매우 적절한 표현이었다. 이후 '후기인상주의'는 인상주의를 따르면서도 여기에 얽매이는 것을 거부하고 자신들만의 독특한 예술 세계를 창조하는 일군의 작가들을 일컫는 명칭으로 자리 잡았다. 이렇게 분류된 작가들 중 대표적인 인물로 세잔, 고흐(Vincent van Gogh), 고갱(Paul Gauguin) 등을 들 수 있다.

사실 후기인상주의에 속하는 화가들은 대부분 개별적이고 개성적이었으며, 집단으로서의 공통성은 거의 보이지 않았다. 그렇기 때문에 후기인상주의라는 명칭도 후세 미술평론가들이 인상주의와 명확히 구별하기 위해 편의상 붙인 것이라고 볼 수 있다.

주요 관점

1. 후기인상주의 화가들은 자연주의적 태도를 완전히 버리고, 객

특징

후기인상주의 미술의 주요 특징은 형태와 형태를 구성하는 선과 색채를 중시하고, 이를 개성적으로 구성해서 화가의 내면 세계를 드러냈다는 점이다. 그러면서도 후기인상주의 화가들은 자신만의 독특한 창작 세계를 구축했다. 세잔의 경우에는 자연 속에서 영원히 변하지 않는 형태와 견실한 구조를 찾았으며 사물의 중량감, 입체감, 안정감 등을 중시했다. 고갱은 사물을 직접 보고 그리는 것이 아니라 기억에 의지하여 그렸고, 전체적 어울림과 상징성을 중시했다. 고흐는 위의 두 사람과 달리 자신의 내면 세계와 광기 어린 감정을 화폭 위에 그대로 쏟아놓았다. 이처럼 전혀 다른 특징을 보임에도 이들을 후기인상주의라는 공통된 명칭으로 묶을 수 있는 까닭은 세 사람 모두 객관적 세계를 모방하려는 인상주의 경향에 반대하고 객관적 사물에 대한 화가의 주관적 감정 표현을 중시했기 때문이다.

▲ 고갱의 작품 〈두 명의 타히티
여인(Two Tahitian Women)〉

관적인 사물을 보이는 그대로 그
리는 대신 화가의 감정과 주관이
담긴 예술적 이미지를 추구했다.
이들은 작품을 통해 '주관화된 객
관'을 표현하고자 했다.

2. 대자연을 묘사할 때 빛의 변
화를 객관적으로 표현하려는 인상
주의의 과학적 태도를 비판하고,
화가의 주관적 느낌에 따라 표현
할 것을 주장했다.

시대에 미친 영향

후기인상주의 미술은 모방을 기
초로 하는 서구 회화의 근간을 뒤
흔들고, 화가의 감정과 느낌이 강
하게 투영되는 주관적 미술의 시
대를 열었다. 또한 20세기 현대 회
화 발전의 기반을 마련했으며, 입
체파의 탄생에 직접적인 영향을
주기도 했다.

야수파(Fauvisme, 야수주의)

야수의 우리에 갇힌 도나텔로

야수파는 1898년부터 1908년까지 프랑스에서 유행했던 현대적 미술 양식이다. 야수파는 첫 등장부터 미술계와 평론계의 관심을 받았으며 1908년을 정점으로 조금씩 그 자취를 감췄다. 유행했던 시기는 3,4년에 불과하지만 야수파 미술은 이후 현대 미술에 상당한 영향을 주었다.

생성배경

19세기 후반 예술계는 인상주의의 천하였다고 해도 과언이 아니다. 중요하다고 손꼽히는 화가들은 대부분 인상주의 미술을 시도하고 있었으며 평론가들도 인상주의의 흐름과 변화 하나하나에 촉각을 곤두세웠다. 또한 1890년대 인상파는 미국에까지 진출하여 상업적인 성공도 거두었다. 그러나 특정한 예술 사조가 오랜 기간 동안 예술계를 장악할 수는 없는 일, 어느 새 미술계 일각에서는 인상주의와 다른 새로운 예술 양식이 태동하고 있었다.

형성과정

1905년 가을, 파리에서 살롱 도톤(Salon d'Automne: 가을 미술전시회)이 개최됐다. 당시 프랑스에서 손꼽히던 예술가 대부분이 이 전시회에 참여했으며, 일부 전위적 성향의 예술가들도 작품을 출품했다. 전시회 측에서는 이 예술가들의 작품을 따로 모아 별도의 전시장을 마련했는데, 그 중에는 프랑스 화가 마르케(Albert Marquet)의 15세기풍 청동 조각도 끼어 있었다. 마치 도나텔로(Donatello: 르네상스 초기 이탈리아 조각가)의 작품을 연상시키는 이 청동 조각은 많은 사람들의 시선을 끌었다.

저명한 예술 평론가인 루이 보셀(Louis Vauxcelles)은 마르케의 작품을 비롯해서 그 곳에 전시되어 있던 전위적 성향의 작품들을 보고 '야수(fauves)의 우리에 갇힌 도나텔로'라는 혹평을 내놓았다. 원색에 가까운 색채, 자유 분방하다 못해 거칠게 느껴지는 붓놀림 등이 당시로서는 상상조차 할 수 없을 정도로 파격적이었기 때문이

▲ 모리스 드 블라맹크

특징

야수파는 아카데미즘 및 인상주의에 대한 명확한 반발 의식을 드러냈다. 특히 인상주의 작품은 호소력이 부족하고 표현의 깊이가 없다고 비판하며, 후기인상주의를 선호했다. 야수파는 서구 예술뿐만 아니라 아프리카 원주민 예술, 동양 예술 등에서 많은 영향을 받았으며 붉은색, 청색, 녹색, 황색 등 원색에 가까운 색채를 주로 사용했다. 또한 거친 붓놀림과 단순화된 선으로 화가 내면의 진실한 감정을 화폭 위에 거침없이 풀어놓았다.

나. 이후 루이 보셀이 사용한 '야수'라는 표현은 이들 전위적 예술가의 작품을 일컫는 명칭 '야수주의'로 자리 잡았다.

'야수파'는 살롱 도톤이 끝난 이후 비슷한 경향을 띤 작품들이 끊임없이 등장하면서 자연스레 형성됐다. 나중에는 야수파의 작품만을 따로 모은 전시회도 개최되면서 점차 많은 사람들의 관심을 받았고, 야수파라는 명칭에 포함되어 있던 부정적인 의미도 사라지게 되었다.

시대에 미친 영향

야수파는 후기인상주의의 영향을 받아 주정적主情的 경향이 강했으며, 표현 방식이 매우 강렬했다. 이들은 동양 및 아프리카 예술의 표현 기법을 적극적으로 받아들이고, 전통적인 고전주의 회화와 달리 화가의 감정과 자아 표현에 몰입했다. 그래서 일부에서는 야수파를 표현주의(Expressionismus) 예술 운동의 한 갈래로 분류하기도 한다.

한편 일각에는 야수파가 마티스 등 주요 화가들의 창작 생애에서 잠시 나타난 일시적 경향에 불과하다는 주장도 있다. 실제로 마티스는 '내게 있어서 야수파 시기란 회화 도구에 대한 실험과 새로운 표현 기법에 대한 탐구에 빠져 있던 시절'이라고 말하기도 했다. 야수파의 존속 기간은 불과 3, 4년 정도였으며 이후 야수파 화가들은 각자 또 다른 예술적 목표를 향해 나아갔다.

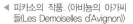

입체파(Cubism, 입체주의)

모든 것을 기하학적 도형과 입체 안에 구겨 넣은 예술

입체파는 1907년 프랑스에서 나타난 현대미술 양식으로 피카소(Pablo Ruiz Picasso)와 브라크(Georges Braque)가 창시했다. 입체파 화가들은 전통적인 공간개념을 깨고 대상의 형태 내부에 있는 구조를 표현하고자 했다. 그래서 대상을 기하학적 포름(forme)으로 분해한 뒤 이를 재구성하거나, 여러 가지 면을 하나의 화폭에 동시에 그리는 등의 방법을 통해 대상의 원래 모습과 전혀 다른 새로운 형태를 만들어냈다. 입체파 작품들은 대부분 분열되고 해체되어 있으며, 구체적인 형상을 찾아볼 수 없는 것이 특징이다.

대표적 인물

파블로 피카소

(Pablo Ruiz Picasso, 1881~1973)
스페인의 화가, 조각가, 현대 예술의 창시자, 20세기 최고의 거장. 평생 유화 1885점, 소묘 7089점, 판화 2만여 점을 남기는 등 다작多作을 했다. 생전에 작품 세계를 인정받은 몇 안 되는 작가이기도 하다. 주요 작품으로는 〈아비뇽의 아가씨들〉, 〈통곡하는 여인〉 등이 있다.

조르주 브라크

(Georges Braque, 1882~1963)
프랑스의 화가. 초기 화풍은 야수주의적 성향이 짙었으나 후에 입체주의로 돌아서면서 입체파의 대가가 되었다. 피카소와 함께 분석적·종합적 입체주의 실험에 몰두했으며 파피에콜레 방법을 적극적으로 활용했다. 주요 작품으로는 〈앙베르항구〉, 〈레스타크의 집들〉, 〈기타를 든 남자〉 등이 있다.

후안 그리스(Juan Gris, 1887~1927)

스페인의 화가. 피카소, 브라크 등과 함께 입체주의 운동을 이끌었다. 그의 작품에는 입체주의적 공간과 르네상스적 공간이 공존한다. 일생을 입체파 화가로서 지냈으며, 녹색과 흑색을 즐겨 사용했다.

▲ 파블로 피카소

특징

화면의 모든 대상을 분해하고 주관적인 관점에 따라 재구성하거나 배치함으로써 사물의 여러 측면을 입체적으로 표현하고자 했다. 또한 평면 위에 2차원과 3차원 공간을 함께 나타냈으며 심지어 눈으로 볼 수 없는 구조와 시간까지도 그려냈다.

생성배경

입체파의 시초는 프랑스 화가 세잔이라고 볼 수 있다. 세잔은 '자연을 원통형·구체球體·원추형으로 나타내야' 하며 '색채 속의 면面을 정확히 파악하고 이러한 면을 조립 및 융합하며 서로 결합되도록 해야' 한다고 생각했다. 이후 시각 예술이 점차 발전하면서 미술계에서는 작품의 대상을 논리적으로 분석하고 냉철한 이성에 의지해서 작품을 창작하는 실험적인 움직임이 나타났다. 이러한 움직임을 주도하는 화가들은 기하학적 도형으로 나누거나 분석할 수 있는 대상에만 흥미를 가졌다. 그래서 처음에는 병이나 유리잔, 책이나 악기 등으로 구성된 단순한 정물화부터 시작했다. 당시에는 비록 체계적 이론도 형성되지 않은 실험적 시도에 불과했지만 이후 입체주의 형성의 밑바탕이 되었다.

형성과정

1907년, 이전의 그 어떤 화풍과도 구별되는 독특한 풍격의 유화 한 점이 프랑스에서 공개됐다. 〈아비뇽의 아가씨들(Les Demoiselles d'Avignon)〉이라는 제목의 이 작품에서 등장인물의 신체는 극도로 단순화되었을 뿐만 아니라 얼굴까지도 납작한 평면으로 표현되어 있었다. 이 작품의 작가는 이후 현대미술의 거장으로 불리게 된 파블로 피카소였다.

〈아비뇽의 아가씨들〉은 피카소의 대표작인 동시에 입체파의 탄생을 알리는 신호탄이다. 피카소는 이 작품을 시작으로 평생 대상의 해체와 재구성에 몰두했으며, 자신만의 독특한 화풍을 창조했다. 피카소에서 시작된 대상의 변형變形은 브라크에 이르러 더욱 철저해졌다. 평론가 루이 보셀은 기하학적 형태로 가득 찬 그의 작품을 보고 '브라크는 이 세상의 모든 것을 기하학적 도형과 입체 안에 구겨넣었다'고 평가했다. 비록 비난의 뜻이 담긴 평가였지만, 그의 말에서 입체주의라는 명칭이 탄생했다.

주요 관점

입체파는 발달 단계에 따라 크게 세 시기로 나눌 수 있다.

1907~1909년−세잔 시기

1909~1912년−분석적 입체파 시기: 고정된 시점에서 대상을 바라

보는 전통적 회화 방식을 버리고 다양한 시점에서 바라본 대상을 동시에 화폭에 표현했다. 또한 화가의 분석을 통해 사물이 현저하게 해체되어 원래의 모양이 사라지고 추상적인 형태만이 남으면서 사실성을 망각하는 오류에 빠지기도 했다.

1912~1914년－종합적 입체파 시기: 객관적 물체의 외형을 표현하는 대신 객관적 물체를 직접 화면에 붙이는 방법으로 사실성을 되찾고자 했다. 즉, 그림물감 외에 다른 소재를 화폭에 풀로 붙여서 회화적 효과를 얻는 파피에콜레(papiers collés) 방식을 활용하여 구체적인 대상과 추상적 구조 형태를 종합했다.

시대에 미친 영향

입체파가 유행했던 기간은 불과 7년 정도이다. 그러나 반反전통의 기치를 높이 들고 새로운 예술의 영역을 개척했다는 점에서 현대미술 발전에 결정적인 역할을 했다고 평가받는다. 지금까지도 입체파 예술은 현대미술, 장식미술, 건축미술 등 다양한 실용 예술 분야에 상당한 영향을 주고 있다.

▶ 스트라빈스키의 작품 〈불새 (L'oiseau de feu)〉 공연 장면

현대음악

다양성의 향연

현대음악은 19세기 말 유행했던 인상주의 음악 이후부터 현재까지 세계적으로 나타난 음악의 총칭이다. 지난 90여 년간 공통된 양식이나 풍격을 찾아볼 수 없을 만큼 다양하고 복잡한 음악들이 동시다발적으로 일어났기 때문에, 현대음악을 장르적 특성에 따라 구분하기란 쉽지 않다. 그래서 일반적으로 현대음악은 제1차 세계대전 이후부터 지금까지 나타난 음악 작품들을 통칭하는 말로 쓰인다.

생성배경

19세기 이전의 음악 창작에서 가장 중요한 요소는 화음이었다. 음악가들은 음악 전체의 어울림과 조화를 가장 중시했으며, 이런 기준에 맞는 작품들을 창작했다. 그러나 시대의 변천과 함께 음악에 대한 기준도 바뀌었으며, 화음에 대한 인식도 변하기 시작했다. 이 같은 변화를 가장 먼저 인식한 19세기 후반 낭만주의 작곡가들은 화음의 속박을 벗어난 작품을 만들고자 노력했다. 리스트(Franz Liszt), 무소륵스키(Modest Musorgskii), 그리그(Edvard Grieg) 등 낭만주의 작곡가들은 불협화음을 과감하게 사용했으며, 독일 작곡가 바그너(Wilhelm Wagner)는 반음계적인 선율을 활용하여 쇤베르크 (Arnold Schonberg)가 말한 '불협화음의 해방'의 초석을 다졌다. 이 처럼 과거와 달리 불협화음과 반음계적 선율이 아무런 제약 없이 사용되기 시작하면서 현대음악 탄생의 여건이 무르익었다.

▲ 손자와 함께 있는 버르토크

형성과정

20세기 초반, 서구 예술계 전반에 걸쳐 표현주의 예술운동이 일 어났다. 회화, 연극, 문학 등 다양한 예술 분야에 걸친 표현주의는 음악에도 영향을 주었다. 당시 음악계에서 표현주의의 영향을 가장 잘 구현한 사람은 오스트리아 작곡가 쇤베르크였다.

표현주의 음악은 전통적 음악과 전혀 달랐으며, 심지어 전통적 음악의 법칙과 규율을 거의 무시하다시피 했다. 일례로 쇤베르크의 초기 대표작인 〈달의 피에로(Pierrot lunaire)〉는 장조도 단조도 아닌 무조이며 온통 자유로운 불협화음으로 가득하다. 또한 슈프레히슈 티메(Sprechstimme: 속삭임이나 탄성, 외침 등이 포함되는 낭송조의 창 법)를 사용하여 전혀 새로운 느낌을 준다. 그래서 조성이 완전히 해 체되어 음악의 중심이 완전히 사라진 쇤베르크의 음렬음악부터 현 대음악이라고 하기도 한다.

현대음악의 특징은 사조와 경향이 다양하다는 것이다. 제1차 세

특징

현대음악의 가장 큰 특징은 다양성 이다. 작곡가마다 창작 방법, 음악 에 대한 생각 등이 모두 달랐기 때 문에 이전의 그 어느 때보다도 복 잡한 양상을 보였다. 또한 특정한 음악 사조가 주도적인 위치를 차지 했던 과거와 달리 현대음악에서는 서로 다른, 심지어 서로 대립하는 다양한 음악 사조가 동 시대에 공 존하며 함께 발전했다.

◀ 버르토크 (왼쪽에서 네 번째)

계대전 이후 서구 음악계에서는 수많은 실험적 사조와 양식들이 나타났으며, 새로운 미학적 개념과 음악 감상에 대한 기준이 출현했다. 페루치오 부조니(Ferruccio Busoni)로 대표되는 신고전주의 음악, 파울 힌데미트(Paul Hindemith)의 실용음악, 벨라 버르토크(Bela Bartok)의 신민족주의 음악 등도 모두 현대음악의 범주에 속한다.

시대에 미친 영향

현대음악은 음악 자체의 관념과 한계를 뛰어넘어 음악가들에게 이전에 상상할 수 없었던 광활한 창작의 자유를 부여했다는 점에서 의미가 있다. 그러나 현대음악이 추구하는 기법이나 심미관은 종종 음악에 대한 청중의 일반적인 개념이나 감상 기준을 넘어섰기 때문에, 청중과의 거리가 멀어졌다는 단점도 있다.

◀ 1963년 10월 3일 행위예술 퍼포먼스 중인 뒤샹

다다이즘(Dadaism)

예술로서 빛난 허무주의

다다이즘은 1916년부터 프랑스와 독일, 스위스 등 유럽 국가와 미국 등지에서 일어난 예술 운동이다. 무정부주의적인 성격이 강했으며, 전통적인 문화와 미학 형식에 대한 부정을 통해 진정한 현실을 발견하고자 했다. 다다이즘에 참여한 사람들은 대부분 젊은 예술가들과 반전反戰운동 지도자들이었으며, 예술 활동으로 반전의식과 자본주의 사회에 대한 불만을 드러냈다.

형성과정

다다이즘이 제일 처음 발원한 곳은 제1차 세계대전 당시 스위스 취리히였다. 1916년 가을, 취리히에서 방황하던 문학청년 몇 명이 카바레 볼테르(Cabaret Voltaire)에 모여 '다다(dada)'라는 문학모임을 결성했다. 리하르트 휠젠베크(Richard Huelsenbeck), 트리스탄 차라(Tristan Tzara) 등으로 대표되는 이들은 1919년 프랑스 파리에서 또 다시 '다다' 모임을 만들었다. 이후 파리는 다다이즘 예술 운

대표적 인물

마르셀 뒤샹
(Marcel Duchamp, 1887-1968)
프랑스 태생, 뉴욕 다다이즘 단체의 핵심 인물. 그의 출현으로 서구 현대예술의 판도가 바뀌었다고 할 만큼 혁신적인 예술가이다. 주요 작품으로는 〈계단을 내려오는 누드 2번(Nude Descending a Staircase, No. 2)〉, 〈샘〉, 〈주어진 것(Etant donnés)〉 등이 있다.

한스 아르프(Hans Arp, 1887-1966)
프랑스의 조각가, 화가, 시인. 1915년 이전까지는 식물의 잎사귀나 유충幼蟲을 연상시키는 추상적인 작품을 많이 창작했다. 다다이즘 운동에 참여했다가 초현실주의 운동에 참가하는 등 다양한 시도 끝에 독자적인 길을 찾아갔다. 작품에서는 극도로 단순화된 형태이기는 하지만 초현실주의와 추상주의의 중간인 유기적 추상으로, 탄력이 넘치는 근원적인 인간의 생명력을 보여주었다. 그 때문에 아르프 자신은 추상예술 대신 구체예술(아르 콩쿨레)이라는 명칭을 즐겨 썼다.

▲ 마르셀 뒤샹

동의 중심지가 되었다.

　다다이즘의 발달과 함께 다다이즘 미술 역시 예술계의 주목을 받기 시작했다. 1917년, 대표적인 다다이즘 예술가 뒤샹(Marcel Duchamp)은 남성용 소변기를 사서 〈샘(Fountain)〉이라는 이름을 붙인 후 이를 익명으로 미국의 독립예술가전시회에 출품했다. 당시 미술계에 엄청난 파장을 일으켰던 이 사건은 다다이즘 미술의 등장을 알리는 신호탄이었다. 2004년, 뒤샹의 〈샘〉은 피카소의 〈아비뇽의 아가씨들〉과 앤디 워홀(Andrew Warhola)의 〈금색 마릴린〉을 제치고 현대 예술에 가장 큰 영향력을 준 작품으로 뽑혔다.

　다다이즘은 한때 세간의 이목을 끌며 예술계 전면에 화려하게 등장했지만, 특유의 허무주의적 정서 때문에 그리 오래 가지 못했다. 1921년 파리의 대학생들이 '다다'를 상징하는 종이인형을 만들어서 이를 세느 강에 던져버렸다. 이는 다다이즘에 대한 혐오를 여과

▶ 뒤샹의 작품 〈계단을 내려오는 누드 2번(Nude Descending a Staircase, No. 2)〉

없이 드러낸 퍼포먼스였다. 그로부터 2년 뒤인 1923년, 다다이즘 예술가들은 마지막 집회를 열고 다다이즘의 종말을 선언했다.

주요 관점

1. 반예술, 반전통을 주장하며 전통적 예술 개념을 뒤엎었다. 뒤샹의 작품 〈샘〉이 대표적인 예이다.

2. 혼란하고 애매한 언어와 기괴한 형상으로 불가사의한 대상을 표현했다. 다다이즘 예술가들은 전쟁과 전쟁을 야기한 정신세계에 대해 극도의 혐오감을 느꼈지만, 한편으로는 이를 무엇으로 대체해야 할지 알지 못했다. 그래서 먼저 과거의 낡은 정신세계를 무너뜨리면 새로운 세계로 향하는 길이 저절로 보이게 될 것이라고 믿었다.

시대에 미친 영향

다다이즘은 비판적인 관념을 통해 전통을 새롭게 평가하는 한편 고정적인 문화 형식에서 벗어나고자 애썼다. 다다이즘의 파괴적 충동성은 현대 예술에 중요한 영향을 주었으며, 20세기 예술에 가장 중요한 화두를 제시했다.

특징

다다이즘 예술가들은 모든 것에 대해 허무주의적 태도를 취했으며, 예술의 원칙 역시 모든 것을 파괴하는 것이었다. 이들은 지구 위에 인간의 흔적을 하나도 남기지 않아야 하며 모든 것을 부정하고 파괴하며 뒤엎어야 한다고 주장했다. 이는 서구사회의 청년들이 제1차 세계대전 기간 동안 겪은 심리적 고통과 공허한 정신 상태를 반영한 것으로 해석된다.

▶ 칸딘스키의 작품 〈노랑, 빨강, 파랑(Yellow)red)blue)〉

추상예술(Abstract Art)

현실에 대한 그 어떠한 기억도 찾아볼 수 없는 예술

추상예술이란 객관적·물적 대상의 외관과 동떨어져 있거나 아예 상관없는 이미지를 표현하는 예술을 말한다. 자각적인 예술 사조로서의 추상예술은 20세기 초 유럽과 미국을 중심으로 일어났으며 1950년대에 활발히 유행했다. 추상표현주의(abstract expressionism), 입체주의, 타시즘(Tachisme) 등의 현대 예술 사조 및 표현 방법은 대부분 추상예술의 영향을 받았다.

생성배경

내면의 관념을 시각적으로 형상화했다는 의미에서 구체예술(art concret)이라고도 하는 추상예술은 대상에 대한 구체적 묘사를 하지 않고, 주관적인 내면의 감정과 생각을 순수한 구성으로 표현한다. 이러한 표현 방법은 기본적으로 표현주의에 속하며, 야수파와 입체파의 연장선 상에 있다고 볼 수 있다. 가장 대표적인 추상예술 화가는 칸딘스키(Wassily Kandinsky)이다. 미술평론가 미셸 쇼포르(Michel Seuphor)는 추상예술을 이렇게 정의했다.

"현실에 대한 그 어떠한 기억도 찾아볼 수 없는 예술. 그것이 바로 추상예술이다."

대표적 인물

바실리 칸딘스키
(Wassily Kandinsky, 1866~1944)
러시아 출생의 프랑스 화가, 추상미술이론가, 추상미술의 선구자. 인상주의 기법을 많이 활용했으며 야수파의 영향도 다수 받았다. 작품 명칭으로 음악 용어를 종종 사용했다. 선과 색, 도형 등을 역동적이고 리듬감 있게 배열하여 추상적인 효과를 얻었다. 1921년 이후부터는 쉬프레마티슴(suprématisme; 절대주의)과 구조주의의 영향으로 자유롭고 상상력이 넘치던 추상에서 기하학적 추상으로 변해갔다. 주요 작품으로는 〈푸른 산〉, 〈즉흥 14〉, 〈검은 선들〉, 〈가을〉 등이 있다.

카지미르 말레비치(Kazimir Severinovich Malevich, 1878~1935)
러시아의 화가, 추상예술 개척자, 쉬프레마티슴 창시자. 칸딘스키, 몬드리안과 함께 기하학적 추상예술의 선구자로 손꼽힌다. 1912년 처음으로 기하학적 추상화를 발표했으며 1927년에는 쉬프레마티슴 이론서인 《비구상의 세계(Die gegenstandslose Welt)》를 출간했다. 주요 작품으로는 〈흰색 위의 흰색(White on White)〉 등이 있다.

형성과정

바실리 칸딘스키는 추상예술 이론과 실천의 선구자이다. 그는 미술평론가로서 추상예술의 기본적인 이론을 다졌으며, 또한 화가로서 실제로 추상미술 작품을 창작했다. 칸딘스키의 저서 《예술에서의 정신적인 것(Über das Geistige inder Kunst)》, 《점·선·면(Punkt und Linie zu Fläche)》 등은 지금까지도 추상예술의 이론서로 불린다.

칸딘스키는 이론적 기초를 먼저 세우고 이를 바탕으로 실제 창작에 돌입했으며, 1910년 최초의 추상회화를 그려냈다. 이후 칸딘스키는 몬드리안(Pieter Cornelis Mondriaan)과 함께 추상예술의 발전을 이끌었다.

추상예술 발달 후기에는 시각적 착각을 다룬 옵아트(Op art/Optical art)가 나타났다. 팝아트의 상업주의와 지나친 상징성에 대한 반동으로 나타난 옵아트는 1960년대 미국과 유럽에서 유행했다. 평행선이나 동심원 같은 단순하고 반복적인 문양과 명도가 같은 보색을 병렬시켜 그림이 움직이는 듯한 착시를 일으키는 것이 옵아트의 특징이다.

특징

추상예술은 크게 순기하학적·주지주의적 경향과 낭만주의적·표현주의적 경향으로 나눌 수 있다. 전자는 몬드리안의 '차가운 추상'으로 대표되며, 후자는 칸딘스키의 '뜨거운 추상'으로 설명할 수 있다. '차가운 추상'은 보통 이지적理知的인 공간을 추구하며, '뜨거운 추상'은 표현주의적이고 강한 색채의 움직임을 추구한다.

▼ 칸딘스키의 작품 〈컴포지션9 (Composition IX)〉

추상예술은 자연의 대상을 모사하는 전통예술 방식을 철저히 부정하고 추상적인 분석과 표현을 강조했다. 또한 사물을 구체적으로 묘사하는 대신 추상적 기호와 형식을 활용해내면 정서와 생각, 정신세계 및 감정 등을 그려냈다. 다시 말해 추상화는 자연적 사물과 대상을 버리고 주관적인 순수 구성을 표현한 회화이다.

시대에 미친 영향

얼핏 봤을 때는 무엇을 나타낸 것인지 알 수 없지만, 추상예술 역시 주제의식을 효과적으로 드러내기 위한 표현 형식이다. 오히려 쉽게 알아볼 수 있는 구체적 형태 표현을 지양함으로써 화가의 생각과 의도를 직접적으로 드러냈다고 볼 수 있다. 이렇게 주제를 직접 표현하는 추상예술의 스타일은 수많은 현대 예술가들에게 지대한 영향을 주었다.

제 5 장

경제

▶ 토마스 아퀴나스 기념우표

스콜라학파(Scholasticism)

신학과 종교를 위해 봉사한 경제학

중세 서유럽에서 나타난 스콜라 철학은 교부 철학자들의 사상을 기초로 기독교 신앙을 이해하고 이성적으로 논증하려 했던 철학 흐름이다. 스콜라 철학을 바탕으로 제시된 경제철학을 스콜라 경제학이라고 한다.

스콜라 철학은 성경과 기독교 저서, 그리스 철학, 로마법, 교회법 등에서 이론적 근거를 찾았다. 특히 아리스토텔레스의 철학은 스콜라 경제학설의 주요 근간이었다.

생성배경

소위 암흑기로 불리는 유럽의 중세시대는 476년경부터 시작되어 르네상스 운동이 시작된 1453년까지 근 한 세기 동안 지속됐다. 그 동안 유럽의 문명은 정체 상태에 빠졌으며, 경제 상태도 발전은커녕 후퇴를 계속했다. 도시는 사라지고 수공업과 상업이 쇠퇴했으며, 통화량도 크게 감소하면서 자급자족경제가 주도적 위치를 차지했다.

중세시대 전반기에는 경제 사상이라고 할 만한 것조차 없었다. 그러나 시간이 흐르면서 중세 유럽 경제 상황에도 조금씩 변화가 나타나, 11세기부터는 사회경제 수준이 크게 향상되었다. 또한 사회적으로는 봉건제도가 발달하면서 봉건영주와 기독교 교회가 하나로 연합했으며, 기독교 교의와 사상이 통치 사상으로 자리 잡으면서 스콜라 철학이 발달했다. 토마스 아퀴나스(Thomas Aquinas) 같은 저명한 스콜라 철학자들이 신학과 현실적 경제생활 간의 갈등을 해소하기 위한 사상과 방법을 연구하기 시작했고, 이를 바탕으

대표적 인물

알베르투스 마그누스
(Albertus Magnus, 1200?~1280)
독일의 신학자, 철학자. 관련 공공기관에서 합리적인 상품 가격을 정해야 한다고 주장했다. 가격 결정에서 원가의 역할을 가장 먼저 인식하고, 제자인 토마스 아퀴나스와 함께 시장 가격이 원가보다 낮으면 안 된다는 이론을 폈다.

토마스 아퀴나스
(Thomas Aquinas, 1225~1274)
이탈리아의 신학자, 철학자. 1259년부터 1268년까지 로마교회의 신학 교수 및 프랑스 왕 루이 9세의 신학 고문을 역임했다. 저서 《신학대전(Summa Theologiae)》은 기독교의 백과전서라 불린다. 1323년 성인으로 추대되었으며, 그의 신학과 철학 체계는 토마스주의라는 명칭으로 19세기 후반까지 영향을 미쳤다.

▲ 알베르투스 마그누스

로 스콜라 경제학이 탄생했다.

형성과정

13세기, 유럽 봉건사회는 최고의 번영기를 맞이했다. 이와 동시에 기존의 사상과 관념으로는 해결할 수 없는 경제적 문제들이 하나 둘 나타나기 시작했다. 이러한 경제 문제를 해결하기 위해 아퀴나스는 종교적 교리와 아리스토텔레스의 철학을 바탕으로 '공정한 분배와 공정한 교환'이라는 경제관계의 기본원칙을 제시했다.

스콜라 학자들이 가장 큰 관심을 가졌던 문제는 합리적 가격설정과 고리대금이었다. 알베르투스 마그누스(Albertus Magnus)는 합리적 가격의 개념을 가장 먼저 제시한 중세 신학자이다. 그는 합리적 가격은 원가와 같은 가격으로, 시장 가격이 원가보다 낮으면 안 된

◀ 스콜라학파는 종교를 위해 봉사하는 경제학이었다. 그림은 〈십자가에서 내려지는 예수〉

다고 주장했다. 이처럼 스콜라 학자들은 가격 결정의 내재적 요소를 이해하지 못하고, 상품의 가치는 사용가치에 의해 결정된다고 생각했다. 그러나 성 베르나르디노(San Bernardino)는 사용가치 외에 희소 정도와 수요 정도를 가치 결정 요소로 제시함으로써 독보적인 경제 사상을 구축했다.

스콜라 학자들은 대부분 고리대금을 반대했으나 이를 엄격하게 제한하지는 않았다. 그 결과 관련 법률은 점점 더 허술해졌고, 이로 인해 스콜라 철학의 권위도 크게 동요됐다. 결국 종교개혁이 일어났고, 교회는 현대 산업자본주의의 선구자격인 상업자본주의의 성장 앞에 굴복하고 말았다.

주요 관점

1. 사유제를 옹호했다. 스콜라 학자의 관점에 따르면, 재산 공유는 수도원같이 소규모의 경제 집단 내에서나 실현 가능한 것이었다. 그렇기 때문에 개인은 자신의 사회적 신분에 걸맞은 재산을 가질 권리가 있으며, 잉여재산은 구제 사업에 사용해야 한다고 주장했다.

2. 농업을 중시했다. 스콜라 학자들은 농사를 짓는 동안 도덕적 인격을 수양할 수 있다고 보았다. 상업의 경우, 초기에는 엄격히 반대했으나 상업 경제가 발달하자 조금씩 수용하는 쪽으로 돌아섰다. 그러나 성직자가 상업에 종사하는 것은 여전히 반대했다.

3, 가격은 시장에 의해 결정되어야 하며, 독점이 있어서는 안 된다고 주장했다.

시대에 미친 영향

스콜라 경제학은 경제관계를 종교적 교리와 규범에 끼워 맞추고 자유로운 사상의 발전을 억압했으며 사회 발달을 저해했다. 그러나 번역 등을 통해 고대 그리스 로마의 이론적 · 사상적 유산을 계승한 것과 가격과 가치, 금리 등 기본적인 경제 문제에 대한 초보적 연구를 진행한 것은 높이 평가할 만하다.

▲ 영국의 제련공장을 묘사한 그림. 18세기 후반까지 공업의 주된 연료는 석탄이었다.

중상주의(Mercantilism)

상업이 근본이다

중상주의는 16,17세기 서유럽 근대자본주의 초기의 원시적 축적을 가능하게 한 경제정책이자 경제 이론이다. 중상주의는 금과 은을 부富의 본원적 형태로 보고, 금은이 많은 나라일수록 부강한 나라라고 여겼다. 그래서 국가가 경제활동에 적극적으로 간섭하여 금은의 수출을 막고 수입을 최대한 늘려야 한다고 주장했다. 중상주의라는 용어는 애덤 스미스(Adam Smith)의 《국부론(An Inquiry into the Nature and Causes of the Wealth of Nations)》에서 처음 등장했으며, 고전경제학의 출현과 함께 역사의 뒤안길로 사라졌다.

생성배경

15세기 말 서유럽 사회에서는 봉건제도가 와해되고 자본주의 생산경제가 조금씩 성장하고 있었다. 또한 대항해 시대의 결과로 드넓은 세계시장이 확보되면서 상공업이 발전할 수 있는 여지가 더욱 커졌다. 상업자본의 확대로 국내시장의 통일과 세계시장 진출이 가능해졌으며, 대외무역의 여건도 조성됐다. 정치·사회적으로는 중앙집권 국가가 세워지면서 정부가 자국의 상업 발달을 강력하게 지원할 수 있는 밑바탕이 마련됐다. 그리고 국가의 상업지원 정책을 뒷받침하기 위한 경제 이론으로 중상주의가 나타났다.

형성과정

중상주의는 크게 15세기부터 16세기 중엽까지의 초기 중상주의와 16세기 말부터 18세기 말까지의 후기 중상주의로 구분할 수 있다. 중상주의는 스콜라 철학으로 대표되는 중세시대의 경제관 및 세계관을 버리고, 상업자본가의 경험에 따라 사회경제 현상을 관찰하고 이해했다. 주로 상업자본의 흐름과 '통화–상품–통화'로 이어지는 유통 분야를 연구했으며, 생산이 아닌 유통과정에서 가치가 창출된다고 보았다.

1776년 애덤 스미스가 《국부론》을 발표하면서 중상주의는 고전경제학으로 대체되었다. 총 다섯 권으로 이뤄진 《국부론》은 부의 원천을 노동으로 보고 노동생산력을 증대시킬 수 있는 수단으로 분업을 제시했다. 또한 분업에 따른 교환의 필요성, 교환 매개체인 통

▶ 운하운송은 운송 시일을 단축시킬 뿐만 아니라 해상운송 중 생길 수 있는 폭풍 등의 위험을 피하는 효과적인 수단이었다.

254

화, 상품의 가격, 가격 구성요소 등에 대한 심도 있는 연구를 통해 근대 자본주의 경제학의 기틀을 세웠다.

주요 관점

1. 국내시장의 거래를 통해 사회 내부의 자산 분배는 이룰 수 있지만, 국가 전체의 이익을 증대시킬 수는 없다고 보았다. 그래서 국가의 부를 늘리려면 반드시 대외무역을 해야 하며, 수출이 수입보다 항상 많아야 한다고 생각했다. 그 결과 수출 증대와 수입 억제를 통해 자국의 부를 증대시켜야 한다고 주장했다.

2. 초기 중상주의는 절대적인 무역흑자를 내야 한다고 강조했다. 그리고 이를 위해 행정적 수단을 동원하여 상품 수입을 억제하고 통화의 국외 유출을 막아야 한다고 주장했다.

3. 후기 중상주의는 장기적이고 전체적인 무역흑자를 중시했다. 그래서 최종적으로 무역흑자를 낼 수 있다면 단기간의 무역적자는 용납할 수 있다고 보았다.

시대에 미친 영향

중상주의는 보호주의 무역제도에 속하기 때문에 적지 않은 오류와 한계를 가지고 있다. 그러나 무역흑자, 적자, 수지균형 등 여러 가지 유용한 경제 개념을 제시해서 이후 국제무역 이론 및 정책 연구에 큰 도움을 주기도 했다.

특징

중상주의의 가장 큰 특징은 부의 유출과 유입을 비교하는 사고 방식이다. 중상주의는 금은을 부의 본원적 형태로 보고, 금은을 최대한 많이 확보하는 데 경제활동의 목적을 두었다. 당시 광산에서 채굴하는 것 외에 금은을 얻을 수 있는 방법은 대외무역이었다. 그래서 중상주의자들은 수출을 적극 장려했으며 수입, 특히 사치품의 수입을 엄격히 제한했다.

▶ 중농주의는 농업을 근간으로 보았다. 그림은 밀레의 작품 〈양치기 소녀와 양떼(Shepherdess with Her Flock)〉

▲ 프랑수아 케네

대표적 인물

프랑수아 케네
(Francois Quesnay, 1694-1774)
최초의 체계적 정치경제학인 중농주의의 창시자. 1744년 법학박사 학위를 얻은 뒤 1749년 루이 15세 왕정의 고문의사를 지냈다. 대표 저서인 《경제표》에서 지주계급-생산적 계급-비생산적 계급으로 구성되는 사회를 가정하고, 그 사회에서 농업자본의 재생산이 상품과 소득의 순환을 통해 이뤄지는 과정을 도표로 제시했다.

안 로베르 자크 튀르고(Anne Robert Jacques Turgot, 1721-1781) 프랑스의 경제학자, 정치가. 1747년에 신학학위를 취득했으나, 성직자 되기를 포기하고 1751년 정치에 뛰어들었다. 재정총감으로 있는 동안 중농주의 정책을 적극 추진했으며 《부의 형성과 분배에 관한 성찰(Réflexions sur laformation et la distribution des richesses)》이라는 저서를 통해 중농주의 이론을 한층 더 발전시켰다. 곡물통제의 철폐, 곡물지방세 및 길드제의 폐지 등 자유 경제정책을 추진하려다 봉건귀족의 반발에 부딪혀 결국 물러났다.

중농주의(Physiocracy)

농업이 근본이다

중농주의는 중상주의에 대한 반작용으로 18세기 중후반 프랑스에서 나타난 고전정치경제학이다. 중농주의는 자연적 질서를 신봉하고, 부를 창출할 수 있는 유일한 산업이자 모든 잉여수입의 기초로 농업을 꼽았다. 또한 자산에 대한 권리 및 개인의 경제적 자유 보장을 사회 번영의 필수조건으로 보았다.

생성배경

중상주의는 상업과 대외무역을 중시하면서 국민의 절대다수를 차지하는 농민들에게 희생을 강요했다. 자연히 농민들의 불만은 하늘을 찌를 듯했다. 이 시기, 동양에 선교 활동을 나갔던 성직자들이 중국 문물을 유럽에 들여왔다. 중상주의의 대안을 찾던 프랑스 계몽 사상가들은 중국의 유구한 역사에 경탄하며 중국 사상의 가치를 탐구하기 시작했고, 농업을 근간으로 하는 인도주의적 가치관에 주목했다. 중농주의는 이 같은 사회 상황의 배경으로 등장했다.

형성과정

중농주의를 가장 먼저 제시한 사람은 프랑스 경제학자 F. 케네 (Francois Quesnay)이다. 중농학파의 창시자이기도 한 케네는 대표 저서인 《경제표(Tableau économique)》를 통해 중농주의의 이론체계를 확립했다. 1750년부터 1770년대까지 그의 의견에 동의하는 학자들이 케네의 주변에 모여들면서 비교적 완전한 이론 체계와 같은 신념을 공유한 학파가 형성됐다. 이들은 정기적으로 학술대회를 열고 잡지를 간행했으며, 자신들의 사상이 실제 국가정책에 반영되도록 다방면으로 노력했다.

중상주의와 마찬가지로 중농주의라는 용어가 제일 처음 등장한 것은 애덤 스미스의 《국부론》이었다. 이 저서에서 애덤 스미스는

특징

중농주의는 동양 사상의 영향을 상당히 많이 받았다. 중농학파의 핵심 인물인 케네는 '유럽의 공자'라고 불릴 정도로 공자의 사상에 관심이 많았으며, 공자를 따로 연구한 저서를 쓰기도 했다. 특히 유학에서 농업을 중시하는 사상은 유럽 중농주의 탄생에 결정적인 역할을 했다.

◀ 케네는 공자를 매우 존경했다.
그림은 공자상

중농주의를 '토지생산물을 국가 수입 및 부의 유일한 근원으로 생각한 경제학설'이라고 정의했다.

중농주의는 한때 국가정책으로 중용되었으나, 케네의 뒤를 이은 중상주의 학자인 튀르고(Anne Robert Jacques Turgot)가 실각하고 애덤 스미스의 경제학이 도입되면서 영향력을 잃었다.

주요 관점

1. 자연의 질서를 중시했다. 중농주의자들은 인류사회에도 물질세계와 마찬가지로 인간의 의지로 바꿀 수 없는 객관적 법칙이 있는데, 이것이 바로 자연 질서라고 보았다. 그리고 자연 질서에 따라 인위적 질서를 정한 사회는 건강하게 발전할 수 있지만, 그렇지 않은 사회는 병폐에 빠진다고 주장했다.

2. 유통과정이 아닌 생산 자체에서 가치가 창출된다고 보았다. 중농주의에서 말하는 부의 생산은 물질의 창조 및 물질양의 증가를 가리킨다. 중농주의자들의 관점에서 경비 이상의 잉여, 즉 순생산을 창출하는 계급은 농민이 유일했기 때문에 농업의 발전을 주장했다.

3. 곡물 수출의 자유 및 가격통제의 철폐를 주장하였다.

시대에 미친 영향

경제학 측면에서 보았을 때 중농주의는 자본주의 생산에 대해 최초로 분석을 시도한 경제 이론이다. 중농주의는 당시 프랑스 왕정과 귀족, 대관들 사이에서 상당한 주목을 받았으며 상류층 사회에서는 농업개혁을 주장하는 목소리와 함께 농민적 색채가 강한 의복이 유행하기도 했다.

◀ 바그너가 교수로 재직했던 베를린 대학 전경

▲ 빌헬름 로셔

독일 역사학파(German Historical School)

독일 경제 발전의 중책을 짊어지다

독일 역사학파는 19세기 중반부터 20세기 초까지 독일에서 나타난 경제학파이다. 경제 발전의 역사성과 유기적인 국민경제 실현을 주장했으며 자국 산업의 이익을 대변했다. 독일 역사학파는 당시 주류 경제학이던 고전경제학과 전혀 다른 면모를 보였으며, 영국 자본주의가 선진적 지위를 이용하여 아직 후진적 상황에 놓여 있던 독일 경제에 침투하는 것을 막고자 했다. 19세기 말 방법논쟁(方法論爭, Methodenstreit)을 기점으로 점차 쇠퇴했다.

생성배경

19세기 초, 세계에서 가장 먼저 산업혁명을 이룬 영국은 세계 최고의 생산국가로 눈부신 성장을 거듭하고 있었다. 그러나 당시 독일은 여전히 봉건적 농업경제 단계에 놓여 있었다. 이에 독일의 경제학자들은 영국 등 선진산업 국가의 침투를 막고 자국의 산업을 발전시키기 위해 보호무역정책을 채택해야 한다는 주장을 펼쳤다. 또한 영국 산업자본의 이익을 대변하는 애덤 스미스의 자유주의 경제학설에 대응하기 위해 독자적인 경제학설을 제시하고자 했다. 이렇게 탄생한 것이 바로 역사학파이다.

대표적 인물

빌헬름 로셔
(Wilhelm Roscher, 1817-1894)
독일의 경제학자, 구역사학파의 대표 인물. 1840년 괴팅겐 대학교에서 역사 및 국가학 강사를 지냈으며 1843년에 독일 역사학파 경제학의 선언서라고 할 수 있는 《역사적 방법에 의한 국가경제 강의 요강 (Grundriss zur Vorlesungen über die Staatswirtschaft nach geschichtlicher Methode)》을 발표하고 다음 해 정교수로 승진했다. 1848년 라이프치히 대학 교수가 된 후 46년간 재임했다.

아돌프 바그너(Adolf Heinrich Gotthilt Wagner, 1835-1917)
독일의 경제학자, 신역사학파의 대표 인물. 베를린 대학, 프라이부르크 대학 등에서 재정학과 경제학, 통계학 등을 가르쳤다. 초기에는 영국 고전경제학의 영향을 받아 자유주의를 옹호했으나 이후 슈몰러 등의 영향으로 사회정책학회 설립에 참가하면서 반反고전경제학의 기수가 되었다. 주요 저서로는 《정치경제학의 기초 (Lehrbuch der politischen Ökonomie)》 《재정학 (Finanzwissenschaft)》 등이 있다.

▲ 프리드리히 리스트

형성과정

1841년, 독일의 저명한 경제학자 F. 리스트(Friedrich List)가 경제서인 《정치경제학의 국민적 체계(Das nationale System der politischen Ökonomie)》를 발표했다. 이 책에서 리스트는 국민경제의 유기체적 성격을 강조하면서 고전경제학의 자유주의 및 개인주의 경제학설이 독일 실정과 맞지 않는다고 주장했다. 그리고 역사적인 상황에 근거하여 실증적인 역사주의 방법으로 경제 발전을 도모해야 한다고 역설했다. 독일 역사학파는 리스트의 주장을 이론적 바탕으로 하여 형성됐다.

이후 로셔(Wilhelm Roscher)가 역사적 연구 방법을 경제학에 도입하면서 역사학파의 기초는 더욱 공고해졌다. 역사학파는 1870년 노동자 운동 및 사회 문제의 출현을 기점으로 리스트, 로셔, 힐데브란트(Bruno Hildebrand) 등으로 대표되는 구舊역사학파와 슈몰러(Gustav von Schmoller) 등으로 대표되는 신新역사학파로 나뉜다.

주요 관점

1. 국가가 개인과 집단의 경제활동을 조절하고 간섭해야 한다고 주장했다. 이를 위해 정부에 권력을 집중시켜야 하며, 통제해야 하는 경제활동과 민간에 맡겨야 하는 경제활동을 정부가 결정해야 한다고 역설했다.

2. 사회생활의 통일성을 강조하고 유기적인 국민경제 건설을 주장했다.

3. 고전경제학의 자유주의적 경제 관점에 대항하기 위해 국민경제주의를 제시했다. 독일 역사학파 경제학자들은 고전경제학에서 가정한 '국경 없는 세계시장'이라는 개념이 실제와 부합하지 않는다며 비판했다. 그리고 자유주의 경제 체제 하에서 경제 발달이 미미한 나라는 장기간 동안, 혹은 영원히 선진 경제국가의 경제적 노예가 될 수밖에 없다고 역설했다.

시대에 미친 영향

표면적으로 볼 때 독일 역사학파는 고전경제학에 대한 비판 및 방법 논쟁 과정에서 생긴 경제학설이다. 그러나 실질적으로는 독일 자산 계급이 당시 세계시장을 통치하던 영국 및 프랑스의 자산 계

급에게 대항해 생존과 발전을 도모한 결과물이라고 볼 수 있다. 역사주의를 기치로 내건 역사학파는 온 힘과 노력을 자국의 경제 발전에 쏟아 부었다. 그 결과 얻어진 경제학설과 사고 방식은 오늘날까지도 후진국 경제 발달을 위한 이론으로 활용되고 있다.

오스트리아학파(Austrian School)

노동가치설에 대한 반동

오스트리아학파는 근대 자본주의 경제학의 주요 갈래인 한계효용설을 주장한 경제학파로, 1870년대에 등장한 이래 20세기 초까지 전성기를 누렸다. 창시자인 멩거(Carl Menger)를 비롯해 주요 인물인 비저(Friedrich von Wieser), 뵘바베르크(Eugen von Böhm Bawerk) 등이 모두 오스트리아인이자 빈 대학 교수였기 때문에 오스트리아학파라는 명칭이 붙었다.

생성배경

1870년대 이후, 마르크스주의가 노동자 계급 사이에서 뜨거운 호응을 얻으면서 자본주의를 옹호하던 경제학설이 줄줄이 무너지기 시작했다. 마르크스주의자들은 노동 가치와 상품 가치에 관한 학설인 '노동가치설(labor theory of value)'을 통해 자본주의 생산 체계 및 생산 방식의 내부적 모순을 폭로했으며, 자본주의 경제는 스스로 멸망할 수밖에 없다는 주장을 내세웠다.

마르크스주의의 노동가치설이 득세하자, 자본주의 국가들은 이에 대항할 경제학설을 세우기 위해 고심했다. 이런 상황에서 멩거를

대표적 인물

카를 멩거(Carl Menger, 1840-1921)
신고전경제학의 서막이라고 불리는 '한계효용혁명'의 주도자, 오스트리아학파 창시자. 1871년 주요 저서인 《국민경제학 원리(Grundsätze der Volkswirtschaftslehre)》를 발표하여 오스트리아학파의 이론적 기초를 세웠다. 역사학파의 G. 슈몰러와 방법 논쟁을 벌인 것으로도 유명하다.

뵘바베르크
(Eugen von Böhm Bawerk, 1851-1914)
오스트리아 경제학자, 오스트리아학파를 계승하고 발전시킨 인물. 대학 교수로 재직하다가 1895년부터 여러 차례 재무장관을 역임하며 재정개혁에 힘썼다. 비저와 함께 한계효용설을 발전시켰다.

루트비히 폰 미제스
(Ludwig von Mises, 1881-1973)
오스트리아 태생의 미국 경제학자. 1913년부터 1934년까지 빈 대학 교수를 역임했으며 오스트리아 정부 경제고문을 겸임했다. 화폐가치를 효용 이론에 둔 화폐 이론 체계를 완성하고, 화폐적 경기 이론의 전개에 공헌했다. 주요 저서로는 《인간 행동(Human Action)》 등이 있다.

비롯한 몇몇 경제학자들이 한계효용이라는 개념으로 상품의 가격을 설명하는 학설을 내놓고 주관적·개인적 입장에서 경제현상에 접근했다. 한계효용 개념은 곧 자본주의 사회의 전폭적인 지지와 환영을 받았다.

▲ 카를 멩거

형성과정

1840년 오스트리아에서 태어난 카를 멩거는 당시 독일에서 유행하던 역사학파의 방법에 반대하여 신역사학파의 대표자인 슈몰러와 방법 논쟁을 벌였다. 역사학파와의 방법 논쟁을 거치면서 멩거는 자신만의 이론 체계를 세웠다. 그는 독일 역사학파의 방법론을 비판한 저서에서 '역사의 발전은 의도하지 않은 결과물이다' 라고 주장하고, '의도하지 않은 결과물' 이란 개념을 증명하기 위해 사회를 자연의 유기체로 보아야 한다는 관점을 제시했다. 멩거의 이론은 곧 수많은 학자들의 지지를 받았고, 그를 중심으로 일군의 경제학자들이 모이면서 오스트리아학파가 형성됐다.

1870년대 영국의 제번스(William Stanley Jevons), 프랑스의 발라(Marie Esprit Leon Walras), 멩거가 거의 동시에 제시한 한계효용설(marginal utility theory)은 노동가치설의 맹점을 정확하게 찔러냈으며, 그 결과 '한계효용혁명' 이 일어났다. 오스트리아학파는 '한계효용혁명' 의 주역으로서 당시 경제계의 주목을 받았다. 또한 객관적 가치론을 철저히 주관적 가치론으로 전환시킴으로써 마르크스 경제학의 핵심인 노동가치설을 뒤흔들었다.

◀ 루트비히 폰 미제스

오스트리아학파의 핵심은 한계효용설과 주관적 가치론이다. 가치는 주관적인 것이며 상품의 가치는 인간의 욕망을 얼마나 만족시켜 줄 수 있는가에 따라 결정된다. 가치를 구성하는 요소는 효용과 희소성이며, 가치의 크기는 한계효용의 크기에 따라 결정된다. 그렇기 때문에 가치는 생산이 아니라 소비에서 발생하며, 생산요소의 가치 역시 상품의 가치에 따라 결정된다.

주요 관점

1. 사회는 개인의 집합이며 개인의 경제활동은 국민경제의 축소판이라고 보았다. 그렇기 때문에 개인 경제생활에 대한 해석과 추리를 통해 복잡한 현실경제 현상을 설명할 수 있다고 주장했다.

2. 오스트리아학파 한계효용 이론의 핵심은 주관적 가치론이다. 즉, 생산물의 실제 가치는 마지막 단계에서 인간이 얻는 효용(한계효용)에 따라 결정된다. 만일 그 생산물이 충분히 존재한다면 가치는 그만큼 떨어지지만, 희귀하다면 인간은 그 생산물을 훨씬 중요한 용도로 사용할 것이며 마지막 단계에서 더 큰 효용을 얻을 것이다.

시대에 미친 영향

오스트리아학파는 비록 학계에서 주도적 지위를 차지하지는 못했지만 설득력 있는 이론으로 경제학 발전에 많은 영향을 주었다. 공공선택론, 정보경제학, 진화경제학 등은 모두 오스트리아학파의 이론에서 영감을 얻어 탄생한 경제학설이다.

▲ 빌프레도 파레토

로잔학파(Lausanne School)

수학으로 경제를 설명하다

로잔학파는 프랑스 경제학자 레옹 발라(Marie Esprit Leon Walras)가 창시하고 이탈리아 경제학자 파레토(Vilfredo Pareto)가 계승, 발전시킨 신고전경제학파이다. 일반균형이론(general equilibrium theory)을 내세웠으며 신고전경제학 연구 방법을 본격적으로 활용했다. 수학적 방법을 사용해 경제 현상의 상호관계를 설명했기 때문에 '수리경제학파'라고도 불렸다.

형성과정

레옹 발라는 한계효용 혁명을 주도한 경제학자 중 한 명이었다. 그는 1870년부터 1893년까지 스위스 로잔 대학 교수로 지내면서 독자적인 경제 이론을 세웠다. 이후 파레토가 발라의 뒤를 이어 로잔 대학의 교수를 맡았고, 두 사람을 핵심 인물로 로잔학파가 형성되었다. 비록 같은 학파로 분류되지만 발라와 파레토는 이론의 중점과 분석 방법에서 차이를 보였다.

대표적 인물

레옹 발라
(Marie Esprit Leon Walras, 1834-1910)
스위스 태생의 프랑스 경제학자, 로잔학파의 창시자. 《순수경제학요론(Eléments d'économie politique pure)》을 통해 한계효용 이론을 제창했다. 그가 제시한 일반균형 이론 분석 방법은 서구 경제학에서 보편적으로 활용됐다. 자유경쟁 상태의 자본주의를 가장 이상적인 제도로 보았으나 국가가 정의원칙에 근거하여 경제에 개입할 필요성도 있다고 주장했다. 주요 저서로는 《사회경제학 연구 (Etudes d'économie sociale)》, 《응용경제학연구 (Etudes d'économie politique appliquée)》 등이 있다.

빌프레도 파레토
(Vilfredo Pareto, 1848-1923)
이탈리아의 경제학자, 사회학자, 로잔학파의 대표 인물. 경제학, 사회학 및 윤리학 분야에서 많은 업적을 세웠다. 특히 수입 분배 연구와 개인의 선택에 관한 연구에서 두각을 보였다. '파레토최적', '파레토의 법칙' 등을 제시했으며 계측(計測) 가능한 무차별곡선에 의한 선택의 이론을 통해 발라가 수립한 일반균형 이론을 재구성하였다. 주요 저서로는 《경제학 제요(Manuale d'economia politica)》 등이 있다.

특징

수리학을 활용한 경제학 연구는 로
잔학파의 가장 큰 특징이다. 그러
나 경제 현상을 지나치게 수학적으
로 해석한 나머지 인성적 요소, 개
인의 주관적 감정 및 판단 등을 고
려하지 않아 실제 경제활동과 다소
동떨어진 이론을 전개하는 오류를
범하기도 했다.

발라로 대표되는 초기 로잔학파 이론의 핵심은 일반균형 이론이
다. 일반균형 이론은 경제 이론이자 분석 방법으로, 각 상품의 수
요·공급 균형 방정식을 중심으로 경제 전체의 기능을 파악하여 상
호 의존 질서를 밝히려 한 것이 특징이다.

이에 비해 파레토와 동 시대 로잔학파 경제학자들은 일반균형 이
론 중에서도 미시적인 기초에 더 큰 흥미를 보였다. 그래서 이후 로
잔학파의 이론은 균형적 효율과 최적의 사회 상태, 즉 파레토최적
(Pareto optimum)을 추구하는 방향으로 발전했다. 이들은 소비자의
선호와 수요 사이의 관계, 생산자의 생산 계획과 이윤 최대화 사이
의 관계 등에 대해서도 연구했다. 또한 이 과정에서 현대 경제학에
서 광범위하게 응용되는 미분학과 라그랑주 승수법(Lagrange
Multiplier)을 가장 먼저 사용했다.

주요 관점

1. 로잔학파는 고전경제학에서 가설을 지나치게 구체적으로 설정
하는 바람에 오히려 경제학이 진정한 과학으로 발전하지 못했다고
보았다. 그래서 엄밀한 경제 이론 체계를 세우려면 반드시 실제 상
황과 관련된 요소를 모두 제외하고 경제활동 중에 나타나는 각종
함수관계만을 연구해야 한다고 주장했다.

2. 사회를 구성하는 수많은 시장을 하나로 연결하여 이론적으로
통일된 체계를 세워야 한다고 주장했다.

3. 모든 시장의 동시 균형 상태를 가정하고 소비품
과 생산요소 가격 간의 확정된 균형 가치 및 생산과
공급 사이의 확정된 균형점을 찾았다.

시대에 미친 영향

로잔학파는 경제학을 수학적 방법으로 설명하려 했
다. 이는 매우 참신한 시도였으나, 한편으로는 극단으
로 치닫는 경향도 있었다. 또한 로잔학파의 몇몇 이론
은 무솔리니와 이탈리아 파시스트주의에 영향을 주기
도 했다. 이후 로잔학파는 초반의 수리학적 요소를 상
당수 버리고 사회학과 경제학의 공통 분야로 연구 방
향을 선회했다.

▼ 레옹 발라

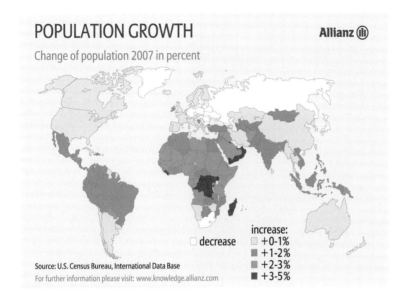

POPULATION GROWTH

Allianz ⑪

Change of population 2007 in percent

increase:
□ decrease
□ +0-1%
■ +1-2%
■ +2-3%
■ +3-5%

Source: U.S. Census Bureau, International Data Base
For further information please visit: www.knowledge.allianz.com

◀ 신고전학파의 창시자인 앨프레
드 마셜(Alfred Marshall)은
인구의 증가가 식량공급량 증
가보다 빠르다는 기본 논제를
제시했다. 그림은 인구성장을
나타낸 지도

한계효용설(Marginal Utility Theory)

인간의 욕구가 재화의 가치를 결정한다

한계효용설은 200년 이상의 역사를 가지고 있는 경제 이론이다.
19세기 말부터 20세기 초 사이에 서구 경제학의 주류로 떠오른 한
계효용설은 이후 경제학 발전에 지대한 영향을 미쳤다.

생성배경

1870년대 초, 자본주의 전통경제학은 장기간의 발전 끝에 분열
양상을 보이기 시작했다. 새로운 경제학 사상이 출현할 상황이 마
련된 것이다. 이 때 일부 경제학자들이 주관적 가치론이라는 새로
운 경제 개념을 제시했다. 영국의 제번스, 프랑스의 발라, 오스트리
아의 멩거가 바로 그들이었다.

제번스는 1871년에 출간한 《정치경제학이론(The Theory of
Political Economy)》에서 효용의 최종도에 의해 재화의 가치가 결정
된다는 내용을 제시했다. 멩거는 같은 해 출판한 《국민경제학 원
리》에서 재화의 속성을 인간의 욕망을 만족시킬 수 있는 것으로 규
정하고, 그 공급량이 욕망의 만족을 위해 필요한 수량보다 적을 때

대표적 인물

윌리엄 스탠리 제번스(William
Stanley Jevons, 1835-1882)
한계효용설 및 수리경제학파의 창
시자 중 하나. 1858년부터 경제학,
통계학, 논리학 및 사회 문제에 깊
은 관심을 보였으며, 1871년에 대표
저서인 《정치경제학이론》을 발표했
다. 1875년에는 런던 대학교 정치경
제학 교수를 맡았다.

레옹 발라(Marie Esprit Leon
Walras, 1834-1910)
스위스 태생의 프랑스 경제학자. 한
계효용설의 창시자 중 하나. 대표 저
서인 《순수경제학요론》은 일반경제
균형의 전면적 분석에 수학적 방법
을 활용한 최초의 경제학 저서이다.

▶ 윌리엄 스탠리 제번스

재화의 가치가 올라간다고 설명했다. 마지막으로 발라는 《순수경제학요론》에서 희소성을 도입한 가치론을 전개했다. 각자 다른 용어와 방법을 사용했지만, 이들이 주장하는 바는 모두 동일했다. 바로 재화의 가치는 인간이 재화의 효용에 대해 내리는 주관적 심리평가에 따라 결정되며, 가치의 정도 역시 개인이 재화를 소비할 때 그 재화의 마지막 1단위 소비에서 얻어지는 만족도에 의해 결정된다는 것이다.

한계효용설의 출현으로 전통경제학의 개념은 상당 부분 와해됐으며, 한계효용을 기반으로 한 경제 이론들이 등장하기 시작했다.

형성과정

1884년, 경제학자 프리드리히 폰 비저는 《경제가치의 기원과 주요 규칙》이라는 저서에서 제번스, 멩거, 발라의 경제 이론을 종합하고 이를 '한계효용'이라 정의했다. 한계효용의 개념은 곧 경제학계 전반적으로 받아들여졌으며 수많은 경제학자의 관심을 끌었다.

한계효용설은 19세기 후반에 들어서면서 빠르게 발전했다. 한계효용설 자체의 이론적 체계가 세워졌으며, 분배 분야까지 한계효용 원리가 적용되면서 보편성도 확보됐다. 한계효용설의 연구 방법에서는 크게 두 가지 흐름이 나타났다. 하나는 심리분석 방법을 토대로 이론 체계를 세우는 것이고, 다른 하나는 수학적 방법을 활용하여 경제 현상을 해석하고 평가하는 것이었다.

주요 관점

1. 독일 역사학파의 역사적 방법에 반대하여 추상적 연역법 활용을 주장했다. 한계효용학자들은 인간의 욕구와 욕구의 만족을 연구 대상으로 삼았으며, 단독적인 개인의 경제활동을 복잡한 사회경제

활동의 축소판이라고 생각했다. 또한 개인의 경제활동 중 가장 중요한 원칙은 최소한의 대가로 최대한의 효용을 얻는 것이라고 보았다.

2. 기본 이론으로 한계효용가치론을 제시했다. 재화의 가치는 재화가 욕구를 만족시키는 능력에 대해 개인이 느끼고 평가하는 것, 즉 주관적인 심리 현상에 의해 결정된다. 또한 효용의 정도에 따라 가치 정도가 결정되며, 희귀성이 있을수록 가치는 높아진다. 어떤 재화의 소비량을 변화시킬 경우 추가 1단위, 즉 한계단위의 재화 효용을 한계효용이라 한다. 재화의 시장가격은 사는 쪽과 파는 쪽 모두의 재화 효용에 대한 주관적 평가가 균형을 이룰 때 정해진다.

시대에 미친 영향

한계효용설의 한계효용 이론 및 한계생산력 이론은 현대 자본주의 미시경제학에서 매우 중요한 부분이며, 거시경제학의 중요한 분석 도구이다. 한계효용설의 수학분석 방법은 경제계량학에 적용되면서 크게 발전했다. 한계효용설의 이론 원리, 분석 방법 및 정책적 주장은 신고전파종합에 상당한 영향을 주기도 했다.

특징

한계효용설을 주장한 경제학자들은 주관적 가치론을 바탕으로 여러 가지 분배 이론을 제시했다. 그중 가장 대표적인 것이 존 클라크(John Bates Clark)의 한계생산력 분배 이론이다. 한계생산력 분배 이론에 따르면, 생산요소에 대한 보수報酬는 한계생산력에 의해 결정된다. 예를 들어 다른 생산요소들의 고용 수준을 일정하게 유지한 상태에서 노동의 고용을 한 단위 증가시킬 때 발생하는 상품 생산량의 증가분을 노동의 한계생산력이라고 한다. 자본 및 토지의 한계생산력도 같은 방법으로 정의할 수 있다.

런던학파(London School)

시대의 흐름과 맞지 않은 경제학

신자유주의 경제학의 한 갈래인 런던학파는 1920–30년대 사이에 형성됐으며 신고전경제학의 자유주의 전통을 옹호하고 계승했다. 주요 인물들 모두 영국 런던 대학의 교수였기 때문에 런던학파라는 명칭이 붙었다. 저명한 경제학자인 하이에크(Friedrich August von Hayek)가 참여한 이후, 학계의 주목을 받는 경제학파로 떠올랐다.

생성배경

영국은 세계에서 원시적 자본축적 및 자본주의 생산 방식의 발전이 가장 먼저, 또 가장 전형적으로 일어난 국가이다. 영국의 수공업과 국내외 무역은 16세기 중반에 이미 상당히 발달해 있었다. 또한 17세기 중반 산업혁명이 성공하면서 경제가 급속도로 성장했고, 이에 발맞추어 고전경제학도 각광을 받기 시작했다.

영국은 자유주의 경제 사상의 발원지이기도 하다. 시장체제 및 자유경쟁을 강조하고 사영기업의 역할을 중시하며 국가의 간섭을

대표적 인물

에드윈 캐넌
(Edwin Cannan, 1861–1935)
영국의 경제학자. 1897년부터 런던 대학 교수로 있으면서 경제학설사 연구 및 교수법 분야 발전에 이바지했다. 또한 애덤 스미스의 수요공급 이론을 근대화시켰다. 주요 저서로는 《생산과 분배에 관한 학설의 역사 (History of the Theories of Production and Distribution)》 등이 있다.

라이어넬 로빈스
(Lionel C. Robbins, 1898–1984)
런던학파의 주요 인물. 런던 대학 경제학과 주임교수로 장기간 재직했다. 에드윈 캐넌의 제자이다. 경제학의 목적과 방법론 분야에서 수많은 연구업적을 남겼다. 주요 저서로는 《경제학의 본질과 의의》 등이 있다.

반대하는 자유주의 경제 사상은 영국 경제학의 근간을 이뤘다. 19세기 후반에 나타난 케임브리지학파나 20세기 초반의 런던학파 모두 자유주의 경제를 신봉한 경제학파이다. 런던학파는 20세기 이후 전통적인 자유주의 경제학이 케인스 주의의 공격을 받자 이를 옹호하고 더욱 발전시키고자 하는 목적으로 형성됐다.

형성과정

런던학파의 기틀을 세운 사람은 영국의 경제학자 에드윈 캐넌(Edwin Cannan)이다. 그는 1920년대까지 런던 대학의 교수로 있으면서 라이어넬 로빈스(Lionel C. Robbins) 등 수많은 경제학자들을 길러냈는데, 후에 이들을 주축으로 런던학파가 세워졌다. 그러나 당시에는 케임브리지학파가 영국 경제학계를 장악하고 있었던 까닭에 런던학파는 그다지 두각을 드러내지 못했다. 그래서 이 시기를 런던학파의 준비 시기라고 한다.

런던학파는 1929년부터 자본주의 국가를 휩쓴 경제대공황을 기회로 경제학계의 전면에 나섰다. 보수적인 케임브리지학파는 영향력을 조금씩 잃어갔지만, 런던학파는 여전히 자유방임 사상을 고수하며 케인스주의에 정면으로 맞섰다.

특징

런던학파는 시대의 흐름에 역행한 경제학파였다. 런던학파가 활동했던 1930년대는 시장경제의 문제점이 집중적으로 터져 나오던 시기였으며, 전통적인 자유방임이론이 더 이상 통하지 않는 시대였다. 그러나 런던학파는 끝까지 애덤 스미스의 자유경제 이론을 고수함으로써 스스로 시대에 뒤처졌다. 저명한 경제서적이나 경제사전에서 런던학파에 대한 내용을 찾을 수 없는 이유도 여기에 있다. 런던학파의 지도자격인 로빈스도 말년에 '런던학파의 이론은 시대의 발전양상과 맞지 않았다'고 고백한 바 있다.

◀ 1935년, 영국의 실업자는 200만 명에 달했다. 그림은 실직한 광산노동자들이 석탄을 줍고 있는 모습

1931년, 로빈스의 요청으로 신자유주의(Neo-liberalism)의 전도사라 할 수 있는 하이에크가 런던 대학으로 오면서 런던학파의 명성은 더욱 높아졌다. 이후 1950년까지 런던학파는 최고의 전성기를 누렸다.

주요 관점

1. 인플레이션에 대한 요구는 일반 상품에 대한 수요와 같지 않다.

2. 물가수준은 화폐수량 외에 다른 요소의 영향도 받는다.

3. 실제로 인플레이션을 관리하면 이득보다 손해가 더 크다.

4. 경제안정을 이루려면 금본위제도를 회복해야 하며, 정부는 시장경제에 간섭하지 말아야 한다.

5. 지나치게 높은 임금, 자본공급 부족 등이 경제위기를 유발하는 원인이다.

시대에 미친 영향

런던학파의 경제학설은 당시 시대적 흐름에 역행하는 발상이었다. 그러나 런던학파의 대표 인물인 캐넌, 로빈스, 하이에크 등이 서구경제학 역사에서 중요한 위치를 차지하는 위대한 경제학자임은 의심할 여지가 없다. 이들의 경제 사상 및 연구 방법은 이후 수많은 경제학파에게 영감과 새로운 사고의 방향을 제시했다.

스웨덴학파(Swedish School)

소국개방형 혼합경제 이론

스웨덴학파는 북유럽학파, 혹은 스톡홀름학파(Stockholm School)라고도 한다. 1920−30년대 스웨덴의 스톡홀름 대학을 거점으로 형성됐으며, 제2차 세계대전 이후 사회민주주의 색채를 띤 소국개방형 혼합경제 이론을 구축했다. 스웨덴학파는 독자적인 이론 체계와 분석 방법을 고안해서 현대경제학에 중요한 영향을 주었다.

▲ 칼 구스타브 카셀

생성배경

스웨덴학파의 탄생지인 스웨덴은 총면적 45만 제곱킬로미터, 총인구 850만 명 정도의 작은 규모지만 대외 개방도가 매우 높은 선진 자본주의 국가이다.

제1차 세계대전이 끝난 후인 1920년, 주기적 경제 위기가 나타나면서 몇몇 자본주의 국가가 장기적인 만성침체 국면에 빠졌다. 위기는 시간이 갈수록 더욱 심화되었고 1929년 마침내 전 세계적인 대공황이 발발했다. 3000만 명이 넘는 사람이 일자리를 잃었으며, 나라의 살림살이는 끝없이 어려워졌다. 제2차 세계대전이 일어나기 전, 경기가 잠시 회복세를 보이기는 했지만 여전히 많은 사람이 실업 상태에 있었다. 게다가 독점자본주의의 발달과 함께 나타난 극소수 금융독점재벌은 자신들이 통제하는 국가기관을 통해 국가경제에 간섭해서 엄청난 이득을 챙겼다. 이러한 상황에서 신고전주의 경제학이 주장한 자유방임 경제정책은 아무런 효력도 발휘하지 못했고, 경제학자들은 이를 대신해 자본주의

▼ 새로운 경제정책의 영향으로 개인의 경제 관념 역시 변화하기 시작했다. 그림은 서류를 정리하고 있는 보통 직원의 모습

▲ 크누트 빅셀

제도를 옹호할 수 있는 새로운 경제 이론을 찾아야 했다. 자본주의 경제가 총체적 위기를 맞은 이 때에 나타난 경제학파가 바로 스웨덴학파이다.

형성과정

1898년, 스웨덴학파의 창시자인 크누트 빅셀(Johan Gustaf Knut Wicksell)이 《이자와 물가》라는 저서를 발표했다. 그는 이 저서에서 '빅셀적 누적과정(Wicksellian cumulative process)'을 처음으로 제시했으며 기존의 화폐수량설(quantity theory of money)을 실제 경제상황과 하등의 관계도 없는, 완전히 잘못된 이론이라고 비판했다. 빅셀의 이론과 주장은 스웨덴학파의 이론적 기초가 되었다. 빅셀 외에 대표적인 스웨덴학파 경제학자로는 카셀(Karl Gustav Cassel), 에릭 린달(Erik Lindahl) 등이 있다.

주요 관점

1. 신고전주의 경제학은 세이의 법칙(Say's Law)과 화폐수량설에 의거해 화폐 변동과 경제 변동을 전혀 상관없는 것으로 보았다. 그러나 스웨덴학파는 이 두 가지를 긴밀히 연결된 것으로 보고 화폐경제론을 수립했다.

2. 정태靜態경제 이론을 수정하고 보충할 방안으로 동태動態경제학을 제창했다.

3. 동태경제학적 분석을 완성하기 위해 새로운 분석 방법을 동원했다. 특히 사전사후분석(ex ante-ex post analysis)을 통해 경제의 변동과정을 분석하고 검토했다.

4. 경제 분석에 예측이라는 요소를 도입하고, 경제운행 과정 중 예측의 결정성 작용을 강조했다.

시대에 미친 영향

스웨덴학파의 학설은 스웨덴이 주도면밀한 사회복지제도를 갖춘 복지국가로 거듭나는 데 크게 일조했다. 스웨덴의 사회복지제도는 '요람에서 무덤까지' 책임지는 전면적 복지제도로, 절대 다수의 국민에게 안락한 삶을 제공하고 사회적 안정을 유지하는 역할을 하고 있다.

프라이부르크학파(Freiburg School)

사회적 시장경제 모델을 추구하다

　프라이부르크학파는 연방독일의 신자유주의 경제 사상을 대표하는 학파로, 제2차 세계대전 이후 독일 프라이부르크 대학을 중심으로 일어났다. 프라이부르크학파는 '사회적 시장경제' 이론을 내세움으로써 독일이 전쟁의 패배를 딛고 다시금 경제 강국을 세울 수 있는 내적 동력을 제공했다.

생성배경

　제1차 세계대전 이후 독일은 심각한 인플레이션에 시달리고 있었다. 이 시기, 원래 역사학파에 속해 있던 발터 오이켄(Walter Eucken)은 실질적 해결책을 내놓기는커녕 오히려 경제 위기를 가중시키는 역사학파에게 실망을 느끼고, 한계효용설의 방법을 연구에 도입했다. 그리고 1923년 《독일 화폐 문제에 관한 비판적 고찰》을 발표했다. 이 저서의 발간을 기점으로 오이켄은 역사학파와 완전히 갈라섰으며, 이후 프라이부르크학파 형성의 바탕이 된 이론을 구축

대표적 인물

발터 오이켄
(Walter Eucken, 1891–1950)
독일의 경제학자, 프라이부르크학파의 창시자. 초기에는 독일 역사학파를 따랐으나 제1차 세계대전 이후 독자적인 길을 개척했다. 제2차 세계대전 종전 후에는 연방독일 정부의 경제자문을 맡았다. 주요 저서로 《자본이론의 연구》, 《국민경제학의 기본 문제(Die Grundlagen der Nationalökonomie)》 등이 있다.

▶ 각 나라 사이의 무역 활성화는
경제 발전의 필연적 결과이다.

특징

● 시장경제의 제도 문제, 즉 질서
문제에 연구 중점을 두었다. 프라
이부르크학파는 시장경제가 순조롭
게 운행될 수 있는 기본 전제조건
으로 질서를 꼽았다.
● 기본적으로 자유주의를 주장했
으며, 자유주의 원칙에 의거해 경
제정책을 세웠다. 프라이부르크학
파의 궁극적 목적은 법치와 국가권
력을 활용하여 완전경쟁시장을 실
현하고 보호하는 것이었다.

하기 시작했다. 그는 경제생활에서 국가의 역할에 관심을 두고 화폐제도 및 질서에 대해 연구했다. 그리고 화폐제도의 경제적 질서를 지킬 수 있는 화폐정책을 주장했다.

1924년부터 1929년까지 독일의 경제 및 정치가 상대적으로 안정되자, 오이켄은 전쟁배상 문제를 연구하면서 반反자유주의 경제학자들에 맞서 자유주의를 옹호하는 논쟁을 벌였다. 이후 프라이부르크학파도 자연히 자유주의 옹호를 기본원칙으로 세우게 되었다.

경제대공황이 터진 1930년대, 오이켄은 정통경제학 이론에 의거하여 대공황을 설명했다. 이 과정에서 프라이부르크학파 이론의 핵심이라 할 수 있는 '질서'의 개념이 대두됐다. 그리고 1934년 오이켄은 《자본이론의 연구(Kapitaltheoretische Unteruschungen)》를 발표하고 순수한 형태의 경제질서 이론 및 이론 분석을 골자로 한 경제학 연구 방법론을 제시했다. 같은 시기 법학자인 프란츠 뵘(Franz Böhm) 등이 프라이부르크 대학에 합류하면서 프라이부르크학파가 정식으로 탄생했다.

형성과정

제2차 세계대전 기간 동안 프라이부르크학파는 겉으로 나치에 협력하는 척하면서, 배후에서 반反나치 경제정책을 위한 이론을 준비했다. 전쟁이 끝난 후 프라이부르크학파 경제학자들은 경제정책학설을 중심으로 자신들의 사상을 전개했으며, 전후 독일의 부흥을 위해 전심전력을 다했다. 1948년 이전까지 프라이부르크학파는 경쟁적 시장경제를 실현하는 데 심혈을 기울였으나, 1952년부터는 경제독점 문제에 관심을 가졌다. 이들은 경제 연구를 통해 에르하르트(Ludwig Erhard; 당시 연방독일의 경제장관-역주)가 추진하던 신자유주의 경제체제 개혁에 필요한 이론적 근거를 제공함으로써 독일이 사회시장경제로 나아가는 데 일조했다. 연방독일은 프라이부르크학파의 이론적 지지를 받으며 풍부한 산업 기반과 미국의 물자 원조에 힘입어 놀라운 경제적 발전을 실현했다.

▲ 발터 오이켄 기념우표

주요 관점

1. 시장경제질서 유지에서 정부 역할의 중요성을 강조한 질서자유주의를 주장했다. 또한 가격 질서가 바르게 세워져 있어야 자원의 분배도 효율적으로 이뤄질 수 있다고 역설했다.

2. 국가의 권력이 지나치게 강할 경우 개인의 자유를 해치기 때문에 공정한 경제를 실현할 수 없다고 보았다. 그러나 시장 역시 국가의 감독이 없으면 독점이라는 폐단이 나타나 개인의 자유 및 경쟁 체제를 무너뜨린다고 주장했다.

시대에 미친 영향

프라이부르크학파는 독일 실정에 맞는 중도적 경제발전 노선을 추구했으며, 사회적 시장경제 모델을 제시했다. 사회적 시장경제 모델은 자유경제의 바탕 위에 관리 요소를 더한 것이다. 미시적으로는 시장체제의 효율성을 극대화시키고, 거시적으로는 사회경제 질서를 보호하고 유지하여 사회의 혼란을 막는 것이 사회적 시장경제의 목적이다. 이 같은 경제 이론을 통해 프라이부르크학파는 현대 경제 발전에 새로운 지평을 열었다.

▲ 존 케인스

▶ 산업혁명이 일어나기 전에는 재화의 설계부터 생산까지 장인 한 사람이 모두 도맡았다.

케인스 경제학(Keynesian Economics, 케인스주의)

자본주의의 구원자

케인스 경제학은 1930년대 영국의 경제학자 J. M.케인스(John Maynard Keynes)에 의해 세워진 경제학이다. 케인스주의라고도 불리는 케인스 경제학은 일반적으로 케인스가 《고용·이자 및 화폐의 일반이론(The General Theory of Employment, Interest and Money)》(《일반이론》)이라는 저서에서 제시한 경제 이론 및 그 이론에 따른 경제정책 체계를 가리킨다. 케인스 경제학의 핵심은 국가가 정책을 통해 경제에 적극적으로 개입하여 경제성장을 촉진시켜야 한다는 것이다.

생성배경

1930년대 전까지 서구 경제학의 주도권은 신고전경제학파가 잡고 있었다. 신고전경제학자들은 자본주의 사회가 시장체제의 자율적 조절 작용에 의지하여 완전고용 상태를 이룰 수 있다는 믿음을 가지고 있었다. 그러나 1929년 사상 최대 규모의 경제 위기가 터지고 장기적인 경기침체에 빠지면서 자본주의 국가의 실업률은 하늘을 찌를듯 솟구쳤다. 게다가 독점자본주의까지 판을 치면서 '시장의 자율적 조절에 따른 완전고용'은 아무런 의미 없는 이상론理想論으로 전락했다. 심각한 경제 위기를 극복하기 위한 새로운 경제 이론이 절실한 상황이 된 것이다. 이러한 상황에서 나타난 것이 바로 케인스 경제학이다.

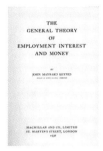

▲ 《고용·이자 및 화폐의 일반이론》 초판 표지

형성과정

1936년, 케인스는 《일반이론》을 발표하여 기존의 경제적 관점을 완전히 뒤집었다. 그는 한계소비성향체감의 법칙, 자본의 한계효용체감의 법칙, 유동성 선호설 등을 제시하며 자본주의 사회에서는 통상적으로 유효수요가 부족할 수밖에 없다는 논리를 폈다. 케인스의 이론은 광범위한 공감대를 형성했고, 곧 그를 추종하는 일군의 학자들이 나타났다.

제2차 세계대전 이후 1960년대까지 발전을 거듭하면서 케인스 경제학 내에서도 크게 두 가지 갈래가 나타났다. 하나는 새뮤얼슨이 제창한 신고전파종합이고 다른 하나는 조앤 로빈슨이 중심이 된 케임브리지좌파이다. 두 학파 모두가 케인스 경제학을 계승했지만 각기 다른 관점에서 이를 발전시켰다.

1970년대 이전까지 케인스 경제학은 서구 경제학계에서 흔들리지 않는 위치를 점하고 있었다. 그러나 1970년대 이후 케인스 경제학 원리로 설명할 수도, 대처할 수도 없는 경제 현상인 스태그플레이션이 나타나면서 케인스 경제학은 다른 여러 경제학파의 공격을 받았다.

주요 관점

1. 생산과 고용의 수준은 총수요 수준에 따라 결정된다고 보았다. 총수요란 경제체제에서 상품과 서비스에 대한 수요의 총량을 말한다. 미시경제 이론에서는 가격, 임금 및 이자율에 의해 총수요가 자동적으로 조절되면서 완전고용 상태로 향한다고 보았다. 그러나 케인스는 생산과 고용상황이 급속히 악화되는 현실을 지적하면서 이

특징

케인스 경제학은 1930년대 자본주의 경제의 병폐인 불완전고용 상태, 즉 불황을 주된 분석의 대상으로 삼았기 때문에 일부 학자들은 이를 '불황의 경제학'이라고 평가한다. 그러나 케인스 경제학의 주축을 이루는 유효수요 이론은 불완전고용뿐만 아니라 완전고용 상태의 경제 분석과 인플레이션 분석에도 적용될 수 있다.
케인스 경제학은 경제 위기의 원인을 생산을 자극할 만한 강력한 기제가 없기 때문이라고 설명하고, 노동의 비용을 생존을 유지할 수 있는 수준까지 떨어뜨려 가격 하락을 유발하면 결국 구매력이 올라간다고 주장했다. 또한 임금 지출이 줄어든 만큼 생긴 여유자금을 다른 산업에 투자자금으로 유입하면 또 다른 고용창출 효과를 낼 수 있다고 보았다.

경제 대공황으로 미국에서만 450만 명의 실업자가 생겼다. 사진은 정부가 제공하는 식료품을 받기 위해 줄을 선 실업자들

론적으로 문제가 없다 할지라도 실제 상황에서는 경제의 자기조절 작용이 제대로 일어나지 않는다고 주장했다. 그리고 완전고용이 실현되지 않는 이유로 유효수요의 부족을 들었다.

2. 케인스는 완전고용과 함께 불완전고용까지 가정한 자신의 경제학을 '일반이론'이라고 강조했다. 그리고 완전고용을 이루려면 정부가 조세정책·화폐정책·금융정책·재정정책 등을 통해 인위적으로 간섭해서 유효수요를 창출해야 한다고 주장했다.

시대에 미친 영향

케인스 경제학은 독점적 자본주의가 나타나면서 불거진 자본주의의 병폐와 결함을 보완하고 설명한 경제 이론이다. 그의 저서 《일반이론》은 경제학 분야에 케인스 혁명을 일으켰으며, 세계 여러 나라는 그의 이론을 바탕으로 새로운 경제정책을 수립함으로써 자본주의의 위기를 극복했다. 그래서 케인스 경제학은 20세기 경제학의 새로운 지평을 열었다고 평가받는다.

▲ 로버트 솔로

신고전파종합(Neoclassical Synthesis)

미시경제학과 거시경제학의 종합

　신고전파종합은 케인스 경제학의 주요 갈래를 이루는 경제학파이다. 미국 케인스파 경제학자인 앨빈 핸슨(Alvin H. Hansen)으로부터 시작되었으며 매사추세츠 공과대학 교수를 역임한 폴 새뮤얼슨(Paul A. Samuelson)과 로버트 솔로(Robert M. Solow), 예일 대학 교수를 역임한 제임스 토빈(James Tobin) 등이 속해 있다. 신고전파종합은 신고전경제학이 내세운 가격분석 위주의 미시경제 이론과 케인스의 총계분석 위주의 거시경제 이론을 종합한 이론 체계를 세웠다.

생성배경

　제2차 세계대전 이후 케인스 경제학이 대두되면서, 서구 경제학계에서는 상반된 입장의 두 가지 경제 이론이 서로 대립했다. 하나는 개별분석을 주로 하는 신고전경제학이다. 신고전경제학은 개별적인 소비자, 생산자, 생산요소, 소유자에 대한 분석을 바탕으로 자본주의 시장의 자기조절작용을 강조했다. 또한 이를 전제로 자유방

대표적 인물

폴 새뮤얼슨
(Paul A. Samuelson, 1915-2009)
미국의 경제학자, 신고전파종합의 대표 인물. 1935년에는 시카고 대학 문학학사 학위를, 1941년에는 하버드 대학 철학박사 학위를 취득했다. 이후 매사추세츠 공과대학 교수로 재직하면서 미국 경제학협회 및 계량경제학회 회장을 지냈으며 케네디 정부의 경제고문을 맡았다. 1970년 노벨경제학상을 받았다.

로버트 솔로(Robert M. Solow, 1924-)
미국의 경제학자. 1961년 미국 경제학회에서 청년 경제학자에게 수여하는 '존 클라크 상'을 받았으며, 1987년에는 경제성장 이론에 대한 연구로 노벨경제학상을 받았다

임 및 국가의 경제활동 간섭 불가 등을 주장했다. 이에 반해 케인스 경제학은 총계분석에 치중했으며, 총량변수 이론에 근거하여 시장이 스스로 실업 문제를 해결할 수 없다는 주장을 펼쳤다. 그리고 그렇기 때문에 정부가 정책을 통해 경제에 간섭해야 한다고 역설했다. 정부의 간섭 여부를 놓고 첨예하게 대립각을 세운 것이다. 신고전파종합은 이러한 상황에서 두 학파의 이론을 종합하여 새로운 관점의 경제 이론을 제시했다.

형성과정

새뮤얼슨을 중심으로 한 신고전파종합은 신고전경제학을 미시경제학으로, 케인스 경제학을 거시경제학으로 정의하고 양자를 종합적으로 활용해야 한다고 주장했다. 또한 전자는 완전고용 상황에서 적용 가능하며, 후자는 고용량이 각기 다른 수준인 상황에서 적용할 수 있기 때문에 서로 상호 보완적이라고 보았다. 다시 말해 신고전파경제학과 케인스 경제학은 같은 체계로 묶을 수 있으며, 자유방임이냐 정부 간섭이냐 하는 문제는 경제 상황에 따라 결정된다는 것이다. 이 밖에도 신고전파종합 경제학자들은 현대자본주의를 '혼합경제' 라고 정의하고, 사영과 공영의 적절한 조화가 필요하다고 주장했다.

주요 관점

신고전파종합은 상당히 혁신적인 경제 관점을 제시했다.

1. 경기의 흐름에 역행하는 재정통화정책을 채택해서 경제적 순환 주기가 경제 발달에 미치는 악영향을 감소시켜야 한다.

2. 경제가 상승하는 시기에 적자예산을 세우고 국채를 발행함으로써 경제가 더욱 빠르게 성장하도록 자극해야 한다.

또한 재정정책 및 통

▶ 경제학의 대가 폴 새뮤얼슨

화정책에 관한 기본 관점을 두 가지로 내세웠다.

1. 통화정책보다 재정정책이 더 중요하다. 재정정책과 통화정책은 각각 역할이 다르기 때문에서 서로 보완적으로 실행되어야 한다. 그러나 금리조정 등의 통화정책보다 예산지출 및 적자운영 등의 재정정책이 경제부양 효과가 더 크다.

2. 재정정책과 통화정책은 적용 범위나 정도, 특징 등이 서로 다르기 때문에 실제 경제 상황에 맞춰서 융통성 있게 선택하고 병행해야 한다.

시대에 미친 영향

신고전파종합은 케인스 경제학을 한층 더 발전시켰으며 동시에 서구 경제학의 전통 이론 관점을 계승하여 현실 상황에 맞게 구현했다. 또한 서구 자본주의 국가의 경제정책 수립에 필요한 이론적 기초를 제공했다. 1970년대 케인스 경제학이 스태그플레이션으로 인한 곤경에 빠진 후, 신고전파종합 역시 여러 경제학파의 공격을 받으면서 경제학계에서의 지위가 상당히 흔들렸다. 그러나 여전히 '혼합경제형' 서구 자본주의의 기초를 다진 중요한 경제학파로 평가받고 있다.

특징

● 종합성: 이론적으로 거시경제학과 미시경제학을 종합하고 정부 간섭과 시장 체제를 통합하여 통화금융 문제를 연구했다.
● 현실성: 전후 서구 경제의 빠른 발전 상황과 이와 함께 나타나는 각종 문제들, 통화 및 금융 분야의 혁신과 이에 따른 새로운 과제 등을 연구 대상으로 삼았다.
● 정책성: 정책성 색채가 강한 금융 이론을 다수 제기했다. 신고전파종합은 관방경제학이나 다름없었으며, 신고전파종합 경제학자들도 정부의 입장에서 통화 및 금융 문제를 연구했다. 또한 이론과 함께 그에 상응하는 정책적 건의도 제시했다.

▶ 케임브리지 대학교 캠퍼스

케임브리지좌파

케임브리지 대학과 케인스 경제학을 중심으로 한 경제학

케임브리지좌파는 신고전파종합과 마찬가지로 케인스 경제학에서 파생된 경제학파이다.

케인스 경제학이 형성되기 전에는 마셜이 창시한 신고전경제학파가 경제학계를 주도하고 있었다. 신고전경제학파는 주요 인물들이 대부분 케임브리지 대학 교수였기 때문에 케임브리지학파라는 명칭으로 불리기도 했다. 제2차 세계대전 이후, 일군의 케인스주의 경제학자들이 신고전파종합의 견해에 반기를 들었다. 이들 역시 케임브리지 대학을 거점으로 했지만 신고전경제학 이론과 완전히 대립되는 관점을 내세웠기 때문에 케임브리지좌파라고 불렸다. 조앤 로빈슨(Joan Robinson), 니콜라스 칼도어(Nicholas Kaldor), 피에로 스라파(Piero Sraffa) 등이 대표적인 케임브리지좌파 경제학자이다.

생성배경

케임브리지좌파는 폴란드 경제학자 칼레츠키(Michal Kalecki)의 경제학설을 이론적 토대로 삼았다. 칼레츠키는 케인스가 《일반이론》을 발표하기 일 년 전인 1935년, 케인스의 유효수요 이론과 거의 동일한 이론을 먼저 제시했다. 또한 불완전경쟁과 독점가격의 작용을 국민소득 이론에 적용하고 투자가 국민소득 변동 및 분배에 결정적 영향을 미친다는 점을 역설했다. 로빈슨은 '칼레츠키의 이론은 케인스의 일반이론보다 훨씬 더 일반적이다'라고 할 정도로 그를 높이 평가했다. 케임브리지좌파가 칼레츠키의 이론을 바탕으로 형성되었음을 짐작할 수 있는 대목이다.

▲ 니콜라스 칼도어

형성과정

1956년, 로빈슨이 대표 저서인 《자본축적론(The Accumulation of Capital)》을 발표했다. 그리고 같은 해, 칼도어가 〈경제연구리뷰(Review of Economic Studies)〉에 〈소득분배의 대안이론(Alternative Theories of Distribution)〉이라는 제목의 논문을 게재했다. 두 사람 모두 자본주의 경제성장과 소득에 관한 이론을 다루었으며, 경제가 성장할수록 국민소득에서 노동소득과 자본소득의 상대적 비율이 어떻게 변하는지를 고찰했다. 그리고 고찰 결과를 바탕으로 국민소득분배의 불균형이 사회 문제를 일으키는 원인이라고 지적하고, 소득의 균등화를 실현하기 위해 국가가 직접 나서서 다양한 정책을 실행해야 한다고 주장했다. 케임브리지좌파는 이들의 견해를 바탕으로 세워졌다.

1962년, 로빈슨은 또 다시 《경제성장에 관한 이론(Essays in the Theory of Economic Growth)》을 발표하고, 자본축적, 기술진보 등 당시 경제가 당면한 과제들을 케인스 이론으로 어떻게 해결할 것인가를 논했다. 이를 계기로 케임브리지좌파의 경제 이론 및 정책적 관점은 더욱 명확해졌다.

주요 관점

1. 완전정보, 완전경쟁, 균형이론 등 신고전경제학파의 이론적 전제를 비현실적이라고 비판하고 인플레이션, 분배, 남북 문제 등 시급한 경제 현안에 대해 효과적인 해결책을 제시하지 못하고 있다고 비난했다.

2. 불균형한 현실을 출발점으로 삼아 독점자본주의 하에서의 경

특징

● 케인스 경제학의 역사관을 중시했다. '과거는 돌이킬 수 없다'는 사실을 바탕으로 지금의 각종 사건의 역사적·제도적 원인을 탐구했으며 '미래는 확실히 알 수 없다'는 사실을 근거로 정보 부족으로 인해 발생하는 불확실성을 연구했다.
● 케인스 경제학은 완전하다고 주장하며, 신고전파종합이 케인스 경제학과 신고전경제학을 종합한 것에 반대했다.

▲ 피에로 스라파

쟁 이론인 불완전경쟁 이론을 세웠다. 케임브리지좌파에 따르면 자본주의 경제의 발전과정은 불안정하기 때문에 당연히 불균형의 상태가 나타날 수밖에 없다. 이러한 불균형 상태를 설명하기 위해 이들은 먼저 경제가 안정된 비율과 속도로 지속적으로 성장하기 위한 조건들을 제시했다.

3. 정부의 조세정책은 정치적 요소에 의해 좌우될 수 있기 때문에, 빈부격차 감소 및 분배불균형의 해결이라는 목적을 제대로 달성하지 못하고 있다고 지적했다. 그리고 조세정책을 통해 유효수요를 조절하려면 총수요 변화에 대한 거시적 분석뿐만 아니라 바뀐 조세정책으로 인해 누가 혜택을 받고 누가 부담을 지는지 등의 미시적 분석도 병행해야 한다고 역설했다.

시대에 미친 영향

케임브리지좌파는 케인스 경제학을 계승, 발전시키는 과정에서 신고전경제학을 철저히 부정하면서 신고전파종합과 상반된 관점을 전개했다. 또한 데이비드 리카도(David Ricardo)의 경제 이론을 부활시켜서 객관적 가치론 및 분배 이론을 중심으로 한 이론 체계를 세웠으며, 이를 기반으로 새로운 사회정책을 탐구했다. 특히 케임브리지좌파의 이론은 기존의 분배제도를 개혁해서 실업 및 인플레이션 문제를 해결하려 했다는 점에서 상당한 의미를 갖는다.

▲ 유럽의 공장 풍경

존 힉스의 경제 이론

승수와 가속도의 원리를 종합한 경제모델

존 힉스(John Richard Hicks)는 1972년 노벨경제학상을 받은 영국의 경제학자이다. 그는 경기순환 이론을 핵심으로 한 경제 이론을 제시했다. 또한 통화 이론, 가치 이론, 자본 이론, 성장 이론, 주기 이론, 시장 이론, 혁신 이론, 경제사 연구 이론 등 다양한 경제 분야에서 혁신적인 성과를 올렸으며, 현대 자본주의 경제 발전에 큰 영향을 미쳤다.

생성배경

경기순환 이론이란 자본주의 경제의 고유한 현상인 경기변동을 설명하고 원인을 규명하고자 하는 이론이다. 제2차 세계대전 이전까지 경제학계에는 수많은 경기변동 이론이 등장하여 저마다 타당성을 겨뤘다. 그중 대표적인 이론으로 윌리엄 제번스의 태양흑점설, 헨리 무어(Henry L. Moore)의 강우주기설, 오스트리아학파의 화폐적 과잉투자설, 랄프 호트리(Ralph G. Hawtrey)의 화폐적 경기 이론 등을 들 수 있다.

제2차 세계대전 이후, 자본주의 경제의 발전이 더욱 심화하자 경기변동에 대한 좀 더 합리적이고 과학적인 이론이 필요해졌다. 이런 상황에서 혜성처럼 등장한 것이 바로 힉스의 경기순환 이론이다.

대표적 인물

존 힉스
(John Richard Hicks, 1904~1989)
영국의 경제학자. 옥스퍼드 대학에서 석박사 학위를 취득하고 런던경제대학 강사, 케임브리지 대학 연구원 및 교수, 맨체스터 대학 교수 등을 지냈다. 1965년에 옥스퍼드 대학 명예교수가 되었으며 1964년에는 기사 작위를 받고, 1972년에 노벨경제학상을 받았다. 일반균형 이론 모형을 제시하고 이를 사용하여 상품시장과 화폐시장이 균형을 이룰 때 국민소득과 이율의 상호관계를 분석했다. 그가 제시한 일반균형 이론은 케인스 거시경제학 이론의 핵심으로 평가된다. 주요 저서로는 《임금의 이론(Theory of Wages)》, 《가치와 자본(Value and Capital)》, 《자본과 성장(Capital and Growth)》 등이 있다.

▲ 존 힉스

형성과정

1950년, 《경기순환론(A Contribution to the Theory of the Trade Cycle)》이 출간됐다. 힉스는 이 저서에서 승수와 가속도의 원리를 종합하여 새로운 경기순환 이론을 제시했고, 그의 이론은 곧 학계의 뜨거운 관심을 받았다.

주요 관점

1. 힉스는 과거 반세기 동안 자본주의 경제의 발전사를 연구한 뒤, 승수와 가속도의 원리에 기초한 제한적 경기순환 이론을 제시했다. 그의 이론에 따르면 균형 상태에 있던 경제에 수요충격이나 공급충격 같은 외부적 작용이 가해지면 승수효과로 생산이 충격을 받은 것 이상으로 증가한다. 또한 생산이 증가하면 가속도 효과로 인해 투자가 증가하는 속도가 빨라져서 생산투자가 크게 는다. 그 결과 생산능력이 확대되는, 누적적 확장과정이 나타나면서 경기가 상승한다. 그러나 이러한 확장과정이 지속되면서 경제 상황이 완전고용 수준에 근접하거나, 혹은 다른 외부적 원인 때문에 생산 증가율이 완만해지고 생산이 더 이상 증가하지 않으면, 생산에 의해 유발됐던 투자는 오히려 감소세를 보인다. 이 때 경기 역시 조금씩 하

▶ 제2차 세계대전 시기의 조선소

락하기 시작한다. 경기가 계속 축소되다 보면 어느 순간 가속도인자가 부활하면서 다시금 경기 상승세가 나타난다. 이 같은 이론에 따라 힉스는 경기순환과정을 '경기가 회복되면서 생산량이 증가하는 상승단계(회복단계)-생산 수준이 완전고용 상태에 근접한 완전고용번영단계(확장단계)-완전고용 수준이 하락하는 하강단계(후퇴단계)-생산량이 최저치를 맴도는 쇠퇴단계' 등 4단계로 설명했다.

시대에 미친 영향

힉스가 서구 경제학 이론 발전에 미친 영향은 매우 크다. 그 중에서도 가장 큰 공적은 새뮤얼슨의 승수-가속도 원리를 발전시켜 경기변동의 근원을 설명한 것이다. 그 밖에도 서수적 효용론과 무차별곡선을 활용하여 한계효용가치론을 일반균형 이론으로 발전시켰으며, 칼도어의 기준을 보완하고 아서 피구(Arthur C. Pigou)의 복지경제학을 비판하며 새로운 후생경제학 이론을 개진했다. 또한 구조적 인플레이션 이론을 제시하는 등 다양한 경제 분야에서 업적을 세웠다.

특징

● 힉스는 넓은 연구 시야를 가지고 인류사회의 다양한 분야와 경제의 관련성을 연구했다.
● 경제 이론과 경제 발전 역사가 함께 나아가야 한다고 생각했다. 즉 경제 이론에 따라 경제 발전 역사를 연구하고, 경제발전사를 통해 경제 이론을 검증해야 한다는 것이다.
● 역사의 변천과정을 설명하는 서술적 방법과 경제의 구조적 분석 방법을 함께 사용했다.

▶ 1945년, 세계대전 이후 유럽 분할 문제를 논의하기 위해 얄타회담을 연 처칠, 루즈벨트, 무솔리니의 모습

시카고학파(Chicago School)

시장의 자기조절 능력을 강조한 경제학

시카고학파는 시카고 대학을 중심으로 한 경제학자들을 통칭하는 말이다. 이들은 신자유주의 경제철학을 신봉했으며 시장의 자기조절 능력을 강조했다. 시카고 대학 교수가 아니어도 학설 관점 및 정책 경향이 비슷한 경제학자들은 모두 시카고학파에 속한다.

생성배경

시카고학파는 전통적인 자유주의 경제 사상과 사회진화론(social evolution)을 이론적 바탕으로 삼았다. 사회진화론은 다윈의 진화론에서 제시된 적자생존 및 자연도태 이론을 인류사회에 그대로 적용한 학설로, 영국 철학자 허버트 스펜서(Herbert Spencer)가 제시한 것이다. 시카고학파는 당시 서구 전 사회에 유행하던 사회진화론을 전통적 경제자유주의에 접목하여 새로운 이론 체계를 구축했다.

형성과정

1930년대 발생한 대공황은 서구 경제학계의 판도를 완전히 바꿔 놓았다. 당시 전대미문의 경제 위기 앞에 서구 자본주의 국가들은

대표적 인물

프랭크 나이트
(Frank H. Knight, 1885~1972)
20세기 가장 영향력 있는 경제학자 중 하나. 고전자유주의자로서 시카고학파를 창설하는 등 경제학 이론 및 분석 분야에서 많은 공을 세웠다. 또한 대중들에게 개인이 획득할 수 있는 지식은 유한하기 때문에 경제학자의 예측도 빗나갈 수 있다는 점을 일깨웠다. 프리드먼, 스티글러 등 훌륭한 경제학자들을 다수 배출하기도 했다.

조지 스티글러
(George Joseph Stigler, 1911~1991)
미국의 경제학자, 1982년 노벨경제학상 수상자. 시카고학파 미시경제학 분야의 대표 주자이며 정보경제학의 창시자이다. 정부의 경제규제 정책을 날카롭게 비판한 것으로도 유명하다. 주요 저서로 《가격론(The Theory of Price)》, 《산업조직론(The Organization of Industry)》 등이 있다.

각자 나름대로의 대응책을 내놓았는데, 그 중 가장 효과가 있었던 것은 미국 루즈벨트 대통령의 뉴딜정책이었다. 여기에 1936년 케인스의 《일반이론》이 경제학계를 강타하면서, 대부분의 경제학자들은 전통적인 자유주의 경제 사상을 버리고 케인스의 이론을 따르기 시작했다.

▲ 프랭크 나이트

그러나 저명한 경제학자인 프랭크 나이트(Frank H. Knight)는 당시의 흐름에 역행하여 전통적인 자유주의 경제 이론을 옹호하며 새로운 자유주의 경제 사상을 제시했다. 그는 경제자유주의의 첨병으로 케인스 경제학과 날카롭게 대립했으나, 이미 주류로 자리 잡은 케인스 경제학을 넘어서지는 못했다. 하지만 나이트의 이론은 시카고학파 탄생에 중요한 밑거름이 되었다.

2차 세계대전 이후 케인스 경제학의 영향력이 조금씩 약해지면서 시카고학파에게도 발전의 기회가 찾아왔다. 1946년은 시카고학파 탄생에 있어 가장 중요한 해이다. 세계대전 시 미국 정부의 재정고문을 맡기도 했던 유명한 경제학자 밀턴 프리드먼(Milton Friedman)이 바로 이 해에 시카고 대학에 왔기 때문이다. 시카고 대학 교수를 맡은 지 채 몇 년도 되지 않아 프리드먼은 신新화폐수량설을 제시해 당시 경제학계에 새 바람을 일으켰다. 이후 그를 추종하는 경제학자들이 나타나면서 시카고학파가 형성됐다.

특징

● 경제학을 일종의 실증적 과학으로 보았다.
● 경제정책의 단기적 효과보다는 자본주의 경제 자체의 장기적인 균형회복 능력을 신뢰했다. 시카고학파 경제학자들은 시장의 역할이 충분히 발휘된다면 반드시 완전고용 상태로 나아가게 될 것이라고 보았다.
● 이론 연구에서 자유경쟁체제 하의 사회복지 및 개인이익 문제를 소홀히 한 경향이 있다. 또한 국가가 자원배분 및 소득분배에서 매우 중요한 역할을 맡고 있는데도 이를 충분히 중시하지 않았다.

시대에 미친 영향

나이트의 신자유주의 사상과 사회진화론을 계승한 시카고학파는 시장경제기구에 의한 자원배분에 신념을 가지고 합리적인 경제운영을 도모했으며, 자유로운 가격기능을 부활시켜 물가 상승을 억제해야 한다고 주장했다. 또한 정부의 경제 규제에 대한 분석 및 연구를 통해 새로운 경제학인 규제경제학을 제시했다.

◀ 조지 스티글러

▶ 프리드먼은 금세기 가상 영향
력 있는 경제학자이다

통화학파(Monetary School)

화폐가 가장 중요하다

통화학파는 케인스 경제학에 대한 반동으로 1950년대에 나타난 거시경제학파이다. 경제운행에서 통화의 역할을 가장 중시했기 때문에 통화학파라는 명칭을 얻었다. 창시자는 노벨경제학상 수상자인 미국 경제학자 밀턴 프리드먼이다.

생성배경

제2차 세계대전 이후 미국, 영국 등 선진자본주의 국가들은 케인스 경제학을 받아들여 장기간 동안 유효수요 확대를 목표로 하는 관리정책을 폈다. 이를 통해 생산증가 자극, 경제위기 지연 등 실질적 효과를 얻었지만 한편으로는 계속된 인플레이션에 시달렸다. 1973년에서 1974년에는 심지어 물가상승과 실업률이 동반상승하는 스태그플레이션이 나타났다. 스태그플레이션은 케인스 이론으로 설명할 수도, 해결할 수도 없는 새로운 경제현상이었기 때문에 학계는 대혼란에 빠졌다. 이러한 상황에서 나타난 것이 바로 통화학파의 화폐 이론이다.

대표적 인물

밀턴 프리드먼
(Milton Friedman, 1912-2006)
미국의 경제학자, 통화주의의 창시자, 시카고학파의 대표 인물. 1976년 노벨경제학상을 수상했으며 1998년 경제학자 150명이 선정한 '가장 영향력 있는 경제학자'에서 2위를 차지했다. 신화폐수량설로 통화정책의 중요성을 주장했으며 케인스학파의 재정 중시책에 반대했다.

형성과정

프리드먼은 1950년대부터 인플레이션 억제와 국가의 경제 간섭 반대를 표방하며 케인스 경제학의 지위에 도전했다. 그는 1956년 발표한 《화폐수량성연구(Studies in the Quantity Theory of Money)》에서 전통적인 화폐수량설을 새롭게 해석하고 보완한 신화폐수량설을 제시하여 통화주의(monetarism)의 이론적 기초를 세웠다. 이후 그는 뜻을 같이한 동료들과 함께 통화주의 이론을 더욱 정밀하게 구축하는 데 심혈을 기울였으며, 미국의 국민소득 및 화폐금융과 관련된 통계자료를 경제계량학적 방법으로 분석하여 이론적 논거를 확충했다. 전후에 새로운 경제 문제들이 계속 나타나면서 통화주의는 케인스 경제학을 대체할 새로운 대안으로 떠올랐다.

▲ 밀턴 프리드먼

주요 관점

통화주의의 주요 관점은 '화폐가 가장 중요하다'로 요약할 수 있다.

1. 화폐를 가장 중요한 경제 요소로 보고, 화폐공급량의 변동에 따라 단기적인 실질국민소득과 장기적인 가격수준이 결정된다고 주장했다.

2. 시장의 자기조절 작용에 의지해 경제 안정을 꾀했다. 케인스 경제학의 핵심 내용인 경제 안정을 위한 정책 실행은 단기적으로 생산량 증가 및 실업 감소 효과를 볼 수 있지만 장기적으로는 경제의 불안정성을 가중시킨다고 보았다.

3. 인플레이션은 본질적으로 화폐공급량의 증가율이 생산성장률을 넘어설 때 나타나는 현상이라고 설명했다.

4. 케인스 경제학의 재정정책 및 금리수준 통제를 목적으로 하는 화폐정책에 반대하고 화폐공급량의 증가율 통제를 목적으로 하는 화폐정책을 주장했다.

5. 국제경제에서 고정환율제가 아닌 변동환율제를 주장했다.

특징

통화학파에서 제시한 신화폐수량설은 정형화된 이론이라기보다 화폐 분석의 방법론이라고 볼 수 있다. 프리드먼은 《화폐수량성연구》에서 이 점을 명확히 밝혔다.

시대에 미친 영향

통화학파는 케인스 경제학에 비견될 만큼 중요한 경제학파이다. 1970년대 이후 영국, 미국 등 선진국에서는 실제로 통화주의 정책을 제정하고 실행했다. 통화주의는 지금까지도 서구 경제학 이론 및 정책에 많은 영향을 주고 있다.

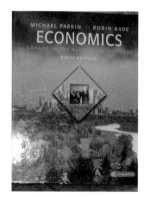

▲ 마이클 파킨, 로빈 베이드 공저 共著 《경제학》

▶ 하이에크가 가장 중요하게 생각한 가치는 자유였다. 그림은 〈민중을 이끄는 자유의 여신〉

하이에크의 경제 사상

자유주의 경제 사상

대표적 인물

프리드리히 하이에크(Friedrich August von Hayek, 1899~1992) 오스트리아 태생의 영국 경제학자, 신자유주의의 대표 인물. 빈 대학에서 법학 및 정치학 학위를 취득하고 1920년대 미국에서 유학했다. 이후 빈 대학 강사를 거쳐 오스트리아경제연구소 소장, 영국 런던경제대학 교수, 독일 프라이부르크 대학 교수 등을 역임했다. 1938년 영국 국적을 취득했다. 1974년 스웨덴 경제학자 뮈르달과 함께 한 화폐와 경제변동의 연구로 노벨경제학상을 수상했다. 주요 저서로 《화폐이론과 경기순환》, 《가격과 생산》, 《예종隷從에의 길》 등이 있다.

하이에크의 경제 사상은 케인스 경제학과 함께 20세기를 대표하는 주요 경제 사상이다. 하이에크는 화폐 및 경기순환 이론 연구로 유명하며, 화폐적 과잉투자설을 제시했다. 1970년대 스태그플레이션 현상이 나타나자 정부가 주도하는 계획경제를 문제의 원인으로 지적했으며, 계획경제는 개인의 이기적인 동기를 제한하고 정부의 권한을 극대화시켜 결국 '개인의 노예화'를 부추긴다고 비판했다. 하이에크의 자유주의 경제 사상은 서구 경제학의 저변을 넓히는 데 크게 일조했다.

형성과정

하이에크는 수많은 경제학자들의 연구 결과와 이론적 업적을 자양분 삼아 자신만의 경제학 이론 체계를 세웠다. 그 중에서도 20세기 초 멩거가 창시한 오스트리아학파의 경제 이론에 많은 영향을 받았다. 빈 대학교 재학 시절, 오스트리아학파인 비저와 미제르에게 경제를 배우며 향후 자신의 연구 방향을 확정한 하이에크는 심지어 '미제르의 경제학설을 보완하고 완성'하는 것을 일생의 연구 목표로 삼을 정도로 오스트리아학파 경제 이론에 심취했다.

1927년, 하이에크는 오스트리아학파가 세운 오스트리아 경기 연구소의 소장으로 취임했으며 본격적으로 경기변동에 대해 연구하기 시작했다. 그리고 1929년 첫 번째 저서인 《화폐이론과 경기순환(Monetary Theory and the Trade Cycle)》을 발표했다. 이 저서에서 그는 신용대출 확대가 일부 경제 주체의 자본구조에 어떤 영향을 미치는지 분석했다. 《화폐이론과 경기순환》은 발간과 동시에 학계의 뜨거운 주목을 받았고, 하이에크의 경제 사상 역시 더욱 성숙해져갔다.

1931년, 하이에크는 런던 경제대학에서 한 강의 내용을 토대로 두 번째 저서인 《가격과 생산(Prices and Production)》을 출간했다. 그의 강의는 선풍적인 인기를 끌었고, 그 결과 하이에크는 서른두 살이라는 젊은 나이에 런던 대학 경제학 및 통계학 교수로 초빙됐다. 이후 하이에크는 케인스와 어깨를 나란히 하는 경제학자로 자리매김했다.

▲ 프리드리히 하이에크

특징

하이에크가 가장 중요하게 생각했던 가치는 바로 자유였다. 18세기 계몽사상가의 사상을 계승한 그는 개인의 자유와 주권을 옹호했다. 자유에는 정치적 자유, 사상적 자유, 경제적 자유가 포함되는데 그 중에서도 경제적 자유가 가장 기본이다. 하이에크는 경제적 자유를 실현하려면 반드시 시장경제를 실행해야 한다고 보았다. 특히 시장의 자율적인 조절능력과 자유로운 경쟁을 중시했으며 시장체제는 개인의 자유로운 자연적 질서를 보장할 수 있는 유일한 경제제도라고 생각했다.

주요 관점

하이에크는 정부의 공공 서비스 기능을 다음과 같이 정리했다.

1. 교육비용을 감당할 수 없는 학생들을 공공재정을 통해 무상으로 지원해야 한다.

2. 선천적 혹은 후천적 원인으로 인해 생존이 어려운 국민에게 물질적 원조를 비롯한 각종 공공 서비스를 제공하여 생존환경을 개선시켜 주어야 한다.

3. 기초적 과학 연구와 같이 실험성이 강한 개발사업에 자금 지원을 해야 한다.

4. 공중위생 및 지식 전파 등의 문제를 해결해야 한다.

5. 상술한 서비스들의 최저한계선은 사회 경제적 성장과 함께 상향 조정되어야 한다.

또한 하이에크는 공공 서비스를 위한 자금을 마련할 때에도 반드시 법으로 정한 범위 내에서 재원을 확충해야 한다고 지적했다. 그리고 동일한 법규에 따라 모든 사람이 공공 서비스 비용을 부담하

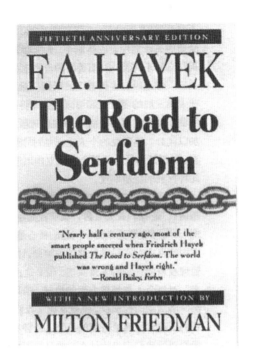

▶ 하이에크의 《예종에의 길(The Road to Serfdom)》

도록 해야 한다고 주장했다. 또한 정부를 포함한 어떤 사람도 공공 서비스 공급을 독점해서는 안 된다고 역설했다.

시대에 미친 영향

하이에크의 경제 사상은 거의 모든 경제학 분야에 영향을 주었다. 또한 자유사회에서 필수적인 법률, 정치, 윤리, 경제조건 등을 다룬 그의 저서들은 지금까지도 그 권위를 인정받고 있다. 하이에크의 경제 사상은 1990년대 동유럽을 비롯하여 중국 등 아시아 국가에서도 환영을 받았다.

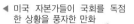
◀ 미국 자본가들이 국회를 독점한 상황을 풍자한 만화

신제도학파 경제학(New Institutional Economics)

권력의 균등화를 주장하다

신제도학파는 1950,60년대 미국에서 나타난 경제학파이며 그 전신前身은 1920,30년대 활동한 제도학파이다. 대표적인 신제도학파 경제학자로 존 갤브레이스(John K. Galbraith)와 로널드 코스(Ronald H. Coase) 등을 꼽을 수 있다.

생성배경

신제도학파 경제학을 이해하려면 먼저 제도학파의 경제학을 살펴볼 필요가 있다. 제1차 세계대전 직후부터 미국과 유럽 등지에서 나타나기 시작한 제도학파는 비록 같은 명칭으로 묶여 있지만 학파 내 경제학자들의 관점이 서로 조금씩 달랐다. 그래서 제도학파 경제학은 베블런(Thorstein Bunde Veblen)의 사회심리학파, 커먼스(John Rogers Commons)의 사회법률학파 및 미첼(Wesley Clair Mitchell)의 경험통계학파 등 크게 세 가지 지류로 나뉜다. 제도학파의 지류들은 각각 나름의 경제 이론을 개진하는 등 전체적으로 통일을 이루지 못했기 때문에, 당시 제도학파의 영향력은 케인스 경제학에 훨씬 미치지 못했다.

그러나 제2차 세계대전 이후 케인스 경제학으로 설명할 수 없는 심각한 경제 문제들이 연이어 터져 나오면서 군건했던 케인스주의

대표적 인물

존 K. 갤브레이스
(John K. Galbraith, 1908~2006)
미국의 경제학자, 신제도학파의 대표 인물. 캘리포니아 대학, 하버드 대학, 프린스턴 대학 등에서 교수를 지냈으며 미국 물가청 및 민주당고문위원회에서 활동하기도 했다. 미국 제도학파의 전통을 계승하여 경제에서 제도의 역할을 주로 연구했다. 주요 저서로 《미국의 자본주의(American Capitalism:The Concept of Countervailing Power)》, 《대공황(The Great Crash, 1929)》, 《풍요한 사회(The Affluent Society)》, 《새로운 산업국가(The New Industrial State)》 등이 있다.

로널드 코스
(Ronald H. Coase, 1910~)
영국의 경제학자, 1991년 노벨경제학상 수상자. 미시경제론을 통해 경제제도의 구조를 설명하는 원칙을 구체화해서 시장 실패가 발생하더라도 당사자들 간의 자발적 협상이 쉽게 이루어질 수 있다면 정부의 개입이 불필요하다는 골자의 '코스 이론'을 주장하고, '거래비용'이라는 개념을 제시했다. 주요 저서로는 《회사의 본질(The Nature of the Firm)》 등이 있다.

▲ 로널드 코스

가 동요되기 시작했다. 이러한 상황을 배경으로 제도학파의 이론을 바탕으로 한 신제도학파가 등장했다.

형성과정

　1950년대, 갤브레이스를 중심으로 한 신제도학파 경제학이 학계에 등장했다. 갤브레이스는 심리적, 법률 및 제도적 요소가 경제에 영향을 미친다는 제도학파 경제학의 전통적 관점을 그대로 계승했다. 그러나 제도학파가 인간의 심리 활동과 사회습관에 의해 결정되는 제도변천 과정을 연구한 것과 달리, 신제도학파는 단일제도 자체의 기능 분석에 더욱 관심을 기울였다.

　연구 방법 면에서 신제도학파는 신고전경제학의 추상적 연역법에 반대했다. 개인을 경제학 연구의 전제로 삼는 것은 비과학적이며, 자본주의 사회의 완전균형 상태를 가정한 정적인 연구 방식이라는 게 반대 이유였다. 그리고 이런 연구 방식은 사회에 존재하는 여러 이익집단 사이의 모순 및 충돌을 충분히 고려하지 않았기 때문에 비현실적이라고 비판했다. 신제도학파는 이를 대체할 새로운 연구 관점과 방법 등을 제시했으며, 이를 통해 두각을 드러냈다.

▶ 존 갤브레이스

주요 관점

1. 신제도학파는 자본주의 경제학 정통 이론 연구에서 자주 사용되는 수량분석의 한계를 지적하고, 제도분석 및 구조분석 방법을 사용해야 한다고 주장했다.

2. 신념의 해방을 주장했다. 신제도학파는 정통경제학자, 즉 케인스주의자들이 만들어낸 '성장이 모든 것이다' 라는 잘못된 사상에서 벗어나 새로운 가치 기준을 세워야 한다고 강조했다. 그리고 개인의 독립성 및 공공 목표를 새로운 가치잣대로 제시했다.

3. 권력분배의 불균형 해소를 현대 자본주의 사회의 당면 과제로 꼽았다. 신제도학파는 대기업의 권한을 제한하고 중소기업 및 개인사업자의 경제적 지위를 향상시켜서, 대기업이 권력을 남용해 중소기업과 개인사업자의 이득을 착취하지 못하도록 해야 한다고 주장했다. 또한 소득균등화를 실현하려면 먼저 권력균등화를 이뤄야 한다고 강조했다.

시대에 미친 영향

신제도학파는 여성 문제, 가사노동 문제, 소수민족 문제 등 정통경제학파에서 소홀히 하거나 회피했던 문제들을 연구 대상으로 삼고 이를 해결하기 위해 노력했다. 또한 중소기업과 개인사업자가 경제활동 중에 맞닥뜨리게 되는 실제적 어려움에 관심을 기울였으며, 독점 조직과 국가기관 간의 유착관계를 파헤쳤다. 경제학 이론 분야에서는 케인스 경제학의 오류를 지적하고 새로운 경제학 연구 시각을 제시했다.

특징

신제도학파는 권력의 균등화를 주장했다. 권력의 균등화의 핵심은 상품을 팔거나 사들이는 과정에서 중소기업에게 동등한 가격 통제권을 부여함으로써 거래조건을 동일하게 만드는 것이다. 신제도학파는 정부가 대기업과 중소기업에게 각각 다른 정책을 적용해서 권력의 균등화를 실현해야 한다고 주장했다. 예를 들어 정부는 대기업에게 가격관리 정책을 적용해서, 대기업이 시장가격을 조정을 통해 중소기업과 소비자의 이득을 해치지 못하도록 막아야 한다. 한편 중소기업에게는 상품 가격의 안정성을 보장해주는 정책을 취해야 한다. 신제도학파는 일단 대기업과 중소기업 사이의 권력 차이가 줄어들면 소득 불균형 문제도 자연히 해결될 거라고 보았다.

래디컬이코노믹스(Radical Economics)

급진적 정치경제학

1960년대 후반 미국에서 나타난 래디컬이코노믹스는 급진적 정치경제학파의 경제 이론이다. 래디컬이코노믹스 경제학자들은 전반적으로 마르크스의 정치경제 관점을 받아들이거나 이와 비슷한 논점을 유지했으며, 기존의 정통경제학을 비판하고 개혁적인 경제학을 추구했다.

생성배경

1950년대 말부터 1970년대 초까지 미국에서는 대규모 개혁 운동이 세 차례 일어났다. 첫 번째는 1950년대 후반에 시작된 흑인 인종차별주의 반대 운동이었다. 1960년대 말까지 미국 160여 개 도시의 흑인들이 이 운동에 동참했다. 두 번째는 1960년대 말부터 1970년대 사이에 베트남 전쟁을 반대하여 시민들이 일으킨 반전 운동이었다. 마지막은 개혁과 진보를 외치며 캘리포니아 대학을 시작으로 미국 각 대학에서 일어난 학생 운동이었다. 이렇듯 개혁적 성향의 운동들이 연달아 발생하면서 미국 사회 전체에 혁명의 바람이 불기 시작했다. 래디컬이코노믹스는 이러한 사회적 배경을 바탕으로 탄생했다.

대표적 인물

폴 스위지
(Paul Marlor Sweezy, 1910-2004)
미국의 마르크스주의 경제학자. 마르크스의 경제학 이론을 계승하고 발전시켰다. 1937년 하버드 대학에서 박사학위를 받았으며 1942년 《자본주의 발전의 이론(The Theory of Capitalist Development, Principles of Marxian Political Economy)》을 발표하여 마르크스주의자로서의 이론 체계를 확립했다. 주요 저서로 《사회주의(Socialism)》, 《역사로서의 현대(The Present as History)》 등이 있다.

폴 배런
(Paul Alexander Baran, 1909-1964)
유명한 마르크스주의 경제학자. 1941년 하버드 대학에서 문학석사 학위를 취득했으며 전쟁 후에 스탠퍼드 대학에서 경제학 교수를 지냈다. 1957년, 전후 서구 사회에 가장 큰 영향을 주었다고 평가받는 마르크스주의 경제학 저서 《성장의 정치경제학》을 발표했다. 이 저서는 특히 남미의 여러 나라에서 젊은 활동가들의 이데올로기적인 지주支柱가 되었고, 혁신 운동에 큰 영향을 끼쳤다

형성과정

1969년, 젊은 학생들과 교수, 학자들이 캘리포니아 대학을 거점으로 '급진적 정치경제학을 위한 연합(Union for Radical Political Economy: URPE)'을 결성하고 계간지 〈급진적 정치경제학 리뷰(Review of Radical Political Economics)〉를 창간했다. 단체 결성 취지는 '급진적인 정치경제학을 연구하고 발전, 적용시켜서 현실적 문제에 명쾌한 해답을 제시할 수 있는 개혁적 학문을 확립하는 것'이었다.

초기 URPE는 흑인 인종차별 반대 운동이나 학생 운동과 보조를 같이 했으며, 광장 등에서 전단이나 소책자를 나눠주고 연설을 하는 대중 운동 형식으로 자신들의 주장을 알렸다. 얼마 지나지 않아 이들의 경제적 관점 및 주장은 전국으로 퍼져나갔고, URPE 구성원들 중 영향력 있는 대학의 교수로 초빙되는 사람들도 생겼다. 이들은 급진적 경제학에 관한 교재와 논문을 출판했으며 〈급진적 정치경제학 리뷰〉도 꾸준히 발행했다. 1970년대에 접어들어 URPE의 회원수가 2천여 명까지 증가하면서 래디컬이코노믹스의 영향력도 확대됐다.

주요 관점

1. 인간의 행위는 사회경제 환경에 영향을 받으며, 사회경제 환경은 시간의 흐름에 따라 끊임없이 변한다. 또한 어느 사회, 어느 경제든 간에 사회 계급 구조가 존재하는데 이러한 사회 계급 구조는 대부분 극도로 불평등하다. 이렇게 불합리한 사회경제 환경을 근본적으로 변화시켜서 사회적 인성에 부합하는 질서를 구축해야 한다.

2. 경제를 연구할 때 사회경제제도의 영향을 고려해야 한다. 또한 경제활동에서 경제의 최종적 결과는 개체가 아닌 단체의 역량에 따라 결정된다. 동태적인 비균형모형을 사용

▲ 폴 스위지(오른쪽)

특징

● 자본주의 경제제도 및 주류 경제학파의 사상과 정책을 비판했다. 또한 마르크스주의의 계급투쟁을 일반적인 권력투쟁으로 보고, 자본주의를 개선하여 빈곤, 차별, 환경오염 등의 문제를 해결하고자 했다.
● 경제순환 주기와 관련이 있었다. 경기가 쇠퇴하는 등 경제 위기가 나타나고 정통경제학자들이 당면한 문제에 속수무책일 때, 래디컬이코노믹스 경제학자들은 더욱 활발히 활동했다.
● 젊은 경제학자들이 주류를 이뤘다.

◀ 미국의 흑인 인권투쟁

▶ 흑인 인종차별 반대 운동은 래디컬이코노믹스 탄생의 주요 배경이었다. 사진은 흑인 투쟁 운동의 정신적 지주인 마틴 루터 킹 목사의 모습.

하면 정태적인 균형모형보다 훨씬 더 정확하게 경제의 발전과정을 설명할 수 있다.

시대에 미친 영향

래디컬이코노믹스는 이전의 경제학과 전혀 다른 각도로 이론 및 현실 문제를 연구하고, 독자적인 견해와 주장을 내세웠다. 그러나 시간의 흐름과 연구의 심화에 따라 견해와 주장이 계속 변화하고 있기 때문에 현재까지도 체계적인 이론을 세우지 못한 상태이다. 하지만 래디컬이코노믹스 경제학자들은 여전히 활발한 저술 활동을 하고 있으며, 미국이 당면한 경제 문제에 대해 나름의 해답과 연구 결과를 제시하고 있다.

공공선택학파(Public Choice School)

정치 분야까지 확장된 경제학

공공선택학파는 1960년대 미국 경제학자 제임스 뷰캐넌(James M. Buchanan)과 고든 털럭(Gordon Tullock)이 창시한 공공선택 이론을 주요 관점으로 하는 경제학파이다. 공공선택학파는 경제 분석을 정치학에 적용해서 경제 이론으로 정치와 관련된 수많은 과제들을 연구했다. 이들은 정치주체(유권자, 정치가) 및 정치단체의 행위를 경제적 관점에서 분석했으며, 정부 부서에 보편적으로 존재하는 관료주의 및 정책의 편중성으로 인한 사회자원 낭비 같은 문제에 대해 경제학적 해석과 답안을 제시했다.

생성배경

1930년대 경제 대공황 이후, 시장의 자율적인 조절능력과 완전경쟁 체제에 대한 신뢰가 무너지면서 경제학계는 시장 체제의 한계를 뼈저리게 인식했다. 이 때부터 케인스를 위시한 주류 경제학자들은 정부가 합리적 조정자 및 간섭자로서 시장에 개입해야 한다는 주장을 펼쳤다.

그러나 시간이 흐르면서 정부 간섭의 한계와 폐해가 하나 둘 나타나기 시작했다. 정부가 지출한 자원이 대량으로 특정 이익집단에 흘러들어갔고, 재정적자는 나날이 눈덩이처럼 불어났다. 사회복지 계획 역시 연달아 실패했으며 경제적

대표적 인물

제임스 뷰캐넌
(James M. Buchanan, 1919~)
미국의 경제학자. 정치 및 정책 분석에 경제 이론을 적용함으로써 경제분석법의 범위를 사회적 분야까지 넓혔다. 1986년 공공선택 이론으로 노벨경제학상을 수상했다. 주요 저서로는 《공공선택의 이론-경제학에 있어서의 정치적 적용(Theory of Public Choice-Political Applications of Economics)》, 《적자赤字 민주주의(Democracy in Deficit)》 등이 있다.

고든 털럭(Gordon Tullock, 1922~)
미국의 경제학자, 현 애리조나 대학 교수. 1969년 뷰캐넌과 함께 공공선택연구소를 설립했다. 미국 공공선택학회 회장, 남부 경제협회 의장 등을 역임했으며 1998년 미국 경제협회에서 '최고회원상'을 받았다.

◀ 제임스 뷰캐넌

으로는 스태그플레이션 현상이 나타났다. 당시 경제학자들의 공통된 관심사는 우후죽순 격으로 불거지는 경제 문제들을 어떻게 해결할 것인가였다. 이런 상황에서 공공선택학파는 정부 간섭의 한계와 폐해에 대한 해답으로 공공선택 이론을 제시했다.

형성과정

1957년, 제임스 뷰캐넌은 워렌 너터(Warren Nutter) 등과 함께 버지니아 대학교 토머스 제퍼슨 센터(Thomas Jefferson Center)를 세웠다. 정치경제학과 사회철학, 특히 개인을 기초로 한 사회 질서를 연구하는 것이 센터의 설립 목적이었다. 그리고 1963년, 뷰캐넌은 고든 털럭과 함께 '비시장정책제도위원회'를 창립했다. 이를 기점으로 공공선택 이론이 조금씩 태동하기 시작했다.

그러나 1960년대 미국 경제학계는 여전히 케인스주의가 주도적 위치를 점하고 있었다. 결국 1968년 뷰캐넌과 털럭이 쫓기듯 버지니아 대학을 떠난 이후 토머스 제퍼슨 센터는 자동적으로 와해되고 말았다.

특징

공공선택학파는 헌법의 역할을 매우 중시했다. 이들의 이론에 따르면 정치적 거래는 경제적 거래를 좌우하는 중요한 요소이다. 즉, 정치적 거래의 결과인 법규나 제도에 따라 경제적 거래의 결과가 결정된다고 본 것이다. 공공선택학파는 이 같은 인식을 바탕으로 헌법의 역할을 중시했으며 나름의 헌법 관련 학설을 제시했다.

비록 타의에 의해 공공선택 이론 연구를 잠시 중단하긴 했지만, 뷰캐넌은 이론 연구에 있어서 이미 상당한 성과를 올린 상태였다. 1969년 뷰캐넌과 털럭은 공공선택연구소를 설립하고 본격적인 연구에 착수했다. 그 후 10년 동안 공공선택 이론은 새로운 정치경제 이론으로 각광받으며 미국뿐만 아니라 유럽, 일본 등지까지 확산됐다.

주요 관점

1. 공공 서비스 분야에서도 시장원리에 따라 국민에게 선택의 기회를 부여해야 한다고 주장했다. 공공선택학파는 공공 부서와 사영 부서, 공공기관과 사영기관, 심지어 공공기관끼리도 자유로운 경쟁을 벌이게 해야 한다고 보았다. 그리고 고객이 선택을 통해 기업의 운명에 영향을 주듯이 국민이 선택을 통해 공공기관의 존망을 좌우할 수 있어야 한다고 역설했다.

2. 선택의 범위와 편의성을 확대하기 위해 서로 다른 부서 간에 직능이나 관할이 중복되는 것을 허용해야 한다고 주장했다. 분권화를 통해 공공 서비스 부서의 규모를 축소하는 대신 수량을 늘려서 선택의 폭을 넓혀야 한다는 것이다.

시대에 미친 영향

공공선택학파는 공공경제(public economy)의 저효율성을 직접적으로 지적하거나 비난하지는 않았지만, 정부 간섭에 반대하는 입장을 취함으로써 공공경제를 배척했다. 그 밖에 헌법경제학이라는 새로운 분야를 창시하고 헌법의 범위에 시장경제를 규율하는 법과 제도, 관습·윤리·도덕 등을 모두 포함시킬 것을 제안했다.

▲ 고든 털럭

▶ 경제 대공황으로 미국에서만 수백만의 실업자가 발생했다.

합리적 기대형성학파(Rational Expectation School)

합리적 기대를 바탕으로 한 경제학

합리적 기대형성학파는 통화학파에서 갈라져 나온 거시경제학파이다. 합리적 기대라는 개념을 도입하여 시장의 자기조절능력에 의지해 완전고용의 상태에 도달할 수 있다는 신고전경제학자들의 관점을 분석, 설명했다.

생성배경

서구 자본주의 국가들은 케인스 경제학에 힘입어 한때 경제적 번영기를 구가했다. 그러나 1970년대 초 이후, 심각한 물가상승과 대량 실업이 공존하는 상황인 스태그플레이션 상태가 계속되면서 정부는 진퇴양난에 빠졌다. 케인스학파가 물가상승을 잡기 위해 긴축정책을 통한 사회총수요 감소라는 대책을 내놓았지만, 이는 경기흐름에 역행하는 탁상공론에 지나지 않았다. 그러자 경제학계 내에서는 반反케인스주의 경제학자들이 나타나 케인스 경제학을 대체할 이론들을 개진하기 시작했다. 합리적 기대형성학파 역시 이 시기에 등장했다.

대표적 인물

로버트 루카스
(Robert Lucas Jr., 1938~)
미국의 경제학자, 1995년 노벨경제학상 수상자. 케인스 경제학으로 대표되던 기존의 거시경제학 이론에 도전하여 미시적 관점을 기반으로 한 새로운 거시경제학을 제시했다. 합리적 기대형성 이론 연구의 일인자이기도 하다.

로버트 배로(Robert Barro, 1944~)
미국의 경제학자, 신고전거시경제학의 대표 인물. 거시경제학, 경제성장, 통화이론 및 정책 등 다양한 분야에서 빛나는 업적을 남겼다. 미국 국회예산위원회의 학술고문위원, 미국 경제학회 부의장 등을 역임했다.

형성과정

1960년대 초, 경제학자 존 무스(John Muth)가 기존의 기대형성이론인 적응적 기대에 대한 대안으로 합리적 기대(rational expectations) 이론을 제시했다. 이후 로버트 루카스(Robert Lucas Jr.)를 비롯한 일군의 경제학자들은 합리적 기대 이론에 따라 임금, 취업, 실업, 통화, 인플레이션, 경제순환, 정부의 행위 및 경제정책의 작용 등 일련의 문제를 분석하고 설명했다. 그리고 케인스학파가 주장했던 적극재정주의가 당시 미국이 안고 있던 경제 문제의 원인이라고 지적했다. 이들의 주장이 학계의 주목을 받기 시작하면서 합리적 기대형성학파가 형성됐다.

주요 관점

1. 임금 신축성 및 가격 신축성을 신뢰했다. 그래서 노동시장과 상품시장이 균형을 잃었을 때, 임금 및 가격의 조절을 통해 시장 내 공급과 수요 균형을 단기간 내에 회복시켜서 시장균형을 이룰 수 있다고 주장했다.

2. 인간에게 자신이 얻은 관련 정보와 이성에 의지하여 미래에 대해 합리적인 기대를 할 수 있는 능력이 있다고 믿었다.

3. 상술한 두 가지 믿음에 근거하여 거시경제정책의 무용성과 시장 기제의 완전성을 주장했다. 정부가 경제안정을 목적으로 단기적 혹은 장기적 거시경제정책을 수립해도, 개인은 합리적 기대를 할 수 있는 능력이 있기 때문에 결국 정부의 정책에 대한 대책을 찾게 된다. 결과적으로는 정부 정책이 아무 소용도 없어지는 것이다. 그렇기 때문에 거시적인 경제의 흐름은 시장의 자율적인 조절 기능에 맡겨야 한다고 주장했다.

시대에 미친 영향

합리적 기대형성학파는 독자적인 이론을 무기로 장기간 경제학계의 주도적 위치를 점하고 있었던 케인스 경제학을 공격했다. 또한 새로운 시각의 거시경제학 이론 및 분석 방법을 제시해서 서구 경제학 연구의 저변을 넓혔다.

특징

신고전경제학의 기본 신념을 받아들여 이성적인 경제 주체의 이성적인 경제행위를 신뢰했다. 그래서 합리적 기대형성학파는 신고전경제학을 계승하고 발전시켰다고 평가받는다.

▼ 1932년 항의 시위를 벌이던 실업자들과 경찰 사이에 충돌이 발생한 모습

▶ 자본주의의 축적은 무산 계급의 경제상황을 악화시키는 결과를 불러왔다. 그 결과 빈부격차가 더욱 벌어졌다.

공급학파

수요는 공급에 따라 변한다

공급학파는 1970년 미국에서 나타난 경제학파로, 공급을 조절하면 수요는 공급에 따라 변화한다는 내용의 공급주의 경제학을 내세웠다. 공급학파의 대표 인물인 아서 래퍼(Arthur Laffer)는 정부가 권한과 기능 활용을 통한 공급 조절로 사회의 경제행위를 자극해야 한다고 주장했다.

생성배경

제2차 세계대전 이후로 서구 자본주의 경제를 이끌어 온 사상은 케인스 경제학이었다. 그러나 케인스 경제학에 따라 수요를 인위적으로 확대한 결과, 서구 자본주의 사회는 1970년대 물가상승과 높은 실업률이 공존하는 스태그플레이션의 늪에 빠졌다. 그러자 수많은 경제학파들이 케인스 경제학에 반기를 들고 나타났는데, 공급학파 역시 그 중 하나였다.

대표적 인물

아서 래퍼(Arthur Laffer, 1941–)
미국의 경제학자. 닉슨 정부 시절 행정관리 및 예산 경제고문을, 레이건 정부에서는 대통령 경제정책 고문위원을 역임했다. 세수와 세율 사이의 관계를 나타낸 '래퍼곡선'의 창안자로 유명하다.

조지 길더(George Gilder, 1939–)
미국의 경제학자, 미래학자. 레이건 정부의 감세정책에 결정적 영향을 준 《부와 빈곤》으로 세상에 알려졌다. 정치학자로서 사회정치 분야를 주로 연구했으나, 마흔이 넘은 나이에 공학도로 재도전하여 정보기술 분야의 석학이 되었다.

형성과정

공급학파의 이론은 캐나다 출신 미국 경제학자 로버트 먼델(Robert A. Mundel)로부터 시작됐다. 1970년대 초, 먼델은 케인스주의와 상반된 주장을 펼치며 미 정부의 정책을 비판했다. 특히 1974년 당시 포드 정부가 부가소득세 부과를 통해 물가를 억제하려하자, 이에 강력히 반대하며 세율 하락, 생산 진작, 금본위 제도 회복 및 미 달러 가치 안정 등을 골자로 한 인플레이션 억제책을 제시했다.

◀ 로버트 먼델

아서 래퍼와 주드 와니스키(Jude Wanniski)는 먼델의 주장과 논점에 큰 흥미를 느끼고 이를 적극적으로 받아들였다. 그리고 1970년대 후반, 먼델의 논점을 기반으로 공급경제학(supply-side economics)을 창시하고 〈월스트리트저널(The Wall Street Journal)〉을 통해 이를 적극적으로 알렸다. 1977년, 미국 하원의원 잭 켐프(Jack Kemp)는 먼델의 주장과 공급경제학을 받아들여 3년 안에 개인소득세를 30퍼센트 낮추자는 내용의 감세안을 국회에 상정했다. 비록 감세안은 통과되지 않았지만, 사회적으로 큰 반향을 일으켰다.

주드 와니스키의 저서 《세계의 작동방식(The Way the World Works)》은 공급학파의 첫 번째 이론서로 불린다. 또한 조지 길더(George Gilder)는 《부와 빈곤(Wealth and Poverty)》을 통해 공급학파의 자본과 분배에 관한 이론을 체계적으로 설명했다.

주요 관점

1. 생산의 성장은 노동력과 자본 등 생산요소의 공급과 효과적 이용에 의해 결정된다고 보았다. 특히 자본의 축적이 생산 성장속도에 직접적인 영향을 준다고 주장했다.

특징

공급학파는 통화학파의 기본 이론에는 동의했지만, 통화수량 증가 통제의 목적과 대책에 있어서는 통화학파와 다른 관점을 보였다. 통화수량 증가 통제의 목적을 경제성장을 보조하는 것으로 제한한 통화학파와 달리, 공급학파는 화폐의 가치 안정을 위해 통화수량의 증가를 통제해야 한다고 주장했다. 공급학파는 화폐의 가치가 안정되면 사람들의 인플레이션에 대한 불안 심리가 사라지고, 투기성 투자가 아닌 생산적 투자가 이뤄질 수 있다고 보았다. 그렇기 때문에 재정정책의 효과적 운용과 경제성장의 전제 조건으로 화폐가치의 안정을 꼽았다.

2. 케인스학파가 정책이 경제 주체의 수입과 지출에 미치는 영향만을 중시한 것과 달리, 정책이 생산 활동에 미치는 영향을 강조했다.

3. 조세정책이 생산요소의 공급 및 이용에 미치는 영향을 분석했다. 그리고 경제주체가 중요하게 생각하는 것은 총이윤이 아니라 각종 세금을 납부하고 난 이후의 순이윤이라는 점을 지적했다.

4. 감세정책을 통해 생산을 진작시키고 인플레이션을 억제할 수 있다고 보았다.

시대에 미친 영향

공급학파는 미국 정부의 경제정책에 상당히 큰 영향을 주었다. 1981년, 새롭게 출범한 레이건 정부는 수요 중심 경제학이 아닌 공급 중심 경제학을 기본 사상으로 삼아 경제 부흥을 추진할 것이라고 밝혔다. 그리고 1985년 출범한 제2기 레이건 정부도 계속해서 공급 위주의 경제정책을 유지할 것이라고 밝혔다. 그러나 공급 위주 정책을 실행한 지 얼마 지나지 않아 미국은 제2차 세계대전 이래로 가장 심각한 경제 위기에 빠졌다. 정부는 거액의 재정적자에 허덕였으며, 금리는 하늘 높은 줄 모르고 상승했다. 또한 대외무역적자 역시 최고치를 기록했다. 그 결과 공급주의 경제학의 영향력도 크게 감소했다.